Das Turbo Pascal Buch

Das Turbo Pascal Buch

Karl-Hermann Rollke

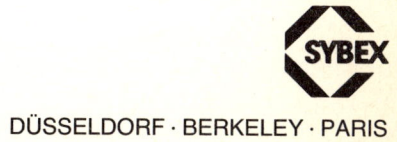

DÜSSELDORF · BERKELEY · PARIS

Anmerkung:

Turbo Pascal und Turbo Toolkit sind eingetragene Warenzeichen von Borland Int. Inc., USA
CP/M ist ein eingetragenes Warenzeichen von Digital Research, USA
MS-DOS ist ein eingetragenes Warenzeichen von Microsoft

Umschlagentwurf: Daniel Boucherie/tgr
Satz: tgr — typo-grafik-repro gmbh, Remscheid
Gesamtherstellung: Druckerei Hub. Hoch, Düsseldorf

Der Verlag hat alle Sorgfalt walten lassen, um vollständige und akkurate Informationen in diesem Buch
bzw. Programm und anderen evtl. beiliegenden Informationsträgern zu publizieren. SYBEX Verlag
GmbH, Düsseldorf, übernimmt keine Garantie noch die juristische Verantwortung oder irgendeine
Haftung für die Nutzung dieser Informationen, für deren Wirtschaftlichkeit oder fehlerfreie Funktion
für einen bestimmten Zweck. Ferner kann der Verlag für Schäden, die auf eine Fehlfunktion von Programmen, Schaltplänen o. ä. zurückzuführen sind, nicht haftbar gemacht werden, auch nicht für die
Verletzung von Patent- und anderen Rechten Dritter, die daraus resultieren.

ISBN 3-88745-608-4
1. Auflage 1985
2. Auflage 1985
3. Auflage 1986
4. Auflage 1986
5. Auflage 1986
6. Auflage 1987

Inhaltsverzeichnis

Vorwort

Der Kluge bemüht sich, alles richtig zu machen.
Der Weise bemüht sich, so wenig wie möglich
falsch zu machen.

(Persisches Sprichwort)

Turbo Pascal ist ein neuer Pascal-Dialekt, der einige Vorzüge gegenüber seinen Konkurrenten aufzuweisen hat. Turbo Pascal ist schnell, und es ist komfortabel.

Hervorstechendes Merkmal beim Arbeiten mit Turbo Pascal sind die kurzen Zykluszeiten bei der Programmentwicklung. Das bedeutet, daß einerseits der Compiler die Programmtexte recht schnell übersetzt und andererseits wenig Zeit benötigt wird, um bei Auftreten eines Fehlers wieder in den Programmtext zu kommen, damit der Fehler korrigiert werden kann. Beim Programmieren schleichen sich recht häufig Fehler ein, so daß der Anwender die Schnelligkeit des Turbo-Systems schätzen lernt. Allerdings solte der Anfänger auch davor gewarnt werden, sogenannte Instant-Programme ohne vorherige Planung am Bildschirm zu entwikkeln.

Gerade bei einem so schnellen System ist die Versuchung groß, etwas schlampig zu programmieren und z. B. fehlende Deklarationen erst später einzufügen.

Turbo Pascal ist auch in der Ausführung von Programmen recht flott, und zwar deshalb, weil es direkt in die Maschinensprache des entsprechenden Prozessors übersetzt wird und nicht in einen Zwischencode.

Die Arbeit des Programmerstellens und Übersetzens wird auch durch keinen Linker beeinträchtigt: Die übersetzten Programme sind sofort lauffähig.

Mit Turbo Pascal steht dem Benutzer ein sehr komfortables Programmierwerkzeug zur Verfügung. Es umfaßt deutlich mehr Standardfunktionen und -prozeduren als Standard-Pascal und die meisten anderen Dialekte. Außerdem arbeitet es mit einer großen Rechengenauigkeit und kennt einige zusätzliche Typen und Konstanten.

Turbo Pascal ist auf allen CP/M-Rechnern lauffähig sowie unter MS-DOS. Daher sind die Programme weitgehend ohne Veränderungen übertragbar, und Besonderheiten des Rechners spielen keine Rolle.

Allein kleine Unterschiede zwischen 8- und 16-Bit-Rechnern machen sich in den Sprachteilen bemerkbar, die besondere Kontakte zur tatsächlichen Maschine herstellen.

Auf Besonderheiten bestimmter Rechnermodelle, wie insbesondere auf Grafikfähigkeit, wurde in den Kapiteln 1 bis 10 ganz verzichtet, da die Allgemeingültigkeit und die Transportabilität der Programme darunter leiden würde. Ein besonderes Kapitel (Kap. 11) beschäftigt sich mit den Grafikmöglichkeiten des IBM-PC. Für andere Rechner muß auf die Angebote des Softwaremarktes und auf vielfältige Artikel in der Fachpresse hingewiesen werden.

Alle Programme sind auf Rechnern unter CP/M und MS-DOS getestet worden und damit lauffähig.

Das Buch ist als umfassende Programmieranleitung geschrieben und bietet einen Einstieg in Turbo Pascal für Anfänger wie Umsteiger. Es bleibt jedoch nicht auf der Anfängerebene, sondern behandelt alle Themen. Es ist bewußt enzyklopädisch gehalten und der Sprache Pascal gemäß formal aufgebaut, um auch dem fortgeschrittenen Benutzer einen raschen Überblick und ein schnelles Finden bestimmter Themen zu ermöglichen.

Ein besonderes Kapitel ist der Programmierhilfe Turbo Toolkit gewidmet, die vom gleichen Hersteller angeboten wird. Da davon auszugehen ist, daß der Turbo Pascal-Benutzer dieses komfortable und leistungsfähige Software-Werkzeug früher oder später benutzen wird, soll es nicht unerwähnt bleiben.

Der Anhang des Buches stellt eine kurze Übersicht über die wichtigsten Begriffe, Befehle und Zusammenhänge dar, die der Benutzer dieser Sprache ständig braucht.

Ich möchte an dieser Stelle dem Lektorat des Verlages und insbesondere Frau Wentges für die Überarbeitung des Buches danken. Außerdem danke ich den Firmen Heitmann, Unna, und SCS, Remscheid, für ihre freundliche Unterstützung.

Unna, im Mai 1986   Karl-Hermann Rollke

Einführung

1

1.1 Turbo Pascal im CP/M-Betriebssystem

Bevor wir uns näher mit dem Turbo Pascal beschäftigen, müssen wir einige grundlegende Dinge über das CP/M-Betriebssystem wissen. Hier sollen nur die wichtigsten Operationen in diesem Betriebssystem kurz beschrieben werden, damit der Einsteiger sie benutzen kann. Weitere Informationen sind dem CP/M-Handbuch oder der einschlägigen Literatur zu entnehmen.

Die CP/M-Diskette mit dem Turbo-System wird in das Laufwerk gelegt, und der Rechner wird eingeschaltet. Nun lädt der Rechner das CP/M-Betriebssystem. Dieser Vorgang wird „Booten" genannt. Nach dem Booten erscheint das Copyright und ein „>"-Zeichen als Promptsymbol.

Es ist nützlich, die folgenden Befehle zu kennen:

- DIR *Return*: Listet das Inhaltsverzeichnis der Diskette (Directory) auf.
- A: *Return* oder B: *Return*: Schaltet auf ein anderes Laufwerk um. Die Laufwerke haben die Namen A:, B:, C: usw.
- ERA <Filename>: Löscht eine Datei (File) mit angegebenem Namen auf der Diskette.
- REN <Filename neu>=<Filename alt>: Benennt ein File um.

Auf der CP/M-Systemdiskette befinden sich drei unbedingt notwendige Programme, die wir sofort benutzen sollten. Damit die kostbare Turbo-Systemdiskette nicht versehentlich gelöscht oder beschädigt wird, legen wir als erstes eine Kopie an und bewahren das Original danach sicher auf. Dazu müssen wir zunächst eine Diskette formatieren.

Wir legen die CP/M-Systemdiskette ins Laufwerk und tippen:

– FORMAT A: *Return*: Nun erscheint eine Begrüßungszeile des For-matters, und wir müssen die Systemdiskette in Laufwerk A: durch die neue Diskette ersetzen. Dann drücken wir die *Return*-Taste, und die Diskette wird formatiert. Nach dem erfolgreichen Formatieren wer-den wir aufgefordert, die Systemdiskette wieder einzulegen und *Return* zu drücken.

Nun kopieren wir die Turbo-Systemdiskette. Mit der CP/M-Diskette in Laufwerk A: tippen wir:

– COPY B:=A: *Return*: Nun fordert uns das Kopierprogramm auf, das Original (d. h. die Turbo-Diskette) in Laufwerk A: zu legen und die Kopie (d. h. unsere neue Diskette) in Laufwerk B:. Mit *Return* wird der Kopiervorgang gestartet. Nach Beendigung des Kopierens werden wir gefragt, ob wir noch eine Kopie machen wollen. Mit *N* verlassen wir das Kopierprogramm.

– *Hinweis*: Manchmal ist es nötig, nur das Betriebssystem zu kopieren (weil z. B. eine besondere Druckeranpassung nötig ist). Dann tippen wir COPY B:=A:/S *Return*. Alles andere ist dann wie oben.

Sollen nur bestimmte Files (Programme, Daten usw.) kopiert werden, so benutzen wir das PIP-Programm auf der CP/M-Systemdiskette.

– PIP *Return*: Bringt uns in das File-Kopierprogramm. Ein anderes Promptzeichen (∗) erscheint auf dem Bildschirm. Mit folgender Zeile können wir nun ein File von einem Laufwerk auf ein anderes kopieren: B:<File neu>=A:<File alt> *Return*. So wird ein File vom Laufwerk A: mit dem Namen <File alt> auf die Diskette im Laufwerk B: mit dem Namen <File neu> kopiert.
Es gibt auch Abkürzungen für die Filenamen, auf die hier aber nicht eingegangen werden soll (siehe CP/M-Handbuch).
Das PIP-Programm kopieren wir z. B. von Laufwerk A: nach Lauf-werk B: mit der Anweisung B:PIP.COM=A:PIP.COM *Return*.
Beendet wird PIP einfach mit *Return*.

Nun zu den Arten der Dateien (Files), mit denen wir es in Verbindung mit Turbo Pascal zu tun haben. Alle Files enden mit einem Anhängsel (Suffix), bestehend aus (meistens) 3 Zeichen, angeführt durch einen Punkt.

Die wichtigsten Typen sind:

- .COM oder .CMD : Lauffähiges Programm in Maschinencode
- .PAS　　　　　 : Pascal-Programmtext (Textfile)
- .BAK　　　　　 : Sicherheitskopie des Workfiles
- .OVR　　　　　 : Overlay
- .DTA　　　　　 : Daten

Oft ist auf den Disketten ein File mit dem Namen READ.ME zu finden. Dieses ist genauso zu behandeln, wie es heißt. Lesen Sie es. Dazu tippen Sie einfach

　　　TYPE READ.ME *Return*

und dieser Text erscheint auf dem Bildschirm.

Kommen wir zum eigentlichen Thema: Turbo Pascal. Nachdem wir eine Sicherheitskopie der Originaldiskette gemacht haben, legen wir das Original sicher weg und starten die kopierte Turbo-Systemdiskette. Mit TURBO *Return* wählen wir das Turbo-System.

Auf dem Bildschirm erscheint ein Titel mit dem Copyright und die Frage

　　　Include error messages (Y/N)?

In der Regel werden wir hier Y tippen, um die Fehlermeldungen im Klartext statt als Fehlercodes zu bekommen.

Danach erscheint ein Menü:

```
Logged drive: A

Work file:
Main file:

Edit    Compile Run  Save
eXecute Dir    Quit compiler Options

Text:      0 bytes
Free: 62903 bytes
```

Im folgenden Kapitel werden die Möglichkeiten des Menüs näher betrachtet. Hier wollen wir uns nur einmal anschauen, was alles zum Turbo-System an Files dazugehört. Mit D für Dir erhalten wir das Inhaltsverzeichnis der Diskette.

Folgende Files sollte die Diskette enthalten:

- TURBO.COM : Das Turbo Pascal.
- TURBO.OVR : Overlays, die nötig sind, wenn von Turbo aus ein
  .COM-File gestartet werden soll.
- TURBO.MSG : Das Textfile, das die Fehlermeldungen enthält.
- TLIST.COM : Ein Programm zum eleganten Ausdrucken von
  Turbo-Programmtexten.
- TINST.COM : Ein Installationsprogramm, um Turbo an den
  jeweiligen Rechner anzupassen (siehe Handbuch).
- TINST.DTA : Daten zu TINST.COM.
- READ.ME   : Hinweise zum System.
- <Name>.PAS : Eventuell vorhandene Pascal-Programme.

Welche Teile umfaßt das Turbo Pascal-System?

- Editor   : Zum Schreiben und Verändern von Texten (ins-
  besondere Programmtexten).
- Compiler   : Zum Übersetzen der Programmtexte in lauffähige
  Programme (in Maschinensprache).

Einen mit UCSD vergleichbaren Filer (zum Behandeln von Dateien und
Disketten) stellt das CP/M-Betriebssystem selbst dar.

1.2   Das Menü

Mit TURBO *Return* wählen wir das Turbo-System. Auf dem Bildschirm
erscheint das Menü. Die Auswahlmöglichkeiten des Menüs werden durch
einfaches Tippen der entsprechenden Buchstabentaste angewählt. Die
Buchstaben, die das Wort abkürzen, sind in der Bildschirmdarstellung
hervorgehoben.

```
Logged drive: A

Work file:
Main file:

Edit     Compile Run   Save
eXecute Dir       Quit compiler Options

Text:      0 bytes
Free: 62903 bytes
```

Die einzelnen Zeilen des Menüs haben folgende Bedeutung:

- Logged drive: A
  Hier wird angegeben, auf welches Laufwerk standardmäßig zugegriffen werden soll. Durch Drücken der L-Taste kann ein anderes Laufwerk gewählt werden.

– Work file:
In dieser Zeile wird angezeigt, welches Workfile gerade bearbeitet
wird, d. h. mit welchem Programmtext der Benutzer beschäftigt ist.
Durch Drücken der W-Taste kann der Benutzer ein Workfile in fol-
gender Form definieren:
<Filename>.<Typ>
Beispiel: TEST.PAS
Es kann auch .PAS weggelassen werden. In diesem Fall wird es vom
System angefügt. Wird jedoch z. B. TEST.BAK gewählt, so wird
nichts angefügt.

Ist das Workfile nicht auf der Diskette, wird ein neues File erzeugt.
Wenn ein Workfile im Rechner ist und der Benutzer einen neuen
Namen als Workfile definiert, wird gefragt, ob das Workfile erst
gespeichert werden soll (Antwort Y oder N).

– Main file:
Wenn neben einem Workfile noch ein Mainfile genannt wird, ist es
dieser Text, der vom Compiler übersetzt wird (andernfalls das Workfile). So kann ein Programmtext benannt werden, der z. B. auf der Diskette steht und das zu übersetzende Hauptprogramm enthält, während
nebenher ein anderer Text (der z. B. Textteile enthält, die eingefügt
werden sollen) im Texteditor bearbeitet wird.

– Edit
Mit E wird der Editor aufgerufen (siehe folgendes Kapitel).

– Compile
Mit C wird das Mainfile (oder das Workfile, wenn kein Mainfile existiert) in die Z80-Maschinensprache übersetzt. Die Art der Übersetzung hängt von den Compiler-Optionen ab.

– Compiler Options
Mit O lassen sich Compiler-Optionen wählen.

  – Memory
  Durch Drücken der M-Taste (das ist auch die Standardeinstellung)
  wird der Compiler veranlaßt, den Text so zu übersetzen, daß das
  lauffähige Programm im Rechnerspeicher steht.

  – Com-file
  Mit der C-Taste können wir den Compiler veranlassen, das lauffähige Programm als .COM-File (z. B. TEST.COM) auf die Diskette zu schreiben. Abhängig vom Rechnertyp können noch
  Angaben über die genaue Plazierung des Maschinenprogramms
  im Speicher gemacht werden (siehe Handbuch).

- cHn-file
  Mit der H-Taste sorgen wir dafür, daß das Programm so übersetzt
  wird, daß es nur von einem anderen Pascal-Programm aufgerufen
  werden kann (weil Teile des Pascal-Systems fehlen). Der Name
  wird durch .CHN (z. B. TEST.CHN) kenntlich gemacht (siehe
  ebenfalls Handbuch).

- Run
  Mit der R-Taste lassen wir den Rechner ein Programm abarbeiten.
  Entweder wird das Programm im Speicher oder (wenn die Compiler-
  Option C gewählt wurde) das entsprechende .COM-File abgearbeitet.
  Ist das Programm noch nicht übersetzt, so wird dies erst getan.

- Save
  Durch Drücken der S-Taste können wir das Workfile unter dem angegebenen Namen abspeichern. Es bleibt eine Kopie der letzten Version
  des Workfiles auf der Diskette mit dem Kürzel .BAK (z. B. TEST-
  .BAK).

- eXecute
  Mit der X-Taste können wir ein anderes Programm aufrufen.

- Dir
  Mit D wird das Inhaltsverzeichnis der angewählten Diskette ausgegeben.

- Quit
  Mit Q wird das Turbo-System verlassen (d. h. zurück zum CP/M-
  Betriebssystem).

1.3   Der Turbo Editor

Der Turbo Editor ist ein Texteditor (verwandt mit dem bekannten Word
Star), mit dem beliebige Texte bearbeitet werden können. Insbesondere
werden wir natürlich Programmtexte damit bearbeiten. Für WordStar-
Benutzer entfällt eine Einarbeitung völlig. Sie können diesen Editor
(fast) wie gewohnt benutzen.

Neulinge auf diesem Gebiet sollten erst einmal zur Übung mit dem Editor
spielen, d. h. neue Texte erstellen und ändern sowie schon bestehende
Texte ändern und in den Texten herumspringen.

Der Editor wird mit der Taste E aus dem Menü gewählt und durch Eingabe der Tastenfolge Ctrl-K Ctrl-D verlassen.

Hinweis: Die Bezeichnung Ctrl-K bedeutet, daß die Taste K zusammen mit der Ctrl-Taste gedrückt wird.

Hinweis für APPLE-Benutzer: Beim APPLE erzeugt Ctrl-K eine eckige Klammer. Daher ist für den APPLE jedes Ctrl-K durch Ctrl-O zu ersetzen (siehe auch Handbuch/Installationsanweisungen).

Die Editorbefehle lassen sich in folgende Gruppen aufteilen:

- Kontrollbefehle
- Cursorbewegungsbefehle
- Befehle zum Einfügen und Löschen
- Blockbefehle
- Verschiedenes

1. Kontrollbefehle

- Beenden des Editors – Ctrl-K Ctrl-D

- Einfügen/Überschreiben – Ctrl-V
  Schaltet hin und her zwischen Einfügen an der Cursorposition und Überschreiben an der Cursorposition.

- Automatischer Tabulator – Ctrl-Q Ctrl-I
  Schaltet hin und her zwischen automatischem Tabulator (d. h. Sprung an die Spaltenposition in der folgenden Zeile, an der die aktuelle Zeile beginnt) und Zeilenanfang am linken Rand.

2. Cursorbefehle

- Ein Zeichen nach links – Ctrl-S

- Ein Zeichen nach rechts – Ctrl-D

- Ein Zeichen nach oben – Ctrl-E

- Ein Zeichen nach unten – Ctrl-X

Hinweis: Die Cursortasten sind wie folgt angeordnet:

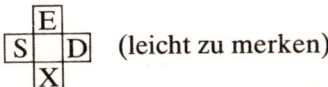 (leicht zu merken)

Neben diesen Zeichen sitzen die Zeichen zur wortweisen Rechts-/Links-
bewegung und seitenweisen Auf-/Abbewegung.

– Ein Wort nach links – $\boxed{\text{Ctrl-A}}$

– Ein Wort nach rechts – $\boxed{\text{Ctrl-F}}$

– Eine Seite nach oben – $\boxed{\text{Ctrl-R}}$

– Eine Seite nach unten – $\boxed{\text{Ctrl-C}}$

Der ganze Bildschirm kann verschoben werden, ohne die Cursorposition
zu ändern:

– Bildschirm eine Zeile nach oben – $\boxed{\text{Ctrl-W}}$

– Bildschirm eine Zeile nach unten – $\boxed{\text{Ctrl-Z}}$

Finden bestimmter Positionen im Text:

– Cursor in die oberste Bildschirmzeile – $\boxed{\text{Ctrl-Q}}\boxed{\text{Ctrl-E}}$

– Cursor in die unterste Bildschirmzeile – $\boxed{\text{Ctrl-Q}}\boxed{\text{Ctrl-X}}$

– Cursor an Textanfang – $\boxed{\text{Ctrl-Q}}\boxed{\text{Ctrl-R}}$

– Cursor an Textende – $\boxed{\text{Ctrl-Q}}\boxed{\text{Ctrl-C}}$

– Cursor an letzte Cursorposition – $\boxed{\text{Ctrl-Q}}\boxed{\text{Ctrl-P}}$

3. Befehle zum Einfügen und Löschen

– Löschen eines Zeichens links vom Cursor – $\boxed{\text{DEL}}$-Taste

– Löschen eines Zeichens unter dem Cursor – $\boxed{\text{Ctrl-G}}$

– Löschen eines Wortes rechts vom Cursor – $\boxed{\text{Ctrl-T}}$

– Löschen einer Zeile – $\boxed{\text{Ctrl-Y}}$

– Löschen bis Zeilenende – $\boxed{\text{Ctrl-Q}}\boxed{\text{Ctrl-Y}}$

– Einfügen einer Zeile – $\boxed{\text{Ctrl-N}}$

4. Blockbefehle

Unter einem Block ist ein zusammenhängender Text zu verstehen, der durch eine Anfangs- und Endmarkierung (Block-Marker) gekennzeichnet ist. Ein solcher Block kann dann bewegt, gelöscht oder von und nach Disketten kopiert werden.

— Anfangsmarkierung — Ctrl-K Ctrl-B

— Endmarkierung — Ctrl-K Ctrl-K

— Ein einzelnes Wort markieren — Ctrl-K Ctrl-T

— Umschalten Blockanzeigen — Ctrl-K Ctrl-H
   Schaltet zwischen normaler Darstellung und hervorgehobener Bildschirmdarstellung für den Block.

— Vorher markierter Block soll an Cursorposition kopiert werden —
   Ctrl-K Ctrl-C

— Vorher markierter Block soll zu Cursorposition bewegt werden —
   Ctrl-K Ctrl-V

— Löschen eines Blocks — Ctrl-K Ctrl-Y

— Block von Diskette lesen — Ctrl-K Ctrl-R

— Block auf Diskette schreiben — Ctrl-K Ctrl-W

5. Verschiedenes

— Tabulator an die Spalte des letzten Zeilenanfangs — Ctrl-I

— Ursprünglicher Inhalt der aktuellen Zeile — Ctrl-Q Ctrl-L

— Abbruch eines Kommandos — Ctrl-U

— Eingabe eines Ctrl-Zeichens in den Text durch Voranstellen von
   Ctrl-P

— Finden eines Strings bis 30 Zeichen Länge — Ctrl-Q Ctrl-F
   Der zu findende String wird eingegeben und mit <Return> abgeschlossen (Ctrl-Zeichen mit Ctrl-P einfügen).

Dann wird nach Optionen gefragt:
- B: Rückwärts suchen ab Cursorposition (sonst vorwärts).
- G: Global suchen (d. h. im ganzen Text).
- \<Zahl\> : Gibt an, das wievielte Auftreten des Textes gefunden werden soll.
- U: Groß-/Kleinschreibung ignorieren.
- W: Nur ganze Wörter finden (sonst auch Auftreten des Textteils in anderen Texten).

- Finden und Ersetzen — Ctrl-Q Ctrl-A
  Wie finden. Mit zusätzlicher Angabe des Ersatztextes. Optionen wie bei Finden. Zusätzlich:
  - \<Zahl\>: Anzahl der zu ersetzenden Textmuster.
  - N: Ersetzen ohne Nachfrage (Y/N).

- Letztes Finden wiederholen — Ctrl-L

1.4   Ein einfaches Programm — der Compiler

Wir wollen nun ein einfaches Programm schreiben und übersetzen sowie ausführen lassen, um zu erlernen, wie das Turbo Pascal-System zu benutzen ist.

Das Programm begrüßt den Benutzer und gibt ihm an, wieviel Speicherplatz noch im Rechner vorhanden ist. MEMAVAIL ergibt unter CP/M 80 den freien Speicher in Byte (bei Werten über 32767 ein negativer Wert — in diesem Fall ist 65536.0 zu addieren). Unter CP/M 86 (MS-DOS) ergibt MEMAVAIL den freien Speicher in Paragraphen (ein Paragraph hat 16 Byte).

Nennen wir zuerst das Workfile durch Drücken der Taste W aus dem Menü: SPEICHER. Dann wählen wir den Editor (mit E aus dem Menü). Nun tippen wir den folgenden Text ein (jede Zeile wird mit *Return* abgeschlossen. Eingerückt wird mit der Leertaste, ausgerückt mit der BS-Taste oder mit *Pfeil-Links*).

```
PROGRAM Speicher;

VAR Mem : REAL;

BEGIN
  CLRSCR;
  WRITELN ('Guten Tag');
  WRITELN;
  WRITELN ('Der freie Speicher betraegt: ');
```

```
Mem := MEMAVAIL;
IF Mem < 0 THEN Mem := Mem + 65536.0;
WRITELN (Mem : 5 : 0);
WRITELN;
WRITELN ('Ende mit <Return> ');
READLN
END.
```

Nachdem der Text eingegeben ist, verlassen wir den Editor mit Ctrl-K Ctrl-D. Mit S speichern wir dieses Programm erst einmal ab. Nun gibt es zwei Möglichkeiten, das Programm auszuführen:

1. Mit R wird das Programm in den Rechnerspeicher übersetzt und ausgeführt.

2. Mit O wird die Compiler-Option COM gewählt, dann das Compiler-Option-Menü verlassen und mit C das Programm auf die Diskette übersetzt. Nun wird das Turbo-System verlassen (mit Q) und vom CP/M aus durch Eingabe des Namens SPEICHER das Programm (SPEICHER.COM) abgearbeitet.

Mit Version 2 ist offenbar der zur Verfügung stehende freie Speicher erheblich größer, weil auch der Speicher mit zu nutzen ist, den das Turbo-System in Version 1 einnimmt.

Wenn Fehler auftreten

Bei der Eingabe eines Programms mit dem Editor können Fehler auftreten. Zwei Arten von Fehlern treten relativ häufig auf: Syntax-Fehler (d.h. vergessenes Semikolon, falsch geschriebene reservierte Wörter usw.) oder Fehler im logischen Aufbau des Programms (z.B. Benutzung einer Variablen, die nicht erklärt wurde).

Beim Übersetzen des Programms merkt und meldet der Compiler solche Fehler. Durch Drücken der *ESC*-Taste gelangen wir dann in den Editor zurück und können den Fehler korrigieren.

Weiterhin können Fehler bei der Ausführung des Programms auftreten. So könnte es z.B. passieren, daß Variablen derartige Ergebnisse bekommen, daß durch Null dividiert wird. Dies ist sicher nicht korrekt und führt zu einem Programmabbruch. Vom System wird dann die Speicherstelle angegeben, bei der der Abbruch auftrat, und im Programmtext nach der fehlerhaften Stelle gesucht. Wieder können wir durch Drücken der *ESC*-Taste in den Editor zurückgehen und den Fehler korrigieren.

Pascal-Grundbegriffe

2

2.1 Aufbau eines Programms

Man hört häufig, daß Pascal eine strukturierte Programmiersprache sei. Was ist damit gemeint? Das ganze Pascal-Programm hat eine bestimmte Struktur, auf die wir gleich zu sprechen kommen. Außerdem hat ein jeder Teil des Programms eine sehr ähnliche Struktur. Die Strukturen, um die es sich hier handelt, werden oft Blöcke genannt und sind so geartet, daß sie eine recht einfache Lösung eines Programmierproblems zulassen.

Wir teilen das Programm in drei große Abschnitte ein:

1. Programmkopf
2. Deklarationsteil (mit Prozeduren/Funktionen)
3. Hauptprogramm

Zu 1.: Der Programmkopf besteht aus dem reservierten Wort PRO-GRAM und dem Programmnamen.

Zu 2.: Hier werden Konstanten, Datentypen und Variablen vereinbart, die im Programm vorkommen und gebraucht werden. Weiterhin folgen alle Prozeduren und Funktionen des Programms. Prozeduren sind Unterprogramme, die vom Hauptprogramm aufgerufen und dann abgearbeitet werden. Die Prozeduren haben die gleiche Form wie ein Hauptprogramm selbst, d. h. sie bestehen aus dem Prozedurkopf mit Deklarationsteil, evtl.

aus weiteren Prozeduren und dem Prozedurrumpf mit den Befehlen zwischen BEGIN und END. Außer den Prozeduren können noch Funktionen im Programm enthalten sein, die sich etwas in Form und Gebrauch von Prozeduren unterscheiden.

Besonderheit von Turbo Pascal: Alle Teile des Deklarationsteils können mehrfach auftreten (also auch Typ-, Variablen- und Konstantendeklarationen), und ihre Reihenfolge ist beliebig. Allerdings müssen Dinge, die benutzt werden sollen, vorher deklariert worden sein.

Zu 3.: Das Hauptprogramm fängt mit BEGIN an und hört mit END auf. Es besteht aus einzelnen Anweisungen und Blöcken von Anweisungen, die jeweils durch BEGIN und END zusammengehalten werden.

Merke: Kommentar wird in geschweifte Klammern geschrieben. Da viele Rechner diese Zeichen nicht darstellen können, wird oftmals als Ersatzzeichen (∗ Kommentar ∗) verwendet.

In manchen Programmiersprachen wird die Reihenfolge der Befehle durch Zeilennummern (z. B. in BASIC) oder Sprünge zu bestimmten Zeilennummern bestimmt. In Pascal ist das anders. Hier werden Befehle immer in der beschriebenen Reihenfolge abgearbeitet — für BASIC-Anwender erst ein wenig unverständlich.

Hinweis: Auch in Pascal gibt es den Sprungbefehl GOTO. Er kann aber in fast allen Fällen vermieden und durch andere Strukturen ersetzt werden. In Kap. 6.1 wird kurz auf GOTO eingegangen.

1. Alle Pascal-Befehle werden durch ein Semikolon (;) voneinander getrennt.

2. Pascal-Befehle werden immer in der Reihenfolge abgearbeitet, wie sie auftreten.

3. Die Anweisungen des Programms werden zwischen BEGIN und END geschachtelt.

4. Nach BEGIN steht kein Zeichen!

5. Vor END kann ein Semikolon stehen, sollte jedoch nicht. (Nur ein Semikolon allein erzeugt nämlich eine leere Anweisung.)

6. Nach END steht ein Punkt, wenn es das Ende des Hauptprogramms darstellt, sonst ein Semikolon.

Ein einfaches Programm, das nur aus einem Hauptprogramm besteht, d. h. ein Programm ohne Unterprogramme (Prozeduren/Funktionen), hat demnach folgende Form:

```
PROGRAM programmname;

CONST...;
TYPE...;
VAR...;

BEGIN
   ....
   ....
   Anweisungen (durch Semikolon getrennt)
   ....
   ....
END.
```

Ein Programm mit Prozeduren und Funktionen hat die Form:

```
PROGRAM programmname;

   CONST...;
   TYPE...;
   VAR...;

   PROCEDURE prozedurname;
      CONST...;
      VAR...;
        BEGIN
        ...
        END;

   PROCEDURE prozedurname (variablendeklaration);
      CONST...;
      VAR...;
        BEGIN
        ...
        END;

   PROCEDURE prozedurname (VAR variablendeklaration);
      CONST...;
      VAR...;
        BEGIN
        ...
        END;

   PROCEDURE prozedurname (variablen, VAR variablen);
      CONST...;
      VAR...;
        BEGIN
        ...
        END;

   FUNCTION funktionsname (variablendeklaration) : typ;
      CONST...;
      VAR...;
        BEGIN
        ...
        END;

   BEGIN { Hauptprogramm }
     ...
   END.
```

2.2   Ein- und Ausgabe

Nun wird es aber bezüglich der Programmierung in Pascal ernst. Wir wollen, nachdem einige einfache Befehle geklärt sind, ein weiteres kleines Programm schreiben.

Um mit dem Computer über ein Programm in Kontakt treten zu können, brauchen wir sogenannte Ein- und Ausgabebefehle (die Ein- und Ausgabebefehle beziehen sich vorerst nur auf Eingaben mit der Tastatur und Ausgaben auf den Bildschirm):

WRITE und WRITELN:
Diese Befehle sind Ausgabebefehle, die übersetzt soviel heißen wie „schreibe". WRITE wird immer dann gebraucht, wenn nach dem geschriebenen Wort oder der geschriebenen Zahl in der gleichen Zeile weitergeschrieben werden soll.

Wenn nach der Ausgabe ein Zeilenvorschub („Carriage Return" oder kurz CR) folgen soll, d. h., wenn das Nächstgeschriebene in einer neuen Zeile anfangen soll, so wird WRITELN (sprich „writeline") verwendet.

Steht WRITELN allein, so wird nur eine Leerzeile geschrieben. Ansonsten folgen den Befehlen runde Klammern, in denen sich das zu Schreibende befindet.

Beispiele: WRITELN (Wert) schreibt den Dateninhalt von „Wert".
WRITELN (Wert1,Wert2,Wert3) wie oben, aber für drei Daten.
WRITELN ('Dies ist ein Beispiel') schreibt den Satz „Dies ist ein Beispiel" auf den Bildschirm.

Wenn mehrere Daten, Variablen, Wörter, Sätze usw. ausgegeben werden sollen, so werden sie in der Klammer jeweils durch ein Komma voneinander getrennt.

Wenn Text in der Klammer steht, so muß er stets durch Hochkomma angeführt und beendet werden. (Das Hochkomma wird natürlich später nicht mit ausgegeben!)

READ und READLN:
Dies sind Eingabebefehle, die übersetzt soviel wie „lies" heißen.

READ/READLN (sprich „readline") ermöglicht es, eine Zahl, ein Wort oder ein Zeichen einzugeben.

Der Name der einzugebenden Variablen steht wieder in einer Klammer hinter dem READ-/READLN-Befehl. Sollten mehrere Daten mit einem Befehl eingegeben werden, so sind sie in der Klammer durch Kommata zu trennen − hierbei aber Vorsicht: Mehrere einzugebende Daten in einem READLN-Befehl könnten später im Programmlauf seltsame Effekte ergeben.

Die Eingabe wird mit der Return-Taste abgeschlossen. Wie bei den Ausgabebefehlen bewirkt READLN im Gegensatz zu READ, daß nach der Eingabe ein Zeilenvorschub ausgeführt wird.

Beispiel:
READLN (Wert) übergibt der Variablen Wert eine einzugebende Zahl (vorausgesetzt, der Name Wert steht für eine Zahlenvariable).

Später im Programmlauf muß nach dem Eintippen der Zahl (oder des Wortes) die Return-Taste gedrückt werden, um dem Rechner zu signalisieren, daß die Eingabe beendet ist.

Hinweis: Mit READ (KBD,< Wert>) kann *ein* Zeichen von der Tastatur KBD (Keyboard) eingegeben werden, ohne daß die *Return*-Taste zur Beendigung der Eingabe gedrückt werden muß. Das Zeichen wird dann allerdings nicht auf dem Bildschirm dargestellt. Hierbei handelt es sich um eine Möglichkeit, den Programmablauf durch einfachen Tastendruck zu steuern.

Wir wollen nun ein kleines Programm schreiben, das einige Sätze auf unseren Bildschirm bringt. Gehen Sie in den Editor und geben Sie folgenden Programmtext ein:

```
PROGRAM Saetze;

BEGIN
  WRITELN ('Dies ist ein kleines Programm,');
  WRITELN ('das ein paar Worte auf den Bildschirm');
  WRITELN ('bringen soll.')
END.
```

Beachten Sie: Vor dem END sollte kein Semikolon stehen, kann aber.

Sollten Sie keine Kleinbuchstaben zur Verfügung haben, schreiben Sie einfach groß. Andererseits dürfen bei den meisten Systemen auch die Befehlswörter klein geschrieben werden − in den folgenden Programmen werden Befehlswörter von anderem Text optisch getrennt.

Nachdem Sie dieses Programm im Editor eingetippt haben, verlassen Sie ihn mit Ctrl-K Ctrl-D. Dann rufen Sie den Compiler auf oder tippen einfach R, damit das Programm übersetzt und gestartet wird.

Nun sollte der Rechner den folgenden Text auf den Bildschirm schreiben:

```
Dies ist ein kleines Programm,
das ein paar Worte auf den Bildschirm
bringen soll.
```

Es könnte sein, daß dies nicht der einzige Text auf Ihrem Bildschirm ist, sondern sich noch die Kommandozeile oder irgendwelcher früher geschriebener Text auf dem Bildschirm befindet.

Fügen Sie einfach nach BEGIN eine Zeile ein, die so aussieht:

CLRSCR;

Dieser Befehl bewirkt, daß der Bildschirm gelöscht wird (Clearscreen).

Wenn wir die Ausgabe an einer bestimmten Stelle des Bildschirms haben wollen, so verwenden wir

GOTOXY (x,y);

mit x,y als ganzzahligen Koordinaten der entsprechenden Bildschirm-stelle (die möglichen Werte für x und y hängen natürlich vom jeweiligen Bildschirm ab). Die obere linke Ecke hat die Koordinate (1,1).

Beispiel:

```
PROGRAM Bildschirmtest;

BEGIN
  CLRSCR
  GOTOXY (10,20);
  WRITELN ('Noch ein...');
  GOTOXY (15,30);
  WRITELN ('Testtext.')
END.
```

Im weiteren folgen noch einige Anmerkungen zu den Ausgabebefehlen, die Sie erst verwenden können, wenn Sie mit Zahlen und Variablen arbei-ten:

Formatierte Ausgabe

Wenn ganze Zahlen mit einer bestimmten Stellenzahl ausgegeben werden sollen, so benutzt man die Form:

WRITELN (Ganzezahl:Stellenzahl)

Beispiel:
WRITELN (Wert1:4, Wert2:5) bewirkt, daß Wert1 mit 4 Stellen, Wert2 mit 5 Stellen rechtsbündig ausgegeben wird.

Sollen Dezimalzahlen mit einer bestimmten Stellenzahl und einer bestimmten Nachkommastellenzahl ausgegeben werden, so schreibt man:

WRITELN (Dezzahl:Stellenzahl:Nachkomma)

Beispiel:
WRITELN (Wert:7:2) bewirkt, daß Wert mit insgesamt 7 Stellen und davon 2 Stellen hinter dem Dezimalpunkt ausgegeben wird.
Achtung: Der Dezimalpunkt zählt bei der Stellenzahl mit!

Noch einige Beispiele:

Variable:	Inhalt:	Ausgabebefehl:	Ausgabe:
Wert1	123	WRITELN(Wert1:5)	123
Wert2	12	WRITELN(Wert2:2)	12
Wert3	12.4	WRITELN(Wert3:5:2)	12.40
Wert4	12.4	WRITELN(wert4:7:3)	12.400

Sie sollten − als guter Programmierer − darauf achten, daß der Inhalt der Variablen die vorgegebene Stellenzahl nicht überschreitet, da die verschiedenen Rechner unterschiedlich darauf reagieren!

2.3   Konstanten und Variablen

```
PROGRAM Beispiel;

  CONST Pi = 3.1416;

  VAR Radius, Flaeche : REAL;

  BEGIN
    WRITE ('Radius: ');
    READLN (Radius);
    Flaeche := Pi * Radius * Radius;
    WRITELN ('Flaeche=',Flaeche:7:2)
  END.
```

Das im letzten Abschnitt erstellte Programm bestand nur aus dem Programmkopf und dem Hauptprogramm zwischen BEGIN und END. Es hatte noch keine Konstanten und Variablen.

Variable: Variablen sind Speicherplätze im Rechner, in denen Zahlen, Buchstaben, Wörter oder andere Objekte (die wir später noch kennenlernen) gespeichert werden. Eine Variable hat einen Namen (Variablenname), einen sogenannten Datentyp und einen Dateninhalt.

Mit der Variablen kann genauso gearbeitet werden wie mit den Daten selbst. Mit einer Zahlenvariablen kann z. B. genauso gerechnet werden wie mit anderen Zahlen. Der Name der Variablen und ihr Typ werden im Deklarationsteil des Programms festgelegt. Der Dateninhalt wird der Variablen aber erst im Programm zugewiesen und kann jederzeit geändert werden.

DATENINHALT wird zugewiesen !

Konstante: Eine Konstante ist ähnlich der Variablen ein Speicherplatz, der einen Namen und einen Dateninhalt hat. Jedoch läßt sich der Dateninhalt der Konstanten nicht mehr im Programm verändern. Der Inhalt wird im Deklarationsteil festgelegt.

Merke: Wir unterscheiden für Konstanten und Variablen:

VARIABLE : Name – Datentyp – Dateninhalt.

Bei Variablen werden Namen und Datentypen im Deklarationsteil festgelegt und die Dateninhalte im Programm zugewiesen.

Bei Konstanten werden Namen und Dateninhalte (und damit Datentypen) nur im Deklarationsteil festgelegt.

Global: Konstanten und Variablen, die im Deklarationsteil des Programms festgelegt sind, heißen „global". Sie können überall im Programm verwendet werden (also auch in den Prozeduren und Funktionen). Später werden wir noch lokale Konstanten und Variablen kennenlernen, die nur in der jeweiligen Prozedur/Funktion gültig sind.

Variablennamen: Die Variablennamen sind beliebig und können in der Regel bis zu 8 Zeichen enthalten. Das erste Zeichen muß ein Buchstabe sein. Sonderzeichen, die von Pascal verwendet werden, sowie Namen von Pascal-Befehlen dürfen nicht verwendet werden (reservierte Wörter).

Beispiele für richtige und falsche Variablen- und Konstantennamen:

A	richtig
Test	richtig

x3	richtig
1a	falsch (1. Zeichen muß Buchstabe sein)
X-oben	falsch (keine Sonderzeichen)

CONST: Die Deklaration der Konstanten beginnt mit dem Wort CONST. Danach werden, durch Semikolon getrennt, die Konstanten aufgeführt, indem den Konstantennamen durch ein Gleichheitszeichen ein Wert zugewiesen wird.

VAR: Die Variablendeklaration beginnt mit dem Wort VAR und zählt danach die Namen der Variablen und ihren Typ auf. Die Form der Deklaration ist die folgende: Variablenname, Doppelpunkt, Typ. Verschicdene Variablen gleichen Typs können vor dem Doppelpunkt, durch Kommata getrennt, aufgezählt werden. Mehrere Variablendeklarationen werden durch Semikolon voneinander getrennt.

Beispiel:

```
CONST Vier=4;
      Dez=5.7;
      Elf=11;
      Neun=10;

VAR Wert : INTEGER;
    Zahl,Volumen : REAL;
```

Damit wir mit der Variablendeklaration etwas anfangen können, werden hier kurz die sogenannten einfachen Datentypen dargestellt (genaue Beschreibung folgt noch).

Einfache Datentypen

INTEGER: Ganze Zahlen. Der Zahlenbereich ist beschränkt auf die Zahlen von -32768 bis $+32767$.

REAL: Dezimalzahl. Eine Dezimalzahl kann auf einem Computer ebenfalls nur mit einer beschränkten Genauigkeit angegeben werden. Sollten bei sehr kleinen Zahlen die Stellen hinter dem Dezimalpunkt oder bei großen Zahlen die Stellen davor nicht ausreichen, so werden die Zahlen in der Zehnerpotenzschreibweise (wie beim Taschenrechner) angegeben. *Beispiel:* Statt 300 000 000 000 kann 3E11 (sprich: 3 mal 10 hoch 11) angegeben werden.

CHAR: Zeichen. Eine Variable dieses Typs kann ein beliebi-
                   ges Zeichen aus dem Zeichensatz des Rechners ent-
                   halten.

STRING[n]:   Zeichenkette. Eine Zeichenkette ist eine Folge von
                   beliebigen Zeichen. Ein String kann z. B. ein Wort,
                   ein Name oder ein Satz sein. In der eckigen Klammer
                   wird die maximale Länge des Strings angegeben.

BOOLEAN: Logische Variable. Dieser Variablentyp kennt nur
                   zwei mögliche Werte: Wahr und Falsch. In Pascal
                   heißen diese Werte:
                   TRUE − Wahr
                   FALSE − Falsch
                   Im Programm kann also einer Booleschen Variablen
                   der Wert TRUE oder FALSE zugewiesen oder dieser
                   Wert abgefragt werden.

Nun folgt ein kleines Beispielprogramm zur Übung des Umgangs mit
Konstanten und Variablen.

Damit der Programmtext etwas übersichtlicher wird, rückt man für
gewöhnlich einige Textzeilen ein. Außerdem sollte man möglichst einige
Kommentare in den Text einfügen:

Kommentar: Kommentar läßt sich in geschweiften Klammern ein-
                   fügen. Er wird beim Übersetzen des Programms vom
                   Rechner nicht berücksichtigt. Wenn keine geschweif-
                   ten Klammern vorhanden sind, können Ersatzzeichen
                   verwendet werden: (∗ Kommentar ∗).

```
PROGRAM Vartest;
  { Ein Programm zur Demonstration einfacher Typen }

  CONST Drei=3;
        Elfkommadrei=11.3;

  VAR   Ganz1,Ganz2,Summe : INTEGER;
        Name : STRING[20];

BEGIN
  CLRSCR;
  { Bildschirm löschen }

  { Eingabe von Zahlen und Wörtern: }
  WRITELN('Dies ist ein Testprogramm:');
  WRITELN;
  WRITE('Geben Sie eine ganze Zahl ein: ');
  READLN(Ganz1);
  WRITELN;
```

```
WRITE('Noch eine: ');
READLN(Ganz2);
WRITE('Geben Sie Ihren Namen ein: ');
READLN(Name);
{ Ende der Eingabe }
Summe := Ganz1 + Ganz2;

{ Ausgabeteil: }
CLRSCR;
WRITELN('Lieber ',Name,' !');
WRITELN;
WRITELN('Die Konstanten dieses Programms');
WRITELN('sind ',Drei,' und ',Elfkommadrei);
WRITELN;
WRITELN('Sie haben folgende Zahlen eingegeben:');
WRITELN(Ganz1,' und ',Ganz2);
WRITELN('Die Summe davon ist ',Summe);
WRITELN;
WRITELN('...das war es.')

END. { Programmende }
```

Tippen Sie dieses Programm bitte im Editor ein, und bringen Sie es mit R zum Laufen. Experimentieren Sie mit verschiedenen Eingaben, und ändern Sie das Programm nach Ihren Wünschen noch ein wenig. Ändern Sie z. B. die unbefriedigende Ausgabe der Konstanten, indem Sie formatierte Ausgaben verwenden.

Zuweisung: Wird einer Variablen ein Wert zugewiesen, so benutzen wir das Zuweisungszeichen := .

               Beispiel: a := 5;
                          a := 2 * a;
               (a erhält den doppelten Wert seines vorigen Inhalts)
               Die Zuweisung ist logisch am besten von rechts nach links zu lesen.

Gleichheit: Das Gleichheitszeichen = ist nur dann zu benutzen, wenn die Werte zu seinen beiden Seiten tatsächlich gleich sind (oder deren Gleichheit abgefragt wird).

2.4   Reservierte Wörter und Standardbezeichner

In der Namengebung für unsere Programme, Variablen, Prozeduren und Funktionen unterliegen wir einigen Beschränkungen und Vorschriften. Wir dürfen unter Verwendung der folgenden Zeichen

ABCDEFGHIJKLMNOPQRSTUVWXYZ
abcdefghijklmnopqrstuvwxyz
0123456789
und _ (Unterstreichungszeichen)

Namen nach bestimmten Regeln, die aus den Syntaxdiagrammen zu ersehen sind, bilden.

Wir nennen diese Namen „benutzerdefinierte Bezeichner".

Diese dürfen jedoch nicht identisch sein mit sogenannten reservierten Wörtern.

Reservierte Wörter: Dies sind Wörter, die in der Programmiersprache Pascal bestimmte Bedeutungen haben und dem Compiler eine korrekte Übersetzung und Ausführung des Programms ermöglichen.

Selbstverständlich darf z. B. eine Variable nicht denselben Namen haben wie eine Pascal-Anweisung, da es sonst zu unlösbaren Konflikten käme.

Folgende reservierte Wörter sind vorhanden (es ist unerheblich, ob die Wörter groß oder klein geschrieben werden):

ABSOLUTE	EXTERNAL	NIL	SHR
AND	FILE	NOT	STRING
ARRAY	FOR	OF	THEN
BEGIN	FORWARD	OR	TO
CASE	FUNCTION	PACKED	TYPE
CONST	GOTO	PROCEDURE	UNTIL
DIV	IF	PROGRAM	VAR
DO	IN	RECORD	WHILE
DOWNTO	INLINE	REPEAT	WITH
ELSE	LABEL	SET	XOR
END	MOD	SHL	

Neben den reservierten Wörtern, die nicht verändert werden dürfen, gibt es noch eine Reihe von Standardbezeichnern für vordefinierte Funktionen, Prozeduren, Dateien und Datentypen. Diese dürfen zwar verändert werden, jedoch tut der Anfänger gut daran, diese Namen nicht als Bezeichner zu wählen, damit nicht versehentlich Dinge umbenannt werden, die gar nicht umbenannt werden sollten.

ARCTAN	AUXINPTR	BLOCKWRITE	BYTE
ASSIGN	AUXOUTPTR	BOOLEAN	CHAIN
AUX	BLOCKREAD	BUFLEN	CHAR

CHR	FILESIZE	MEMAVAIL	ROUND
CLOSE	FILLCHAR	MOVE	SEEK
CLREOL	FLUSH	NEW	SEEKEOF
CLRSCR	FRAC	NORMVIDEO	SEEKEOLN
CON	GETMEM	ODD	SIN
CONINPTR	GOTOXY	ORD	SIZEOF
CONOUTPTR	HEAPPTR	OUTPUT	SQR
CONCAT	HI	OVRDRIVE	SQRT
CONSTPTR	IORESULT	OVRPATH	STR
COPY	INPUT	PARAMCOUNT	SUCC
COS	INSLINE	PARAMSTR	SWAP
CRTEXIT	INSERT	PI	TEXT
CRTINIT	INT	PORT	TRM
DELLINE	INTEGER	POS	TRUE
DELAY	KBD	PRED	TRUNC
DELETE	KEYPRESSED	PTR	UPCASE
EOF	LENGTH	RANDOM	USR
EOLN	LN	RANDOMIZE	USRINPTR
ERASE	LO	READ	USROUTPTR
ERRORPTR	LOWVIDEO	READLN	VAL
EXECUTE	LST	REAL	WRITE
EXIT	LSTOUTPTR	RELEASE	WRITELN
EXP	MARK	RENAME	
FALSE	MAXINT	RESET	
FILEPOS	MEM	REWRITE	

Weiterhin verwendet Pascal folgende Symbole:

```
(     )
[     ]        Ersatzsymbol: (.    .)
{     }        Ersatzsymbol: (*    *)
,     ,

. , ; :
+ − * /
= < >˙ < <= > >=
:=
^
$ #
```

Merke: Benutzerdefinierte Bezeichner (Namen) dürfen niemals reservierten Wörtern gleichen!

2.5   Syntaxdiagramme

Jeder Konstruktion in Pascal, sei es eine bestimmte Anweisung, eine
zusammengehörige Folge von Anweisungen (Block) oder ein Bezeichner, liegen Regeln zugrunde, wie sie zu bilden ist. Diese Grammatik (Syn-
tax) ist genau festgelegt, so daß es niemals Mißverständnisse oder undefinierte Situationen zwischen Programmierer und Computer geben kann.
Alles ist eindeutig festgelegt.

Syntaxdiagramme werden gelesen, indem man dem Pfeil folgt. Oft sind
mehrere Wege möglich. Ein anderes Mal nur bestimmte. Achten Sie also
auf den Pfeil. Ein Syntaxdiagramm sieht aus, wie das Gleissystem einer
Modelleisenbahn.

In den abgerundeten Kästen stehen fest definierte Symbole oder reservierte Wörter; in den eckigen Kästen Bezeichner, die durch weitere Syntaxdiagramme erklärt werden.

Einige Beispiele für grundlegende Pascal-Konstruktionen:

Ziffer:

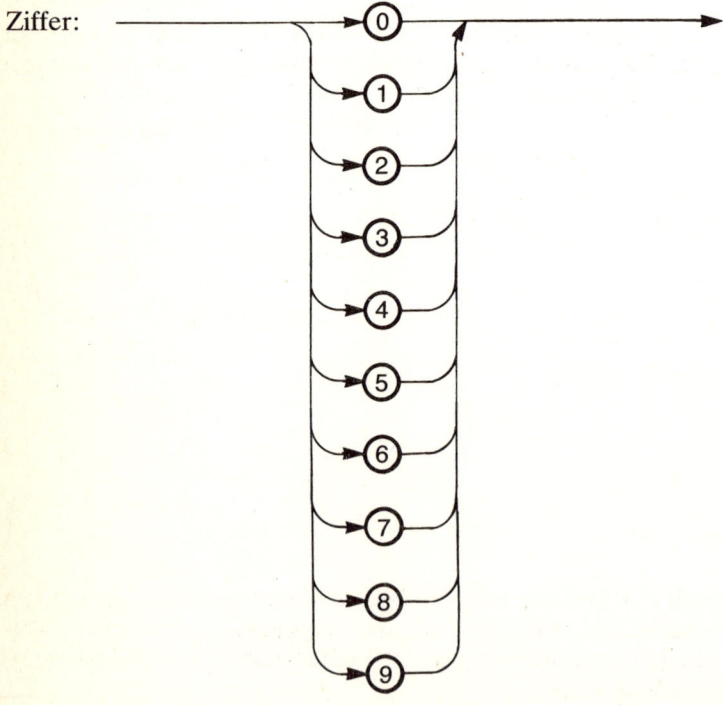

Buchstabe: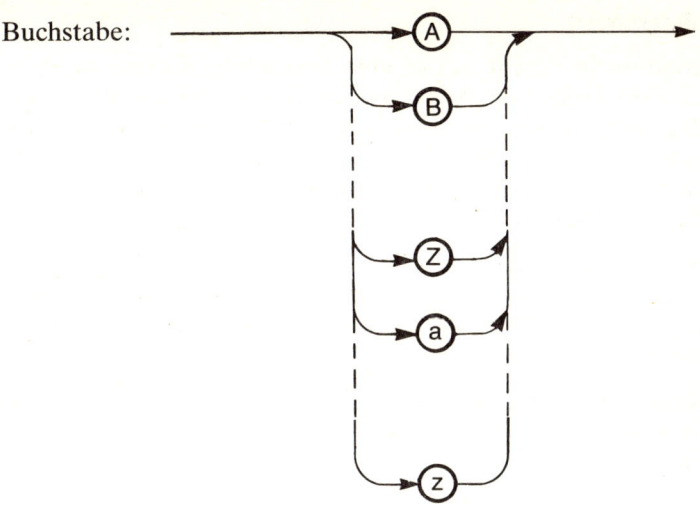

Die Syntaxdiagramme für „Ziffer" und „Buchstabe" lassen nur jeweils einen Weg zu, d. h. eine Ziffer (ein Buchstabe) besteht aus genau einem der aufgeführten Symbole.

Bezeichner: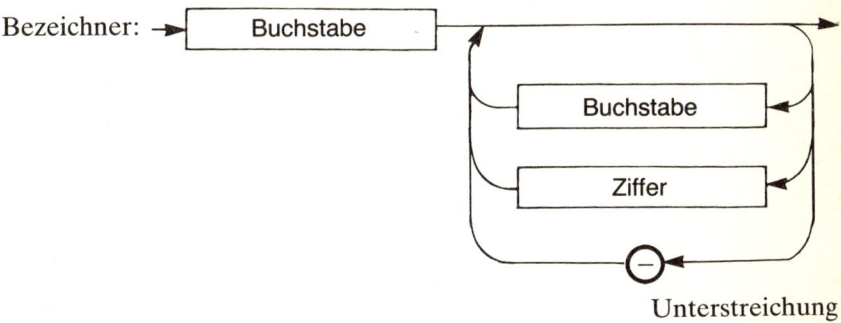

Unterstreichung

Im Weg durch das Syntaxdiagramm „Bezeichner" müssen wir als erstes einen Buchstaben benutzen. Danach sind wir entweder fertig oder können noch eine(n) oder mehrere Ziffern (Buchstaben) oder Unterstreichungszeichen folgen lassen.

Folgende Bezeichner sind also syntaktisch korrekt:

Bezeichner
BEGIN
ANFANG
x1
Drei45Sechs
Was_sonst

Falsch dagegen sind:

4Teile
Was-sonst
Test

Variablendeklaration:

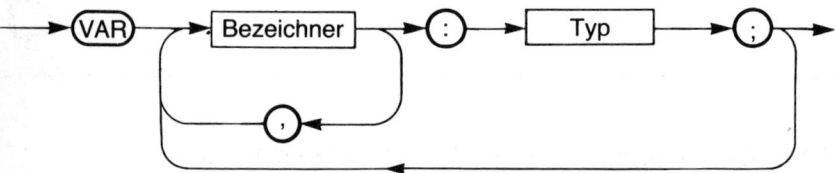

Bemerkung: Typ muß natürlich als Syntaxdiagramm vorher erklärt sein
(siehe Anhang).

Die folgenden Variablendeklarationen sind also syntaktisch korrekt:

VAR A, Test, Wert : INTEGER;

oder

VAR X : REAL;
Y, Z : CHAR;
Drucker : INTERACTIVE;

Falsch dagegen sind:

VARIABLES X, Y : STRING;

oder

VAR: A, B, C : CHAR;

oder

VAR X = REAL;

Wir werden in den folgenden Kapiteln noch einige Syntaxdiagramme
kennenlernen.

Einfache Datentypen

3

3.1 Ganze Zahlen − INTEGER − Hexadezimal − Byte

Wir kennen alle aus unserem Anfangsmathematikunterricht die Division ganzer Zahlen mit Rest. Dazu wollen wir ein kleines Programm schreiben: Eingegeben werden zwei ganze Zahlen, der Dividend und der Divisor. Ausgegeben wird das ganzzahlige Ergebnis und der Rest.

```
PROGRAM Teile;

 VAR Dividend, Divisor, Ergebnis, Rest : INTEGER;

  BEGIN
    WRITE ('Eingabe des Dividenden: ');
    READLN (Dividend);
    WRITE ('Eingabe des Divisors: ');
    READLN (Divisor);
    Ergebnis := Dividend DIV Divisor;
    Rest := Dividend MOD Divisor;
    WRITELN (Dividend:5,':',Divisor:5,'=',Ergebnis:5,' Rest',Rest:5);
  END.
```

Bei einer Eingabe von 29 als Dividend und 3 als Divisor antwortet das Programm:

29 : 3 = 9 Rest 2

Alle Variablen des Programms sollen ganze Zahlen sein. Wir nennen diesen Datentyp in Pascal INTEGER.

Eine ganze Zahl zeichnet sich dadurch aus, daß sie einen Nachfolger und einen Vorgänger hat, der durch Addition (Subtraktion) mit 1 ermittelt wird.

Aufgrund der Darstellung im Rechner ist allerdings darauf hinzuweisen, daß es nur einen begrenzten Bereich von ganzen Zahlen gibt. Die größte ganze Zahl ist durch die Konstante MAXINT und die kleinste durch −MAXINT−1 bestimmt. MAXINT ist eine vordefinierte Konstante.

Im Turbo Pascal ist MAXINT $= 2^{15}-1 = 32767$.

Folgende Darstellungen sind gültige INTEGER-Werte:

```
12345
+24
−24
0
3
MAXINT
−MAXINT
```

Fehlerhafte Werte für INTEGER sind:

2.56	(kein Dezimalpunkt erlaubt)
3,456	(kein Komma erlaubt)
3E20	(keine Zehnerpotenzdarstellung erlaubt)
120340	(größer als MAXINT)

Nachdem wir nun wissen, welche Form INTEGER-Variablen (und natürlich auch Konstanten, siehe Kap. 2.3) haben, brauchen wir noch Rechenoperationen:

i + j	Addition
i − j	Subtraktion
i ∗ j	Multiplikation
i DIV j	Division für ganze Zahlen mit ganzzahligem Ergebnis. Der mögliche Nachkommawert wird abgeschnitten (nicht gerundet!).
i MOD j	Rest (modulo). Ergibt den Rest bei einer Division.

Und für Anwender, die häufig mit Bitkombinationen zu rechnen haben:

i AND j	Bitweise Und-Verknüpfung zweier ganzer Zahlen.
i OR j	Bitweise Oder-Verknüpfung zweier ganzer Zahlen.

i XOR j   Bitweise Entweder-Oder-Verknüpfung zweier ganzer Zahlen.

NOT i   Bitweise Nicht-Operation auf einer ganzen Zahl.

i SHL j   Ganze Zahl i bitweise j Stellen nach links schieben.

i SHR j   Ganze Zahl i bitweise j Stellen nach rechts schieben.

Beispiele:

3+5 ergibt 8
8−5 ergibt 3
12−20 ergibt −8
2∗13 ergibt 26
7 DIV 2 ergibt 3
7 MOD 2 ergibt 1
13 MOD 5 ergibt 3
32 SHR 3 ergibt 4 (denn 32 ist binär 100000, und 4 ist binär 100)
36 XOR 5 ergibt 33
255 AND 15 ergibt 15
NOT 20 ergibt 11

Wir können Zahlen miteinander vergleichen. Hierzu verwenden wir die folgenden Vergleichsoperatoren:

>   größer als
>=   größer oder gleich
<   kleiner als
<=   kleiner oder gleich
=   gleich
<>   ungleich

Im Zusammenhang mit dem Datentyp INTEGER sind noch einige Funktionen zu nennen, die verwendet werden können. Hinter einer Funktion stecken eine Reihe von Operationen, die mit dem Argument der Funktion (der Wert in der Klammer hinter dem Funktionsnamen) durchgeführt werden. Eine Funktion hat stets ein Ergebnis.

Im folgenden ist i eine INTEGER-Variable und r eine Variable vom Typ REAL (Dezimalzahl).

ABS(i)   Absolutwert einer Zahl i. Ergebnis vom Typ INTEGER.
              Beispiel: ABS(−10) ergibt 10
                        ABS(+10) ergibt 10

SQR(i)   Quadrat einer Zahl i. Ergebnis vom Typ INTEGER.
              Beispiel: SQR(3) ergibt 9

TRUNC(r)   Ganzzahliger Anteil einer Dezimalzahl (abgeschnitten −
              nicht gerundet). Ergebnis vom Typ INTEGER.
              Beispiel: TRUNC(3.6) ergibt 3
                        TRUNC(−20.2) ergibt −20

ROUND(r)   Gerundeter ganzzahliger Teil einer Dezimalzahl. Ergebnis vom Typ INTEGER.
              Beispiel: ROUND(3.6) ergibt 4

Weitere Standardprozeduren und -funktionen siehe Kap. 6.

In Turbo Pascal gibt es noch eine weitere Darstellungsart von Konstanten vom Datentyp INTEGER, nämlich die hexadezimale Darstellung. Das Hexadezimalsystem ist ein Zahlensystem mit 16 Ziffern:

   0 1 2 3 4 5 6 7 8 9 A B C D E F

Wenn wir in diesem System zählen, so kommt nach F die Zahl 10 (dezimal 16). Zahlen im Hexadezimalsystem werden in Turbo Pascal durch Voranstellen eines $-Zeichens kenntlich gemacht.

    $10 = 16
    $FF = 255
    $100 = 256
    usw.

Der Zahlenbereich ist dann beschränkt von $0000 bis $FFFF.

Außerdem gibt es in Turbo Pascal einen Datentyp, der insbesondere für Operationen mit Speicherstellen geeignet ist: BYTE. Der Datentyp BYTE umfaßt den Zahlenbereich 0..255.

    BYTE = 0..255

Im Gegensatz zu Daten vom Typ INTEGER, die 2 Bytes Speicherplatz einnehmen, braucht der Typ BYTE nur 1 Byte Speicher.

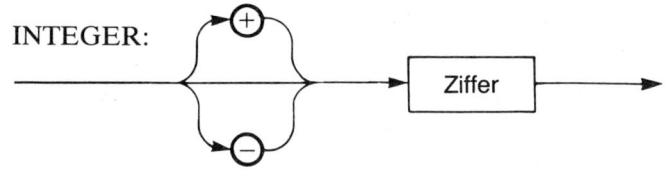

INTEGER:

hexadezimale Konstante:

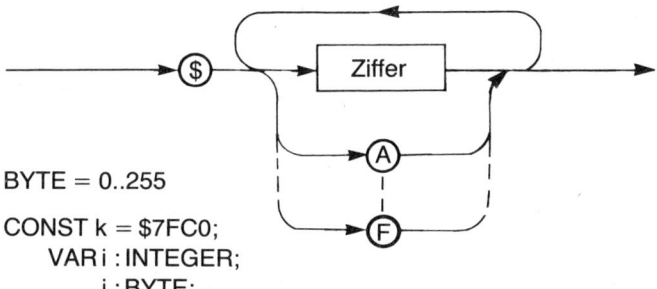

BYTE = 0..255

CONST k = $7FC0;
    VAR i : INTEGER;
        j : BYTE;

Variablen vom Datentyp INTEGER können die Werte
−(MAXINT+1),...,−3,−2,−1, 0, 1, 2, 3,...MAXINT enthalten.
Konstanten aus dieser Wertemenge sind ebenfalls vom Typ INTE-
GER.
MAXINT ist eine vordefinierte Konstante (32767).
Die Rechenoperationen sind: + (Addition), − (Subtraktion),
(Multiplikation), DIV (Division), MOD (Rest).
Binäre Operatoren sind: AND, OR, XOR, NOT, SHL und SHR.
Vergleichsoperatoren sind: $<$, $<=$, $>$, $>=$, $=$, $<>$.
Standardfunktionen mit einem Ergebnis vom Typ INTEGER sind:
ABS(i), SQR(i), TRUNC(r), ROUND(r).
Hexadezimale Konstanten werden durch Voranstellen eines $-Zei-
chens kenntlich gemacht.
BYTE ist ein Unterbereich von INTEGER, der die Zahlen 0..255
umfaßt.

Ausgabeformate

Wenn man folgendes deklariert:
VAR i,n : INTEGER;
ergibt sich bei:
WRITELN (i);   Ausgabe von i mit der tatsächlichen Stellenzahl von i.
WRITELN (i:n);   Ausgabe von i mit n Stellen.

3.2 Dezimalzahlen − REAL

Im folgenden Programm wollen wir Oberfläche und Volumen einer Kugel
berechnen. Dazu kennen wir aus der Geometrie die Formeln

$$0 = 4*\pi*r^2 \quad \text{und} \quad V = 4/3*\pi*r^3$$

Turbo Pascal verfügt über eine vordefinierte Konstante PI, so daß die
Programmzeile

```
CONST PI = 3.1415926536;
```

entfallen kann.

Nun folgt unser kleines Programm:

```
PROGRAM Kugel;

    VAR Radius, Oberflaeche, Volumen : REAL;

    BEGIN
       WRITE ('Eingabe des Radius: ');
       READLN (Radius);
       Oberflaeche := 4 * PI * Radius * Radius;
       Volumen := 4/3 * PI * Radius * Radius * Radius;
       WRITELN ('Die Kugel mit dem Radius ',Radius:6:2,' hat');
       WRITELN ('ein Volumen von ',Volumen:9:2);
       WRITELN ('und eine Oberflaeche von ',Oberflaeche:7:2)
    END.
```

Die Variablen in diesem Programm sollen Dezimalzahlen aufnehmen. Sie
sind vom Datentyp REAL. Auch dieser Datentyp hat einen beschränkten
Wertebereich, der von 1E−38 bis 1E+38 geht. Die Genauigkeit beträgt
insgesamt 11 Ziffern.

Allerdings hat auch diese Genauigkeit ihre Grenzen. So läßt sich 1/3 nicht
durch 0.33333333333333... darstellen, da die Ziffer 3 noch unendlich oft
auftreten würde. Ab einer bestimmten Stelle muß also gerundet werden.
Dies führt bei vielen Rechenschritten möglicherweise zu erheblichen
Rundungsfehlern.

Die Ergebnisse des obigen Programms werden formatiert ausgegeben.
Dabei gibt die erste Zahl hinter dem Doppelpunkt die Größe des Feldes
an, in dem das Ergebnis ausgegeben wird, und die zweite Zahl gibt die
Anzahl der Nachkommastellen an.

Achtung! Um unnötigen Ärger zu vermeiden, sollten wir folgende Hinweise beim Arbeiten mit REAL-Variablen beachten:

− Niemals die Gleichheit von Rechenergebnissen abfragen, sondern
  überprüfen, ob der Absolutwert der Differenz der Ergebnisse einen
  bestimmten Wert unterschreitet.

— Die Subtraktion fast gleich großer REAL-Zahlen vermeiden, wo es möglich ist.

— Möglichst wenig Rechenschritte vorsehen, um den Rundungsfehler klein zu halten.

Wie sehen nun Zahlen des Typs REAL aus?

Möglicherweise angeführt von einem Vorzeichen, schreiben wir Ziffern vor und hinter dem Dezimalpunkt (wie bei Taschenrechnern). Außerdem ist die Darstellung mit Zehnerpotenzen erlaubt. So kann man 3400 darstellen als 3.4 mal 10 hoch 3; also schreiben als 3.4E3 (ebenfalls wie bei Taschenrechnern).

Gültige REAL-Zahlen sind z. B.:

```
12.
12.0
+3.67 oder 3.67
−9.03
0.45
4.67E+3 oder 4.67E3
1.4E−4
```

Die Rechenoperationen für REAL sind:

+   Addition

−   Subtraktion

∗   Multiplikation

/   Division mit Ergebnis vom Typ REAL

Außerdem sind die schon bekannten Vergleichsoperatoren > , >= , < , <= , = , <> (siehe INTEGER, Kap. 3.1) zu verwenden.

Auch in diesem Programm wurde die formatierte Ausgabe gewählt. Die ganze Zahl hinter dem ersten Doppelpunkt gibt die gesamte Anzahl der Stellen an (einschließlich Dezimalpunkt!). Die ganze Zahl hinter dem zweiten Doppelpunkt gibt die Zahl der Stellen hinter dem Dezimalpunkt an.

Hier sind einige Standardfunktionen für den Datentyp REAL (r steht für eine Variable vom Typ REAL, i für INTEGER und x für INTEGER oder REAL):

ABS(r)   Absolutwert einer Zahl r. Ergebnis REAL.

SQR(r)   Quadrat von r. Ergebnis REAL.

SIN(x)	Sinus von x (x im Bogenmaß). Ergebnis REAL.
COS(x)	Cosinus von x (x im Bogenmaß). Ergebnis REAL.
ARCTAN(x)	Arcustangens von x (im Bogenmaß). Ergebnis REAL.
LN(x)	Natürlicher Logarithmus von x. Ergebnis REAL.
EXP(x)	Exponentialfunktion e^x. Ergebnis REAL.
SQRT(x)	Quadratwurzel von x. Ergebnis REAL.

Weitere Standardprozeduren und -funktionen finden Sie im Kap. 6.

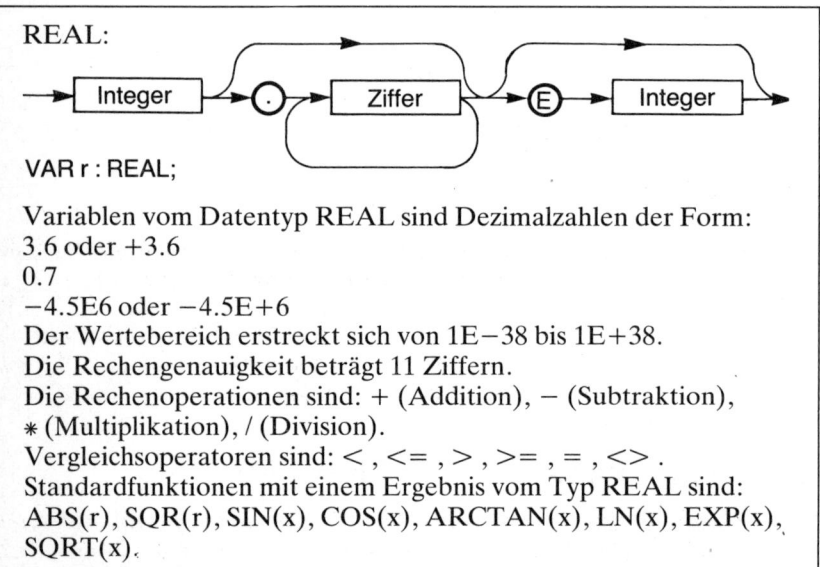

REAL:

VAR r : REAL;

Variablen vom Datentyp REAL sind Dezimalzahlen der Form:
3.6 oder +3.6
0.7
−4.5E6 oder −4.5E+6
Der Wertebereich erstreckt sich von 1E−38 bis 1E+38.
Die Rechengenauigkeit beträgt 11 Ziffern.
Die Rechenoperationen sind: + (Addition), − (Subtraktion),
∗ (Multiplikation), / (Division).
Vergleichsoperatoren sind: < , <= , > , >= , = , <> .
Standardfunktionen mit einem Ergebnis vom Typ REAL sind:
ABS(r), SQR(r), SIN(x), COS(x), ARCTAN(x), LN(x), EXP(x),
SQRT(x).

Unterschied INTEGER ⟷ *REAL*

Bei der Variablendeklaration

        VAR x,y : REAL;
               i : INTEGER;

ergeben die nachstehenden Programmzeilen einen Fehler:

    x:=1.5;
    y:=2;
    i :=x∗y; (∗ hier fehlerhafte Zuweisung ∗)

Hier liegt ein sogenannter Typkonflikt vor. Obwohl in diesem Fall das Ergebnis der Multiplikation als ganze Zahl dargestellt werden kann, ist es doch von der Typdeklaration her REAL. x∗y ergibt nämlich nicht 3, sondern 3.0.

Einen Ausweg aus diesem Dilemma bieten die Übergangsoperationen von REAL nach INTEGER:

TRUNC(r) und ROUND(r) (siehe Kap. 3.1).

Ausgabeformate

Wenn man folgendes deklariert:

VAR r : REAL;
     n,m : INTEGER;

ergibt sich bei:

WRITELN (r);	Ausgabe von r mit größter Genauigkeit (in der Regel in Zehnerpotenzschreibweise).
WRITELN (r:n:m);	Ausgabe von r mit insgesamt n Stellen (einschließlich Dezimalpunkt!), davon m Stellen hinter dem Dezimalpunkt.

3.3 Zeichen — CHAR

Unser Computer kann nicht nur Zahlen (numerische Ausdrücke) verarbeiten, sondern auch Zeichen. Unter Zeichen verstehen wir Buchstaben, Ziffern, Satzzeichen, Zeichen für Rechenoperationen und sogenannte Steuerzeichen (z. B. für den Drucker).

Der Datentyp, der für diese alphanumerischen Zeichen verwendet wird, heißt CHAR. Welche Zeichen zum Zeichensatz gehören, hängt vom Rechnertyp ab. Sehr viele Rechner verwenden Zeichen nach dem sogenannten ASCII-Zeichensatz (American Standard Code for Information Interchange). Dieser Zeichensatz umfaßt in der Regel 128 Zeichen (manche Rechner haben einen erweiterten Zeichensatz von 256 Zeichen).

Aufgabe: Sehen Sie sich den ASCII-Zeichensatz im Anhang an!

Die Zeichen sind durchnumeriert von 0 bis 255. Wir werden gleich auf die
Bedeutung der Nummern zu sprechen kommen.

Zu beachten ist, daß die Zeichen von Nummer 0 bis 31 nur sogenannte
Steuerzeichen sind, also Zeichen, die eine bestimmte Funktion ausüben.
So ist z. B. Nummer 12 das Zeichen FF (Form-Feed) − das ist ein Seitenvorschub (auf dem Bildschirm oder dem Drucker). Die restlichen Zeichen mit den Nummern 32 bis 126 sind sichtbare Zeichen. Nur Nummer
127 hat noch eine Steuerfunktion (Löschzeichen).

Die Nummern der Zeichen haben eine große Bedeutung. Durch sie ist der
Zeichensatz geordnet. So ist z. B. das Zeichen „A" kleiner als das Zeichen
„B".

In Pascal werden Zeichen immer zwischen einfache Anführungsstriche
(Hochkommata) gesetzt. Will man einen Anführungsstrich als Zeichen
verwenden, wird er doppelt zwischen zwei Hochkommata geschrieben,
also so: ''''.

Wir wollen uns einige Beispiele ansehen:

```
PROGRAM Testzeichen;

   CONST a='A';
         b='B';

   VAR ch:CHAR;

   BEGIN
      READ (KBD,ch);
      WRITELN (ch:4);
      READLN (ch);
      WRITELN (ch);
      WRITELN (a,b);
      ch := 'C';
      WRITELN (ch);
      ch := a;
      WRITELN (ch)
   END.
```

Bei der ersten Eingabe (mit READ) reicht es, wenn der Benutzer eine
Taste drückt (ohne *Return*-Taste). Die zweite Eingabe (mit READLN)
muß mit der *Return*-Taste abgeschlossen werden.

In der formatierten Ausgabe gibt die ganze Zahl hinter dem Doppelpunkt
die Anzahl der Stellen an, die das Zeichen beansprucht. Ist die Stellenzahl größer 1, werden Leerzeichen vorangestellt.

Achtung! Die Zuweisung ch:='AB' ist falsch, da 'AB' aus mehr als einem Zeichen besteht (es ist vom Typ STRING, siehe Kap. 3.4).

Mit dem Typ CHAR lassen sich natürlich keine arithmetischen Operationen ausführen. Trotzdem gibt es einige Standardfunktionen (c ist vom Typ CHAR und i vom Typ INTEGER):

ORD(c)   Ordnungsnummer von c, d. h. die Nummer des Zeichens in der Codierungstabelle (z. B. ASCII). Ergebnis vom Typ INTEGER.
Beispiel: ORD('A') ergibt 65

CHR(i)   Zeichenfunktion. Liefert das Zeichen mit der Nummer i in der Codierungstabelle (z. B. ASCII). Ergebnis vom Typ CHAR.
Beispiel: CHR(65) ergibt A

PRED(c)   Vorgängerfunktion. Liefert das dem Zeichen c in der Codierungstabelle vorangehende Zeichen. Ergebnis vom Typ CHAR.
Beispiel: PRED('E') ergibt D

SUCC(c)   Nachfolgerfunktion. Liefert das dem Zeichen c in der Codierungstabelle nachfolgende Zeichen. Ergebnis vom Typ CHAR.
Beispiel: SUCC('E') ergibt F

Außerdem gelten die schon bekannten Vergleichsoperatoren:

$<$, $<=$, $>$, $>=$, $=$, $<>$

Dabei ist zu beachten, daß die Elemente des Zeichensatzes in der Reihenfolge der Codierungstabelle angeordnet sind. Im ASCII-Zeichensatz gilt z. B.:

...' ' $<$ '!' $<$ '"' $<$ '#' $<$...$<$ '/' $<$ '1' $<$ '2' $<$...$<$ 'A' $<$...$<$ 'Z' $<$...

Dabei kann es zu Sortierproblemen kommen, denn einige Sonderzeichen kommen in der Reihenfolge vor den Buchstaben. Insbesondere das Leerzeichen hat mit 32 die kleinste Ordnungsnummer der „sichtbaren" Zeichen.

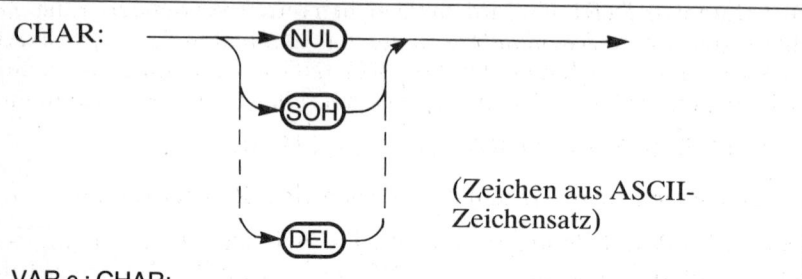

VAR c : CHAR;

Variablen vom Datentyp CHAR sind alphanumerische Zeichen.
Die Zeichen müssen in einfachen Anführungsstrichen stehen. Der
Zeichensatz ist von der benutzten Rechenanlage abhängig. Es
besteht eine Ordnung innerhalb des Zeichensatzes, so daß die Ver-
gleichsoperatoren < , <= , > , >= , = , <> verwendet werden
können.
Standardfunktionen mit einem Ergebnis vom Typ CHAR sind:
CHR(i), PRED(c), SUCC(c).
Standardfunktion mit einem Ergebnis vom Typ INTEGER ist:
ORD(c).

Ein-/ und Ausgabeformate

Wenn man folgendes deklariert:

        VAR c : CHAR;
            n : INTEGER;

ergibt sich bei:

        READ (c);   Eingabe eines Zeichens ohne Zeilenvorschub.
        READLN (c);   Eingabe eines Zeichens mit Zeilenvorschub.
        READ (KBD,c);   Eingabe eines Zeichens ohne *Return*-Taste.
        WRITELN (c);   Ausgabe mit einer Stelle.
        WRITELN (c:n);   Ausgabe mit n Stellen. Die führenden Stellen
                            werden mit Leerzeichen aufgefüllt.

3.4 Zeichenketten — STRING

Standard-Pascal sieht den Datentyp STRING an sich nicht vor. Viele Pascal-Versionen besitzen ihn trotzdem. Hier werden die Standardfunktionen im Turbo Pascal vorgestellt.

Der Datentyp STRING wird für Zeichenketten verwendet. Eine Zeichenkette ist eine Aneinanderreihung von Elementen des Typs CHAR. Daher kann man sich den Datentyp STRING selbst definieren, wenn er in der benutzten Pascal-Version nicht vorgesehen ist. Die Form ist dann:

TYPE STRING = ARRAY [1..n] OF CHAR;

wobei n die maximale Anzahl der Zeichen einer Zeichenkette ist.

Der Turbo Pascal-Benutzer braucht STRING nicht zu definieren, es ist schon vordefiniert. Dem Wort STRING wird eine Zahl zwischen 1 und 255 in eckigen Klammern angehängt, die angibt, wie groß die maximale Länge der STRING-Variablen ist.

VAR s : STRING [15];

Die maximale Länge der Zeichenkette s beträgt dann 15 Zeichen.

Als Beispielprogramm zum Datentyp STRING wollen wir ein kleines Programm schreiben, das die Buchstaben eines eingegebenen Wortes untereinander schreibt. Dazu brauchen wir eine sogenannte Schleife (siehe Kap.4.1), die von 1 bis zur Anzahl der Zeichen des Wortes zählt:

FOR i := 1 TO LENGTH(Wort);

So sieht das Programm aus:

```
PROGRAM Worttest;

   VAR Wort : STRING [20];
       i : INTEGER; (* Laufvariable *)

   BEGIN
     WRITELN ('Geben Sie ein Wort ein: ');
     READLN (Wort);
     FOR i := 1 TO LENGTH(Wort) DO
       WRITELN (Wort[i])
   END.
```

In diesem Programm sehen wir, daß es möglich ist, ein Zeichen aus einer Zeichenkette herauszunehmen, indem wir die Nummer des Zeichens in eine eckige Klammer hinter den Namen der Zeichenkette schreiben.

Beispiel:

Wort := 'Computer';
Wort[3] ergibt m

Achtung! Eine Zeichenkette, die nur ein Zeichen enthält, ist deshalb noch lange nicht vom Typ CHAR. Eine Zuweisung oder ein Vergleich der

Datentypen STRING und CHAR führt immer zu einem Typkonflikt.
Statt dessen schreiben wir:

    VAR c : CHAR;
         s : STRING [20];
         n : INTEGER;

und die Zuweisung

    c := s[n];

(wobei n die Nummer des Zeichens im STRING s ist).

Der Grund für den Unterschied zwischen einem ein Zeichen langen
String und einer Variablen vom Typ CHAR liegt darin, daß im (nicht
sichtbaren) nullten Zeichen des Strings die Länge codiert ist. ORD(s[0])
ist die Länge des Strings s.

Zeichenketten dürfen auch nicht druckbare Steuerzeichen oder Control-
Zeichen enthalten. Dazu wird (ohne zusätzliche Leerstelle) die ASCII-
Codierung des Zeichens, angeführt durch das #-Zeichen, eingegeben.
Auch CTRL-Zeichen können direkt durch Voranstellen eines ^-Zeichens
eingefügt werden.

Beispiele:

    #10   : Zeilenvorschub (Line Feed)
    #$A   : Ebenfalls Zeilenvorschub
    #65   : A
    #$1B : ESC
    ^P   : CTRL-P
    ^G   : CTRL-G (Bell, Piepston)

oder

    WRITELN (^G^G^G 'Aufwachen!');
    WRITELN (#12 'Neue Seite');

Als Standardfunktion mit Zeichenketten haben wir im Programm
LENGTH(s) benutzt. Es gibt noch weitere Funktionen (s, s1, s2 … sind
vom Datentyp STRING und n und m vom Typ INTEGER):

LENGTH(s)   Länge der Zeichenkette s, d. h. Anzahl der Buch-
                 staben. Ergebnis vom Typ INTEGER.
                 Beispiel: LENGTH('Wort') ergibt 4.

POS(s1,s)   Position des erstmaligen Auftretens der Zeichen-kette s1 in der Zeichenkette s. Ergebnis vom Typ INTEGER.
Beispiel: POS('buch','Handbuch') ergibt 5.
          POS('ball','Handbuch') ergibt 0.
          POS('ei','Weinstein') ergibt 2.

CONCAT(s1,s2,s3,...,sn)
Verkettung mehrerer Zeichenketten. Ergebnis vom Typ STRING.
Beispiel: CONCAT('Hand','buch') ergibt Handbuch.

s1+s2+...+sn   Statt mit CONCAT können mehrere Strings auch mit dem Zeichen + verknüpft werden.
Beispiel: 'Hand' + 'buch' ergibt Handbuch.

COPY(s,n,m)   Herausnehmen eines Teils aus der Zeichenkette s ab der Stelle n mit der Länge m. Ergebnis vom Typ STRING.
Beispiel: COPY('Computer',4,3) ergibt put.

Neben den Standardfunktionen gibt es noch die Standardprozeduren mit Zeichenketten. Im Gegensatz zu den Funktionen, die immer ein Ergebnis haben, das einer Variablen zugewiesen werden muß, werden Prozeduren nur aufgerufen und können dann Variablen ändern, die ihnen beim Prozeduraufruf mitgegeben werden (siehe auch Kap. 6.1).

INSERT(s1,s,n)   Einfügen einer Zeichenkette s1 in die Zeichenkette s n der Stelle n.
Beispiel: Sei s:='Comer';
          INSERT('put',s,4) ergibt Computer für s.

DELETE(s,n,m)   Löschen von m Zeichen ab der Stelle n in der Zei-chenkette s.
Beispiel: Sei s:='Buchstaben';
          DELETE(s,3,5) ergibt Buben für s.

STR(i,s)   Wandelt eine Zahl i vom Typ INTEGER in einen String s um.

VAL(s,x,i)   Wandelt einen String s, der eine Zahl vom Typ REAL oder INTEGER enthält, in eine Zahl x des entsprechenden Typs um. i ist eine INTEGER-Variable, die die Stelle im String s markiert, an der ein Fehler bei der Umwandlung passiert. Ohne Fehler ist i=0.

Da an dieser Stelle die Anwendung von Funktionen und Prozeduren noch
nicht bekannt ist, ein kleines Programm, das die Benutzung der o.g.
Funktionen und Prozeduren verdeutlichen soll:

```
PROGRAM Stringdemo;

   VAR Wort, Teil : STRING[30];
       Stelle, Laenge : INTEGER;

   BEGIN
     Wort := 'Donauschiff';
     Laenge := LENGTH(Wort);
     WRITELN (Laenge);              (* Ausgabe: 11 *)

     Teil := 'aus';
     Stelle := POS(Teil,Wort);
     WRITELN (Stelle);              (* Ausgabe: 4 *)

     Wort := CONCAT(Wort,'skapitaen');
     WRITELN (Wort);                (* Ausgabe: Donauschiffskapitaen *)

     Teil := COPY(Wort,6,6);
     WRITELN (Teil);                (* Ausgabe: schiff *)

     INSERT('dampf',Wort,6);
     WRITELN (Wort);
         (* Ausgabe: Donaudampfschiffskapitaen *)

     Stelle := 1;
     Laenge := 17;
     DELETE(Wort,Stelle,Laenge);
     WRITELN (Wort);                (* Ausgabe: kapitaen *)

   END.
```

STRING:

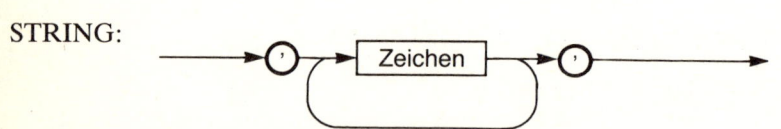

VAR s : STRING [n] mit 0<n<256

Variablen vom Datentyp STRING sind Zeichenketten. Die maxi-
male Anzahl der Zeichen wird durch n angegeben.
Da STRING als ARRAY [1..n] OF CHAR vordefiniert ist, kann
mit s[i] auf das i-te Zeichen von s zugegriffen werden (mit i vom
Typ INTEGER). s[i] ist vom Typ CHAR.
Über den Datentyp CHAR ist der Typ STRING ebenfalls geord-

> net, so daß die Vergleichsoperatoren < , <= , > , >= , = , <>
> verwendet werden können.
> Mit + können Zeichenketten zu einer neuen Zeichenkette ver-
> knüpft werden.
> Standardfunktionen mit einem Ergebnis vom Typ INTEGER sind:
> LENGTH(s) und POS(s1,s).
> Standardfunktionen mit einem Ergebnis vom Typ STRING sind:
> CONCAT(s1,s2,...,sn) und COPY(s,n,m).
> Standardprozeduren sind:
> INSERT(s1,s,n) ,DELETE(s,n,m) STR(i,s) und VAL(s,x,i).

Ausgabeformate

Wenn man folgendes deklariert:
    VAR s : STRING [20];
        n : INTEGER;

ergibt sich bei:

WRITELN(s);	Ausgabe von s mit LENGTH(s) Stellen.
WRITELN(s:n);	Ausgabe von s mit n Stellen. Wenn n>LENGTH(s) ist, so werden die führenden Stellen mit Leer- zeichen aufgefüllt.

3.5   Wahrheitswerte — BOOLEAN

DER UNTERE SATZ IST WAHR

DER OBERE SATZ IST GELOGEN

Was ist denn nun wahr?

Aus der Aussagenlogik kennen wir sogenannte logische Aussagen. Sie
können die Werte „wahr" oder „falsch" annehmen.

Beispiel: „Paris ist die Hauptstadt von England" ist falsch.
        „Paris ist die Hauptstadt von Frankreich" ist wahr.
        „Dieses Buch ist leicht verständlich" ist objektiv nicht
        entscheidbar.

Alle drei Aussagen sind allerdings für unsere Arbeit mit dem Computer
unbrauchbar. Insbesondere darf es niemals eine unentscheidbare Situation geben.

Vielmehr haben wir es mit Aussagen folgenden Typs zu tun:

5=4   ist falsch
5>4   ist wahr

In Pascal haben die Wahrheitwerte folgende Namen:

TRUE   —   wahr
FALSE   —   falsch

Außerdem kann man einen Wahrheitswert einer Variablen zuordnen, die dann vom Typ BOOLEAN ist.

Wenn die Variable b vom Datentyp BOOLEAN ist, dann gilt für die folgenden Zuweisungen:

b := TRUE;	richtig
b := FALSE;	richtig
b := b = FALSE;	richtig
b := 17 < 3;	richtig
b := i <> j;	richtig (mit i,j vom TYP INTEGER)
b := (12>2) AND (7<2);	richtig
b := 12 + 3;	falsch

Wir wollen ein Programm schreiben, das eine Wahrheitstabelle für die „Und-Verknüpfung" (AND) angibt.

So sieht das Programm aus:

```
PROGRAM Wahr;

  VAR a,b,c : BOOLEAN;

  PROCEDURE Ausgabe;
  BEGIN
   c:=a AND b;
   WRITELN (a:6,' AND ',b:6,' = ',c:6)
  END; (* von Ausgabe *)

  BEGIN
   a:=FALSE; b:=FALSE;
   Ausgabe;
   a:=FALSE; b:=TRUE ;
   Ausgabe;
   a:=TRUE ; b:=FALSE;
   Ausgabe;
   a:=TRUE ; b:=TRUE ;
   Ausgabe
  END.
```

In diesem Programm wurde eine einfache Prozedur verwendet. Das ist ein Unterprogramm (Teilprogramm), das einfach durch Nennung seines Namens aufgerufen und abgearbeitet wird.

Werden Daten durch die bekannten Operatoren $<$, $<=$, $>$, $>=$, $=$, $<>$ verglichen, so ist das Ergebnis vom Typ BOOLEAN und könnte einer entsprechenden Variablen zugewiesen werden.

Ausdrücke vom Typ BOOLEAN können benutzt werden (mit a,b vom Typ Boolean):

a AND b	logisches „UND"
a OR b	logisches „ODER"
a XOR b	logisches „ENTWEDER ODER"
NOT a	Negation von a

Weiterhin gilt: FALSE $<$ TRUE.

Mit zwei FOR-Schleifen läßt sich das obige Programm noch eleganter schreiben:

```
PROGRAM Wahr2;

  VAR a,b : BOOLEAN;

  BEGIN
   FOR a:=FALSE TO TRUE DO
    FOR b:=FALSE TO TRUE DO
     WRITELN (a:6,' AND ',b:6,' = ',a AND b :6)
  END.
```

Wahrheitstabellen für die logischen Operatoren:

a	NOT a
FALSE TRUE	TRUE FALSE

a	b	a AND b	a OR b	a=b	a XOR b
FALSE	FALSE	FALSE	FALSE	TRUE	FALSE
FALSE	TRUE	FALSE	TRUE	FALSE	TRUE
TRUE	FALSE	FALSE	TRUE	FALSE	TRUE
TRUE	TRUE	TRUE	TRUE	TRUE	FALSE

Außerdem gibt es eine Funktion mit einem Ergebnis vom Typ
BOOLEAN:

ODD(i) ergibt TRUE, wenn die ganze Zahl i ungerade ist.

BOOLEAN:

VAR b : BOOLEAN;

Variablen vom Datentyp BOOLEAN sind logische Variablen mit
Dateninhalt TRUE oder FALSE.
Logische Opratoren sind: AND, OR, XOR, NOT, = .
Eine Standardfunktion mit einem Ergebnis vom Typ BOOLEAN
ist ODD(i).

Hinweis: Ein „logischer Schalter" ist der Ausdruck:
a := a = FALSE; (mit VAR a:BOOLEAN;)
Wenn a FALSE ist, erhält es den Wert TRUE und umgekehrt.

Logische Ausdrücke und Variablen werden besonders im Zusammenhang mit Schleifen (Kap. 4) und mit Entscheidungen (Kap.5) gebraucht.

Ein- und Ausgabeformate

READLN (b)   Einlesen einer Zeichenkette TRUE oder FALSE.
WRITELN (b:n)   Ausgabe des Wahrheitswertes der Variablen b als
                    Zeichenkette TRUE oder FALSE in einem Feld
                    von n Stellen Länge.

3.6   Die TYPE-Deklaration — Aufzählungen — Unterbereiche

Mit Hilfe des reservierten Wortes TYPE können wir im Programmkopf eigene Datentypen erklären. Dazu wird der (von uns erfundene)
Name des neuen Datentyps nach einem Gleichheitszeichen erklärt.

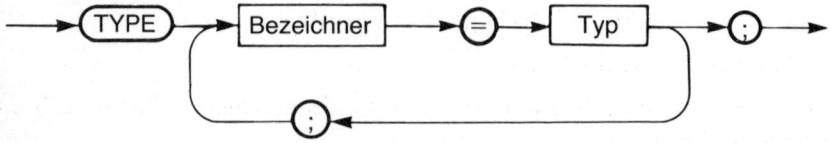

Beispiele:

    TYPE Dezimal = REAL;
          Feld = ARRAY [0..5] OF INTEGER;
und

    VAR x, y : Dezimal;
          f : Feld;

Achtung: Häufig passieren Fehler durch Verwechslungen von Variablen-
namen mit Datentypen. Feld könnte sicher auch ein Variablenname sein.
Im o.g. Fall jedoch ist es als Datentyp deklariert. Eine Variable mit
Namen Feld darf es also nicht geben!

Sicher gibt es nicht nur die Möglichkeit, schon bekannte Datentypen mit
neuen Namen zu versehen. Wir können auch ganz neue Datentypen
erzeugen.

Aufzählungstypen

Nehmen wir an, wir hätten häufig mit Farben in Programmen zu tun.
Dann könnten wir folgenden Typ durch eine Aufzählung deklarieren:

    TYPE Farbe = (rot, gelb, gruen, braun, weiss, schwarz, violett);

Achtung: Bei den Farben handelt es sich *nicht* um STRINGs!

Nun erklären wir:

    VAR Ampel, Bildfarbe : Farbe;
und

    PROCEDURE fahren; …
    PROCEDURE Zeichne; …

Im Programm sind folgende Anweisungen möglich:

    IF Ampel = gruen THEN fahren;

    FOR Bildfarbe := rot TO violett DO Zeichne;

    Ampel := rot;
    Ampel := SUCC (Ampel); (∗ Ergebnis: gelb ∗)

Allerdings lassen sich Variablen, deren Typen durch Aufzählungen ent-
standen sind, nicht so einfach ein- und ausgeben.

    WRITELN (Ampel); ist nicht möglich!

Für Ein- und Ausgaben müssen etwas umfangreichere Hilfsprozeduren
verwendet werden.

Merke: Aufzählungstypen sind durch die Reihenfolge der Aufzählung in der TYPE-Deklaration geordnet (z. B. gilt weiß > braun), kennen Vorgänger (PRED) und Nachfolger (SUCC) und lassen sich daher z. B. auch in FOR-Schleifen verwenden.

Außerdem ist die Funktion ORD auf Aufzählungstypen anzuwenden (z. B. gilt ORD(braun)=3). Die Zählung der ORD-Funktion beginnt bei 0 für das 1. Element.

Unterbereiche

Bei der oben verwendeten Variablen Ampel ist der Datentyp Farbe sicher nicht glücklich gewählt. Besser wäre es, nur die Farben Rot, Gelb, Grün zuzulassen.

Da aus Gründen der Eindeutigkeit Bezeichner nicht doppelt verwendet werden dürfen, können wir nicht einen weiteren Farbtyp deklarieren. Allerdings gibt es die Möglichkeit in Pascal, von jedem aufzählbaren Datentyp Unterbereiche zu verwenden.

Beispiele:

```
TYPE  Farbe = (rot, gelb, gruen, braun, weiss, schwarz, violett);
      Ampelfarbe = rot .. gruen;
      SWFarbe = weiss .. schwarz;
      Ziffern = 0 .. 9;
      Buchstaben = 'a' .. 'z';
```

Ein Unterbereich wird dadurch angegeben, daß Anfangs- und Endelement des Bereichs durch zwei (!) Punkte getrennt aufgeschrieben werden.

Wir wollen uns noch ein paar Beispiele für Aufzählungen und Unterbereiche ansehen:

```
TYPE  Tag = (Mo, Di, Mi, Do, Fr, Sa, So);
      Monat = (Jan, Feb, Mar, Apr, Mai, Jun, Jul, Aug, Sep, Okt,
      Nov, Dez);
      Autotyp = (PKW, Kombi, LKW, Transporter, Bus);
      Klassen = (Sexta, Quinta, Quarta, Untertertia, Obertertia,
      Untersekunda, Obersekunda, Unterprima, Oberprima);

      Wochenende = Sa .. So;
      Arbeitstag = Mo .. Fr;
      Sommer = Jun .. Sep;
      Oberstufe = Obersekunda .. Oberprima;
      Posint = 1 .. MAXINT;
```

Nun folgt ein kleines Programm zur Verdeutlichung des Gebrauchs von Aufzählungen und Unterbereichen. Zunächst sind jedoch einige Hinweise nötig, die auf spätere Themen vorgreifen.

Eine Prozedur (Unterprogramm) kann mit einem Wert aufgerufen werden. Dazu wird eine entsprechende Variable hinter dem Prozedurnamen erklärt. Weiterhin wird eine Fallunterscheidung mit CASE benutzt, da die einzelnen Werte eines Aufzählungstyps nicht direkt ausgegeben werden können. Nach dem Wort CASE steht eine Variable und nach dem Wort OF eine Liste der Werte, die die Variable annehmen kann. Immer dann, wenn die Variable einen Wert aus der Liste annimmt, wird die dazugehörige Anweisung ausgeführt.

```
PROGRAM Tiere;

    TYPE Alle = (See, Land, Flug, Borsten, Loewe, Adler, Schwein,
                 Ente, Hund, Elefant);
         Vor  = See .. Borsten;
         Nach = Loewe .. Elefant;

    VAR Erst : Vor;
        Tier : Nach;

    PROCEDURE Drucke (Wort : Alle);
      BEGIN
        CASE Wort OF
              See : WRITE ('    See');    Loewe : WRITE ('loewe  ');
             Land : WRITE ('   Land');    Adler : WRITE ('adler  ');
             Flug : WRITE ('   Flug');  Schwein : WRITE ('schwein');
          Borsten : WRITE ('Borsten');     Ente : WRITE ('ente   ');
                                           Hund : WRITE ('hund   ');
                                        Elefant : WRITE ('elefant')
        END (* von Case *)
      END; (* von Drucke *)

    BEGIN (* Hauptprogramm *)
      WRITELN ('Tiernamengenerator:');
      WRITELN;
      FOR Tier := Loewe TO Elefant DO BEGIN
        WRITELN;
        FOR Erst := See TO Borsten DO BEGIN
          Drucke (Erst);
          Drucke (Tier);
          WRITE (' ')
        END (* von Erst *)
      END (* von Tier *)
    END.
```

Sicher hätte man das Programm auch mit anderen Datentypen (STRING z. B.) schreiben können. Insbesondere fällt auf, daß die Ausgabe recht aufwendig ist, da jeder Wert vom Typ Alle in eine Zeichenkette übersetzt werden muß.

Wozu braucht man dann überhaupt Aufzählungstypen und Unterbereiche? Ein Programm mit einer Schleife „FOR Mon := Januar TO April

DO..." ist sicher lesbarer als eines mit einer Schleife „FOR i:=1 TO 4 DO...". Außerdem eignen sich Aufzählungstypen (insbesondere in großen Programmen) zur Geschwindigkeitssteigerung und zum Sparen von Speicherplatz, da sie nur ein Byte Speicherplatz brauchen (STRING so viele Bytes wie Zeichen). Auch der Gebrauch von Unterbereichen macht Programme sicher eleganter und übersichtlicher.

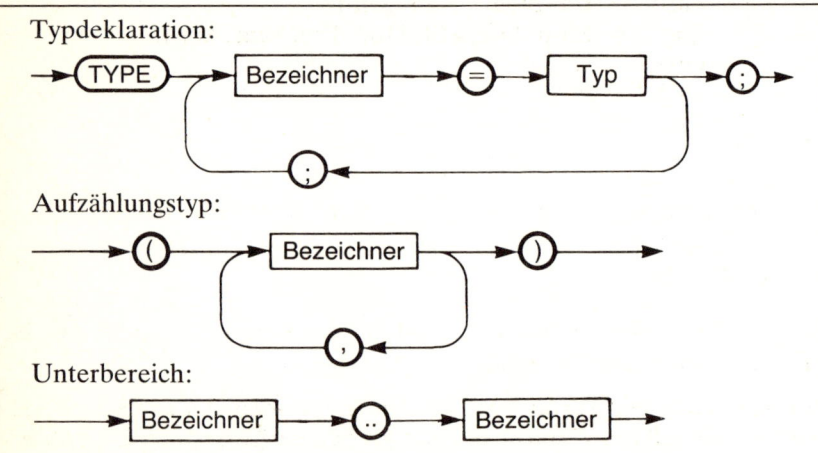

Mit der Typdeklaration lassen sich für das ganze Programm (oder eine einzelne Prozedur) Datentypen mit benutzerdefinierten Namen erklären. Sie stellen einfache Typen dar. Dies ist besonders für Funktionen wichtig, weil ihr Ergebnistyp von einfachem Typ sein muß.

Aufzählungstypen werden durch einfache Aufzählung ihrer Elemente in Klammern erklärt.

Unterbereiche sind Teile von Aufzählungen, bei denen Anfangs- und Endelement angegeben werden.

Merke: Benutzerdefinierte Aufzählungstypen lassen sich nicht einfach ein- und ausgeben.

3.7 Typumwandlungen — Absolute Speicheradressen

In Turbo Pascal lassen sich Daten verschiedener skalarer Typen sehr einfach in andere skalare Typen umwandeln.

In Standard-Pascal stehen dazu nur die Standardfunktionen CHR und ORD zur Verfügung, um eine eingeschränkte Typumwandlung vorzunehmen. Beispielsweise ergibt ORD('A') = 65.

Dies läßt sich in Turbo auch folgendermaßen formulieren:

INTEGER ('A') = 65

Die Typumwandlung geschieht also dadurch, daß nach dem Zieltyp in der Klammer als Argument ein Wert aus dem umzuwandelnden Typ steht, z. B.:

TYPE Farbe = (rot, gruen, blau, gelb);
      Tag   = (Mon, Die, Mit, Don, Fre, Sam, Son);
      Gross = 'A'..'Z';
      Klein = 'a'..'z';

dann ist:

Gross ('d') = 'D';
INTEGER (blau) = 2;   (*Achtung:* Zählung bei 0 beginnen)
Farbe (Mit) = blau;
Tag (4) = Fre;

Hinweis: Es dürfen natürlich nur aufzählbare Typen verwendet werden. REAL ist daher nicht zulässig.

Normalerweise legt Turbo Pascal Variablen in einem dafür vorgesehenen Speicherbereich ab. Wenn aber aus irgend einem Grund gewünscht wird, daß Variablen ganz bestimmte Plätze im Speicher einnehmen sollen, so kann dies in Turbo Pascal durch absolute Variablendeklarationen geschehen.

Hierbei ist ein kleiner Unterschied zwischen 8- und 16-Bit-Systemen zu beachten.

Beispiele:

8-Bit-System:

VAR IOByte : BYTE ABSOLUTE $0003;
      Textseite : ARRAY [0..959] OF CHAR ABSOLUTE $0400;

16-Bit-System:

VAR Def : INTEGER ABSOLUTE $0000:$00FE;

Bei 8-Bit-Systemen wird hinter dem Datentyp das reservierte ABSO-LUTE und eine hexadezimale Speicherstelle angegeben, ab der die Variable abgespeichert werden soll. Bei 16-Bit-Systemen ist dies geringfügig anders. Vor der Speicherstelle steht noch − mit einem Doppelpunkt von der Speicherstelle abgetrennt − die Segmentnummer.

Die absolute Adressierung kann auch von einer anderen Variablen abhängig gemacht werden.

VAR Str : STRING [80];
      StrLaenge : BYTE ABSOLUTE Str;

Das heißt, daß eine Variable bei derselben Speicherstelle beginnt wie eine andere. Damit teilen sich mehrere Variablen ein und denselben Speicherplatz.

Die Standardfunktion

ADDR (Variablenname)

gibt bei 8-Bit-Systemen die Anfangsspeicherstelle der angegebenen Variablen an. Bei 16-Bit-Systemen wird entsprechend das Segment mit angegeben.

3.8   Mengen

Finden Sie den Unterschied!

Erste Version:

```
WRITELN ('Waehlen Sie: ');
WRITELN ('   M(enue     ');
WRITELN ('   S(ortieren ');
WRITELN ('   A(endern   ');
WRITELN ('   F(inden    ');
WRITELN ('   E(nde      ');
REPEAT
   READ (ch)
UNTIL ((((ch='M') OR (ch='m')) OR ((ch='S') OR (ch='s'))) OR
(((ch='A')
   OR (ch='a')) OR ((ch='F') OR (ch='f')))) OR ((ch='E') OR
(ch='e'));
```

Zweite Version:

```
WRITELN ('Waehlen Sie: ');
WRITELN ('   M(enue     ');
WRITELN ('   S(ortieren ');
WRITELN ('   A(endern   ');
```

```
WRITELN ('   F(inden     ');
WRITELN ('   E(nde       ');
REPEAT
  READ (ch)
UNTIL ch IN ['M', 'm', 'S', 's', 'A', 'a', 'F', 'f', 'E', 'e'];
```

Richtig! Bei der zweiten Version ist eine Menge verwendet worden. In der UNTIL-Abfrage wird getestet, ob das Zeichen ch Element der Menge der angegebenen Zeichen ist (IN).

Es ist in Pascal tatsächlich möglich, mit Mengen zu operieren. Der dazu nötige Datentyp heißt SET.

Beispiele:

```
TYPE Menge = SET OF BYTE;
     Letter = SET OF CHAR;
     Klein = SET OF [ 1..7 ];
     Farbm = SET OF (rot, gruen, gelb, blau);

VAR a, b, m : Menge;
    l, k : Letter;
```

Folgende Zuweisungen sind dann richtig:

```
a := [1, 2, 3, 4, 5, 6, 7, 8];
b := [1..8];
l  := ['a'..'z', 'A'..'Z'];
k := ['+', ':', '*'];
```

Mengen können durch Aufzählen der Elemente erstellt werden. Die Elemente werden in eckigen Klammern, durch Kommata getrennt, aufgezählt. Auch Unterbereiche können in den Klammern auftreten. Die Elemente dürfen nur von einfachen Datentypen sein (BYTE, CHAR, BOOLEAN, Aufzählungen, Unterbereiche).

Menge:

Darstellung einer Menge im Programm:

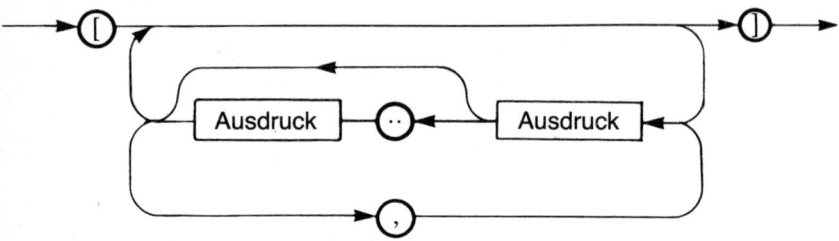

Aus dem Syntaxdiagramm ersehen wir, daß auch

a := [ ];

korrekt ist.

Wenn zwischen den eckigen Klammern nichts steht, so handelt es sich um die leere Menge.

Welche Operationen sind mit Mengen definiert?

Vereinigung: +
Differenz: −
Durchschnitt: *
Gleichheit: =
Ungleichheit: <>
Ist Teilmenge von: <=
Ist echte Teilmenge: <
Ist Obermenge von: >=
Ist echte Obermenge: >
Ist Element von: IN

Beispiele:

[1, 2, 3, 4] + [3, 4, 8, 19] ergibt [1, 2, 3, 4, 8, 19]
[1, 2, 3, 4] − [3, 4, 8, 19] ergibt [1, 2]
[1, 2, 3, 4] * [3, 4, 8, 19] ergibt [3, 4]
[1, 2, 3] = [2, 1, 3]   ist wahr
5 IN [1, 4, 5, 6]   ist wahr
['a'..'z'] > ['c'..'f']   ist wahr

Nun folgt ein kleines Programmbeispiel zu den Mengenoperationen.

Das Programm bestimmt die Anzahl der Ziffern, Buchstaben und Sonderzeichen in einem eingegebenen Text. Außerdem werden die vorhandenen Vokale, Konsonanten und Ziffern ausgegeben. In der Ausgabeprozedur ist ein kleiner Trick vorhanden. Da die Elemente von Mengen nicht direkt ausgegeben werden können, muß der ganze Zeichensatz mit einer Schleife durchlaufen werden und das Element immer dann ausgegeben werden, wenn es in der Menge ist.

```
PROGRAM Textmengen;
  TYPE Mengen=SET OF CHAR;

  VAR Ziffern,Buchstaben,Sonstige : Mengen;
      Vokale,Konsonanten,Urmenge  : Mengen;
      Zi,Bu,So,i                  : INTEGER;
      Satz                        : STRING[80];
      ch                          : CHAR;

  BEGIN (*Hauptprogramm*)
    CLRSCR;
    WRITELN ('Geben Sie einen Satz ein:');
    READLN (Satz);
    Bu:=0; Zi:=0; So:=0;
    Ziffern:= ['0'..'9'];
    Buchstaben:= ['A'..'Z'] + ['a'..'z'];
    Sonstige:= [' '..'ü'] - (Ziffern + Buchstaben);
    Vokale:= ['a','e','i','o','u','A','E','I','O','U'];
    Konsonanten:= Buchstaben - Vokale;
    Urmenge:=[ ];

    FOR i:=1 TO LENGTH(Satz) DO BEGIN
      IF Satz [i] IN Buchstaben THEN Bu:=Bu+1 ELSE
      IF Satz [i] IN Ziffern THEN Zi:=Zi + 1 ELSE So:=So + 1;
      Urmenge:=Urmenge + [Satz[i] ]
    END;

    Vokale:=Vokale * Urmenge;
    Konsonanten:=Konsonanten * Urmenge;
    Ziffern:=Ziffern * Urmenge;

    WRITELN('Der Satz:');
    WRITELN(Satz);
    WRITELN('enthaelt ',Bu:3,' Buchstaben,');
    WRITELN('         ',Zi:3,' Ziffern,');
    WRITELN('    und ',So:3,' sonstige Zeichen,');
    WRITELN('folgende Vokale: ');
    FOR ch:=' ' TO 'ü' DO
      IF ch IN Vokale THEN WRITE(ch);
    WRITELN;
    WRITELN('folgende Konsonanten: ');
    FOR ch:=' ' TO 'ü' DO
      IF ch IN Konsonanten THEN WRITE(ch);
    WRITELN;
    WRITELN('folgende Ziffern: ');
    FOR ch:=' ' TO 'ü' DO
      IF ch IN Ziffern THEN WRITE(ch);
    WRITELN
  END.
```

Ausgabe des Programms:

```
Der Satz:
Dies ist ein (Beispiel-) Satz, um das Programm zu testen!
enthaelt   43 Buchstaben,
            0 Ziffern,
      und   14 sonstige Zeichen,
folgende Vokale:
aeiou
folgende Konsonanten:
BDPSdglmnprstz
folgende Ziffern:
```

Menge:

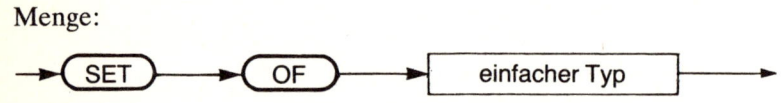

Die Elemente einer Menge können von den Datentypen:
Aufzählung, Unterbereich, INTEGER, CHAR und BOOLEAN
sein. Eine Menge wird angegeben durch Aufzählung der Elemente
(durch Kommata getrennt) oder Unterbereiche; beides in eckigen
Klammern. Die leere Menge wird durch [] angegeben. Die Mengenoperationen werden mit den Operatoren + , − , ∗ , = , < , > ,
<= , >= und IN ausgeführt.

Einschränkung in Turbo Pascal:

— Eine Menge darf höchstens 256 Elemente haben.
— Die Elemente einer Menge dürfen nur aus aufgezählten Datentypen
  sein, die nicht mehr als 256 Elemente enthalten.

Schleifen

4

4.1 Die FOR-Schleife

In Pascal gibt es eine Anweisung, die es erlaubt, festzulegen, wie oft andere Anweisungen ausgeführt werden sollen. Diese Anweisung nennt man FOR-Schleife. Dazu wird eine sogenannte Laufvariable auf einen bestimmten Anfangswert gesetzt und bei jedem Schleifendurchgang auf ihren Nachfolger erhöht, bis die Laufvariable den Endwert erreicht oder überschritten hat. Die Form ist:

FOR Zählvariable:=Anfangswert TO Endwert DO Anweisung;
FOR Zählvariable:=Anfangswert TO Endwert DO BEGIN Anweisungen END;

Es ist außerdem möglich, rückwärts zu zählen. In diesem Fall muß in der obigen Anweisung „TO" durch „DOWNTO" ersetzt werden:

FOR Zählvariable:=Anfangswert DOWNTO Endwert DO Anweisung;
FOR Zählvariable:=Anfangswert DOWNTO Endwert DO BEGIN Anweisungen END;

Die Angabe einer Schrittweite − wie in manchen anderen Programmiersprachen − ist in PASCAL nicht möglich. Die Zählvariable wird also immer auf ihren Nachfolger (d. h. bei Zählvariablen vom Typ INTEGER um Eins) erhöht oder auf den Vorgänger vermindert.

Dazu sehen wir uns ein kleines Beispiel an:

In Kap. 3.3 haben wir den ASCII-Zeichensatz kennengelernt. Hier ist
nun ein Programm, das alle druckbaren Zeichen dieses Zeichensatzes
vorwärts und rückwärts ausgibt.

```
PROGRAM Ascii;

VAR i,zeit : INTEGER;

BEGIN
   CLRSCR;                          (* Loescht den Bildschirm *)
   WRITELN;
   WRITE('Der ASCII-Zeichensatz  ');
   WRITELN('- vorwaerts:');
   WRITELN;
   FOR i:=32 TO 126 DO WRITE(i:5,':',chr(i):2);
   FOR zeit:=1 TO 30000 DO;         (* Verzoegerungsschleife *)

   CLRSCR;                          (* Loescht den Bildschirm *)
   WRITE('Der ASCII-Zeichensatz  ');
   WRITELN('- und rueckwaerts:');
   WRITELN;
   FOR i:=126 DOWNTO 32 DO WRITE(i:5,':',chr(i):2);
   FOR zeit:=30000 DOWNTO 1 DO; (* Verzoegerungsschleife *)
   CLRSCR
END.
```

Beachtenswert ist der Einsatz von FOR-Anweisungen als Verzögerungsschleife mit einer „leeren" Anweisung nach dem DO. Nach der Deklaration von

VAR ch: CHAR; (* CHAR = Buchstabe *)

kann man die entsprechenden FOR-Anweisungen wie folgt ändern:

FOR ch:='' TO '~' DO bzw. FOR ch:='~' DOWNTO '' DO

Die Ausgabe bleibt gleich. Wie an diesem Beispiel zu sehen ist, kann man
als Zählvariable auch andere Datentypen als INTEGER wie z. B. CHAR
verwenden. Die Datentypen müssen allerdings genau einen Nachfolger
oder Vorgänger haben. Daher kommen zunächst nur INTEGER, CHAR
und BOOLEAN (nur zwei Werte!) sowie Aufzählungen und Unterbereiche als Zählvariablen in Frage. In einem Programm können somit durchaus die folgenden Anweisungen auftreten:

FOR ch:='A' TO 'Z' DO WRITE (ch);
                              (* Gibt alle Großbuchstaben aus *)
For ch:='z' DOWNTO 'a' DO WRITE (ch);
                              (* Gibt alle Kleinbuchstaben aus *)

Wodurch kann nun erreicht werden, daß ein Programm − z. B. mit einer
der o.a. FOR-Schleifen − nach der Ausgabe jedes einzelnen Buchstabens

kurz anhält und dann fortfährt? Offensichtlich kann eine Verzögerungsschleife innerhalb des Anweisungsblocks einer FOR-Schleife dies bewirken. In einem solchen Fall spricht man von Schachtelung. Dabei ist zu
beachten, daß die innere Schleife jeweils vollständig abgearbeitet wird,
bevor die äußere Schleife fortgeführt wird.

Verdeutlichen wir uns dies anhand eines weiteren Programms. Es soll ein
Dreieck, zusammengesetzt durch den wiederholten Ausdruck des Zeichens ∗, ausgeben.

```
PROGRAM Dreieck;

VAR Sterne_pro_Zeile,
    Aussen, Innen, Leer,
    Anzahl_der_Zeilen: INTEGER;

BEGIN
   CLRSCR;
   WRITE ('Wie viele Zeilen soll das Dreieck haben? ');
   READLN (Anzahl_der_Zeilen);
   Sterne_pro_Zeile:=1;           (* fuer erste Zeile *)

   FOR Aussen := Anzahl_der_Zeilen DOWNTO 1 DO
         BEGIN            (* von Aussen *)
           FOR Leer:=Aussen DOWNTO 1 DO WRITE (' '); (* Gibt ' ' aus *)
           FOR Innen:=1 TO Sterne_pro_Zeile DO WRITE ('*');
           Sterne_pro_Zeile := Sterne_pro_Zeile + 2;
           WRITELN          (* naechste Zeile *)
         END              (* von Aussen *)
END.
```

Innerhalb der „Aussen"-Schleife, die einen Anweisungsblock umfaßt,
sind zwei weitere FOR-Schleifen untergebracht, die jeweils nur eine
Anweisung beinhalten. Ferner wird die Zählvariable „Aussen" in der
„Leer"-Schleife als Anfangswert eingesetzt. Lassen wir das Programm
einmal mit Anzahl_der_Zeilen:=6 ablaufen, so ergibt sich folgender
Ausdruck:

Wir halten fest:

Die FOR-Schleife zählt eine Zählvariable von einem Anfangswert bis zu
einem Endwert (herauf mit TO, herunter mit DOWNTO).

- Anfangs- und Endwert dürfen Konstanten oder Variablen sein.

- Anfangs-, Endwert und Zählvariable müssen vom gleichen Datentyp sein.

- Als Schleifentyp kann jeder Datentyp verwendet werden, der genau einen Nachfolger (bzw. Vorgänger) hat (INTEGER, CHAR, BOOLEAN und Aufzählungstypen).

- Eine Schleife wird einmal abgearbeitet, wenn Anfangs- und Endwert übereinstimmen.

- Eine Schleife wird keinmal abgearbeitet, wenn bei Verwendung von TO der Anfangswert größer als der Endwert, bei Verwendung von DOWNTO der Anfangswert kleiner als der Endwert ist.

- Schleifen können geschachtelt werden.

- Schleifen mit einer leeren Anweisung können als Verzögerungsschleifen eingesetzt werden.

Darüber hinaus

- kann eine Zählvariable zur Berechnung anderer Variablen verwendet werden;

- sollten Zählvariable, Anfangs- und Endwert in einer Schleife nicht verändert werden.

Hinweis: In einigen Pascal-Versionen ist das Ändern von Zählvariablen, sowie von Anfangs- und Endwert innerhalb der Schleife zwar möglich, sollte aber aus Gründen eines „sauberen" Programmierstils unterbleiben.

FOR-Schleife:

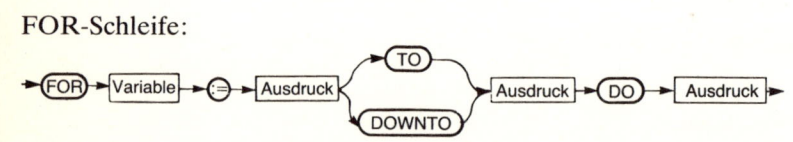

For Zählvariable:=Anfangswert TO Endwert Do Anweisung(en);
FOR Zählvariable:=Anfangswert DOWNTO Endwert Do Anweisung(en); sind aufwärtszählende (TO) und abwärtszählende (DOWNTO) Zählschleifen.
Zählvariable, Anfangswert und Endwert sind vom gleichen Daten-

typ. Sie können vom Typ INTEGER, CHAR, BOOLEAN oder
Aufzählungstyp sein.
Die Schleifenvariablen dürfen in der Schleife nicht verändert wer-
den.
Schleifen dürfen geschachtelt werden.

Hinweis: Eine Schleife der Form

FOR Zählvariable:=Anfangswert TO Endwert DO;

ist ebenfalls möglich. Das Semikolon hinter dem Wort DO stellt eine
leere Anweisung dar. Diese Form kann z.B. als Verzögerungsschleife
angewandt werden, da der Rechner in dieser Schleife lediglich zählt.

4.2   Die REPEAT-Schleife

Neben der im vorangegangenen Paragraphen besprochenen FOR-
Anweisung gibt es in Pascal zwei weitere Möglichkeiten, einen Pro-
grammteil wiederholt vom Rechner ausführen zu lassen. Beide unter-
scheiden sich von der FOR-Anweisung dadurch, daß die Anzahl der
Schleifendurchläufe (=Wiederholungen) nicht von vornherein durch die
Angabe eines Endwertes festgelegt werden muß. Vielmehr wird zur
Beendigung der Schleife eine Bedingung − die sogenannte Abbruchbe-
dingung − herangezogen.

Die REPEAT-Schleife ist eine der beiden Möglichkeiten. Sie hat die
Form

REPEAT Anweisung(en) UNTIL Bedingung

auf Deutsch: WIEDERHOLE Anweisung(en) BIS Bedingung (erfüllt).

Verdeutlichen wir uns die Arbeitsweise einer solchen Schleife einmal an
folgendem Modell:

Flugzeuge, die einen Flughafen zur Landung anfliegen, werden gelegent-
lich angewiesen, eine Warteposition einzunehmen, d. h. Schleifen zu fliegen, bis die Freigabe zur Landung erfolgt. In unserer algorithmischen
Sprache muß das Flugzeug die Anweisung

WIEDERHOLE Warteschleifen fliegen BIS Freigabe zur Landung
erfolgt

befolgen. Als Flußdiagramm ergibt sich für unser Modell der REPEAT-Schleife folgendes Bild:

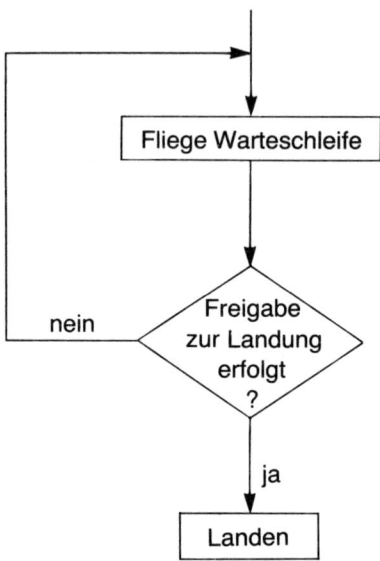

Wenn die Freigabe zur Landung nicht erfolgt, so stürzt unser Flugzeug ab – genau wie unser Programm. Die (Warte-)Schleife wird nur dann verlassen, wenn die Abbruchbedingung erfüllt ist, d.h. den Wert TRUE annimmt.

Sehen wir uns unter diesem Aspekt einmal die folgende Anweisung etwas genauer an:

REPEAT WRITE ('Drucker einschalten') UNTIL Drucker eingeschaltet

Ist der Drucker nicht eingeschaltet, so hat unsere Abbruchbedingung, die sich in Pascal leider nicht so einfach darstellen läßt, den Wert FALSE. Dies hat eine Wiederholung der WRITE-Anweisung zur Folge. Erst, wenn der Drucker eingeschaltet wird, kann der Rechner die Schleife beenden.

Ist kein Drucker vorhanden, so rettet uns nur noch die <RESET>-Taste vor der Wiederholungswut des Rechners.

Es ist also peinlich genau darauf zu achten, daß die Abbruchbedingung den Wert TRUE überhaupt annehmen kann (Problem der Terminiertheit). Dies ist natürlich nur dann möglich, wenn die Voraussetzungen für diese Bedingung in der Schleife geändert werden.

Ein lauffähiges Beispiel für die Verwendung der REPEAT-Schleife ist das folgende kleine Programm.

```
PROGRAM Wiederholung;

VAR ch : CHAR;

    Zeit : INTEGER;

BEGIN
  REPEAT                                   (* aeussere Schleife *)
    REPEAT                                 (* innere Schleife *)
      CLRSCR;      (* loescht den Bildschirm *)
      GOTOXY(3,5);        (* setzt den Cursor auf die 3-te Spalte
                            in der 5-ten Zeile *)
      WRITE ('Soll die Schleife verlassen werden?  (j/n)');
      READLN (ch)
    UNTIL (ch='j') OR (ch='n');            (* innere Schleife *)
    WRITELN; WRITELN ('Gleich geht es weiter');
    FOR zeit:=25000 DOWNTO 1 DO; (* leere Schleife *)
  UNTIL ch='j';                            (* aeussere Schleife *)
  CLRSCR;
  GOTOXY(10,15);
  WRITELN ('ENDE')
END.
```

Zunächst fällt auf, daß REPEAT-Schleifen genau wie FOR-Schleifen geschachtelt werden können.

Was leistet nun das Programm? Wird ein von j oder n verschiedener Buchstabe eingegeben, so wird der Bildschirm gelöscht, der Cursor auf die vorgegebene Stelle gesetzt, die Frage ausgegeben und erneut ein Zeichen eingelesen. Man beachte dabei, daß der Rechner sehr wohl zwischen j und J unterscheidet. Die innere Schleife wird also erst verlassen, wenn ein ganz bestimmtes Zeichen (hier: j bzw. n) eingelesen wurde. Hat die Variable ch den Wert n, wird die innere Schleife als eine Anweisung der äußeren wiederholt. Andernfalls wird auch die äußere Schleife verlassen und das Programm beendet.

Bemerkenswert ist ferner, daß die Anweisungen (!) zwischen REPEAT..UNTIL nicht durch BEGIN und END zu einem Anweisungsblock zusammengefaßt sind.

Die reservierten Wörter REPEAT..UNTIL übernehmen hier die klammernde Funktion, die sonst BEGIN und END vorbehalten ist. Auch das Semikolon vor UNTIL kann entfallen. Ist es vorhanden, so wird es — wie auch vor END — als leere Anweisung behandelt.

Wir wollen nun noch ein kleines Problem aus der Mathematik lösen: die Berechnung der Eulerschen Zahl e. Dazu benutzen wir das von den Mathematikern bereitgestellte Wissen, daß sich e über eine Produktreihe berechnen läßt:

$$e = 1 + \frac{1}{1!} + \frac{1}{2!} + \frac{1}{3!} + \frac{1}{4!} + \frac{1}{5!} + \ldots + \frac{1}{n!}$$

$$n! = 1 * 2 * 3 * 4 * \ldots * n$$

Die Zahl e soll mit der größten dem Rechner möglichen Genauigkeit berechnet werden. Dazu brauchen wir eine Schleife, die die oben dargestellten Brüche so lange addiert, bis sich keine Änderung des Ergebnisses mehr zeigt.

Als Abbruchbedingung könnte man den zuletzt berechneten Wert für e mit dem neuen Wert vergleichen. Durch Rundungsfehler bei REAL-Zahlen (siehe Kap.3.2) führt dies jedoch selten zu einem Abbruch, denn gleiche Zahlen sind oft für den Rechner nicht gleich. Wir würden damit eine unendlich lange Schleife konstruieren.

Statt dessen benutzen wir eine Hilfsvariable, die den jeweils letzten Wert von e bekommt, subtrahieren die Hilfsvariable vom neuen Wert für e und vergleichen diese Differenz mit einer sehr kleinen Zahl (abhängig von der Rechengenauigkeit des verwendeten Rechners − nicht Null!).

Nun folgt das Programm:

```
PROGRAM Euler;

CONST Delta=1E-10;
VAR   e, Hilf, n, Nenner, Differenz : REAL;

BEGIN
 e:=1;
 Nenner:=1;
 n:=1;
 REPEAT
  Hilf:=e;
  e:=e + 1 / Nenner;
  n:=n + 1;
  Nenner:=Nenner * n;
  Differenz:=ABS(Hilf - e)
 UNTIL Differenz < Delta;
 WRITELN ('Nach ',n:4:0,' Durchlaufen ist e=',e:12:10)
END.
```

Merke:

− Die Abbruchbedingung der REPEAT-Schleife muß ein Ausdruck oder eine Variable vom Typ BOOLEAN sein (siehe auch Kap. 3.5).

– Die Abbruchbedingung muß in der Schleife verändert werden, da die Schleife sonst unendlich lange läuft.

– Die Schleife wird beendet, wenn die Abbruchbedingung wahr ist.

Die besondere Eigenschaft einer REPEAT-Schleife liegt darin, daß die Abbruchbedingung am Ende der Schleife geprüft wird. Daher läuft eine REPEAT-Schleife mindestens einmal.

Terminiertheit

Es ist stets genau darauf zu achten, daß die Schleife auch tatsächlich terminiert (beendet) ist. Wir müssen dazu folgendes überprüfen:

– Ist in der Abbruchbedingung überhaupt eine Variable vorhanden, die der Bedingung den Wert TRUE geben kann?

– Wird die Abbruchbedingung jemals erreicht?

REPEAT-Schleife:

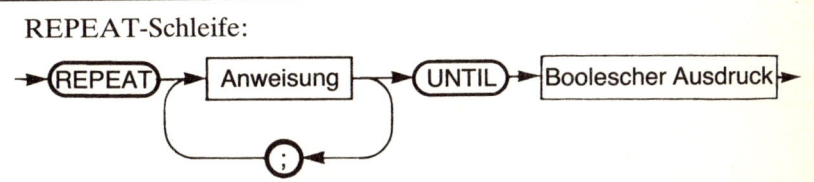

Der Abbruch der REPEAT-Schleife wird nach Ausführung der Schleifen-Anweisungen getestet. Daher läuft die Schleife mindestens einmal.
Die Abbruchbedingung wird in der Schleife verändert.
Auf Terminiertheit der Schleife ist zu achten.

4.3 Die WHILE-Schleife

Beim Anblick einer Museumseisenbahn – besonders wenn sie von einer Dampflokomotive gezogen wird – kommen häufig nostalgische Gefühle auf. Benutzen wir einen solchen Zug einmal zur Veranschaulichung des dritten Typs der in Pascal möglichen Schleifen. Dazu lassen wir ihn, wie bei den entsprechenden touristischen Attraktionen üblich, eine ringförmig angelegte Strecke befahren. Nur zum Auffüllen von Wasser und Brennstoff und zum Abstellen des Zuges über Nacht wird die Hauptstrecke verlassen und das (einzige) Abstellgleis aufgesucht. Die Betriebs-

gesellschaft einer solchen Museumseisenbahn stellte nun eines Tages
einen arg beschränkten, aber trotzdem sehr diensteifrigen Lokomotivfüh-
rer ein. Dieser verließ trotz mannigfaltiger Hinweise und Erläuterungen
jedesmal die Hauptstrecke, wenn der Zug an der Weiche zum Abstellgleis
angelangt war. Zum Ausgleich stellte er ihn des öfteren nachts auf der
Hauptstrecke ab. Daraufhin erhielt der Lokführer die untenstehende
,,Dienstanweisung". Da er sich peinlich genau an sie hielt, waren somit
alle Unregelmäßigkeiten beseitigt.

BEGINNE   (* Tagewerk *)
Zug vom Abstellgleis fahren;

WIEDERHOLE
        SOLANGE noch Kohlen und Wasser vorhanden
        TUE   . Strecke befahren;
        Kohlen und Wasser fassen;
BIS es Nacht ist;

Zug auf Abstellgleis fahren
ENDE.   (* Feierabend *)

Eingeweihte wissen, daß es sich bei dieser „Dienstanweisung" um die
umgangssprachliche Formulierung eines Algorithmus handelt. Untersuchen wir ihn einmal auf seine Struktur: Die uns bereits bekannte Schleife
WIEDERHOLE..BIS enthält hier die Anweisung

SOLANGE noch Kohlen und Wasser vorhanden TUE Strecke befahren;

Anweisungen dieses Typs werden wir nunmehr als dritte Möglichkeit der
Wiederholung kennenlernen. In unserem Beispiel folgt dem reservierten
Wort SOLANGE (engl. WHILE) eine Bedingung. Ist sie wahr, so wird
die Anweisung bzw. der in BEGIN und END gefaßte Anweisungsblock
ausgeführt, der dem reservierten Wort TUE (engl. DO) folgt. Der Loko-
motivführer unserer Museumseisenbahn hat also, *bevor* er die Hauptstrecke befährt, zu prüfen, ob noch genügend Brennstoff und Wasser vorhanden sind. Erst wenn dies der Fall ist, legt unser Zug eine weitere
Runde auf der Hauptstrecke zurück. Die Abzweigung zum Abstellgleis
wird erst dann benutzt, wenn es an einem von beidem fehlt, d. h. die
Bedingung falsch wird.

Zusammengefaßt hat die WHILE-Schleife folgende Form:

WHILE Bedingung DO Anweisung/-sblock

In einem weiteren kleinen Programmbeispiel wollen wir die Quersumme einer ganzen Zahl berechnen und ausgeben.

Dazu wird eine ganze Zahl eingegeben und folgende Berechnung angestellt: Solange die Zahl noch größer als Null ist, wird der Rest beim Teilen durch 10 (mit MOD), d.h. die jeweils letzte Ziffer, aufaddiert und die Zahl durch 10 geteilt.

Zur Lösung des Problems benutzen wir die WHILE-Schleife. Sie hat die Form: WHILE Bedingung DO Anweisung(en) oder auf deutsch: SOLANGE Bedingung TUE Anweisung(en).

Das Programm dazu sieht folgendermaßen aus:

```
PROGRAM Quersumme;

   VAR n, Summe : INTEGER;

   BEGIN
     WRITE ('Eingabe der Zahl: ');
     READLN (n);
     Summe := 0;
     WHILE n > 0 DO BEGIN
       Summe := Summe + n MOD 10;
       n := n DIV 10
     END; (* der WHILE-Schleife *)
     WRITELN ('Die Quersumme ist: ', Summe:4)
   END.
```

Solange die Bedingung den Wahrheitswert TRUE hat, läuft die Schleife. Folgendes muß dabei beachtet werden:

– Die Bedingung der WHILE-Schleife muß ein Ausdruck oder eine Variable vom Typ BOOLEAN sein (siehe auch Kap. 3.5).

– Die Bedingung muß in der Schleife verändert werden, da die Schleife sonst unendlich lange läuft.

– Die Schleife wird beendet, wenn die Bedingung falsch ist.

Die besondere Eigenschaft einer WHILE-Schleife liegt darin, daß die Bedingung am Anfang der Schleife geprüft wird. Daher läuft eine WHILE-Schleife möglicherweise keinmal. In einem Flußdiagramm läßt sich das wie folgt darstellen:

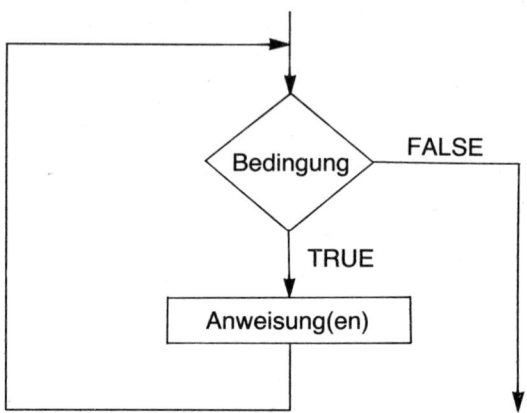

Terminiertheit

Es ist peinlich genau darauf zu achten, daß die Schleife auch tatsächlich terminiert (beendet) ist. Wir müssen dazu folgendes überprüfen:

– Ist in der Bedingung überhaupt eine Variable vorhanden, die der Bedingung den Wert TRUE geben kann?

– Wird die Bedingung jemals erreicht?

WHILE-Schleife:

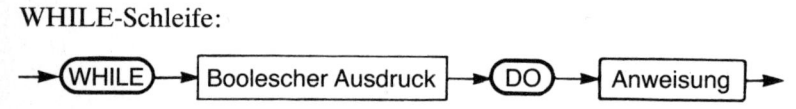

Der Abbruch der WHILE-Schleife wird vor Ausführung der Schleifen-Anweisungen getestet. Daher wird die Schleife möglicherweise keinmal durchlaufen.
Die Bedingung wird in der Schleife verändert.
Auf Terminiertheit der Schleife ist zu achten.

Unterschied REPEAT – WHILE

An dieser Stelle sei noch einmal auf die Unterschiede der Schleifenarten hingewiesen. Bei der REPEAT-Schleife wird die Bedingung nach Ausführung der Schleifenanweisungen auf den Wahrheitswert TRUE überprüft, bei der WHILE-Schleife vorher.

Die REPEAT-Schleife läuft, während die Bedingung FALSE zutrifft
(d. h. bis sie TRUE ist) – die WHILE-Schleife läuft, solange die Bedingung den Wert TRUE hat.

Man kann beide Schleifenformen durch die jeweils andere ersetzen. Dazu
betrachten wir unser Programm QUERSUMME mit einer REPEAT-
Schleife:

```
PROGRAM Quersumme;

   VAR n, Summe : INTEGER;

   BEGIN
     WRITE ('Eingabe der Zahl: ');
     READLN (n);
     Summe := 0;
     REPEAT
       Summe := Summe + n MOD 10;
       n := n DIV 10
     UNTIL n <= 0;
     WRITELN ('Die Quersumme ist: ', Summe:4)
   END.
```

Entscheidungen

5

5.1 Entscheidungen mit IF

Entscheidungen gibt's…

Soll ich mir einen Computer kaufen oder nicht?

Diese Frage kann ich mir ganz einfach beantworten:

Wenn
    ich genug Geld habe *und* einen Computer besitzen möchte,
dann
    gehe ich in einen Computer-Shop und kaufe einen.

Was ist aber, wenn die Bedingungen nicht zutreffen?

Nun, dann geht das Leben eben weiter.

In diesem Monolog (den manch ein Computerfan kennt) kommt eine Entscheidung vor, die von zwei Bedingungen abhängt. Beide Bedingungen müssen zutreffen, was durch das Wort „und" bestimmt wird. Wir kennen schon Ausdrücke und Verknüpfungen dieser Art. Sie sind vom Typ BOOLEAN, denn sie können die Wahrheitswerte „wahr" oder „falsch" annehmen. Wenn also beide Bedingungen „wahr" sind, dann habe ich grünes Licht für den Computerkauf. Sollte das nicht der Fall sein, so geht mein Leben programmgemäß weiter.

Auch in der Programmiersprache Pascal gibt es diese Situation. Oft sollen eine oder mehrere Anweisungen nur dann ausgeführt werden, wenn eine Bedingung oder eine Kombination von Bedingungen erfüllt ist. Dazu übersetzen wir einfach WENN..DANN ins Englische und erhalten IF..THEN. Dieses sind genau die reservierten Wörter für eine bedingte Ausführung von Anweisungen.

Die Form ist:

IF logischer Ausdruck THEN Anweisung(en);

Wenn mehrere Anweisungen ausgeführt werden sollen, so werden sie wieder mit BEGIN..END zusammengefaßt. Der logische Ausdruck muß den Wahrheitswert TRUE haben, damit die Anweisung(en) ausgeführt wird (werden), andernfalls wird das Programm weiter fortgeführt. Aus Kap. 3.5 kennen wir schon logische Ausdrücke. Beispiele sind:

B   : wobei B vom Datentyp BOOLEAN ist
B=TRUE
B=FALSE
X < Y   : wobei X und Y vom gleichen Typ sind
(X < Y) AND (X > Z)
NOT (A = B)

Hinweis: Wenn mehrere logische Ausdrücke durch Verknüpfungsoperatoren (AND, OR, NOT) zusammengefaßt werden, so ist auf korrekte Klammerung zu achten!

Wir wollen uns nun ein kleines Beispiel anschauen:

```
PROGRAM Waswohl;

  VAR I : INTEGER;

  BEGIN
    FOR I:=1 TO 99 DO BEGIN
      WRITE (I:3);
      IF I MOD 9 = 0 THEN WRITELN
    END (* der FOR-Schleife *)
  END.
```

Frage: Was bewirkt dieses kleine Programm?

Einerseits könnten wir es in den Rechner tippen und ausprobieren, andererseits läßt sich die Funktion natürlich auch auf dem Papier ermitteln:

Im Programm läuft eine Schleife von 1 bis 99. Bei jedem Schleifendurchlauf wird die Schleifenvariable ohne Zeilenvorschub in einem Feld von 3 Zeichen geschrieben. Wenn sich allerdings die Variable durch 9 teilen läßt (I MOD 9 = 0), dann wird ein Zeilenvorschub gemacht, so daß die Zahlen in Neunerkolonnen geschrieben werden:

```
 1   2   3   4   5   6   7   8   9
10  11  12  13  14  15  16  17  18
19  20  21  22  23  24  25  26  27
28  29  30  31  32  33  34  35  36
37  38  39  40  41  42  43  44  45
46  47  48  49  50  51  52  53  54
55  56  57  58  59  60  61  62  63
64  65  66  67  68  69  70  71  72
73  74  75  76  77  78  79  80  81
82  83  84  85  86  87  88  89  90
91  92  93  94  95  96  97  98  99
```

In dem vorangegangenen Problem handelte es sich um eine einseitige Entscheidung, denn für den Fall, daß die Bedingung das Ergebnis FALSE hat, wurde mit der nächsten Anweisung fortgefahren.

Nun sind in Pascal aber auch zweiseitige Entscheidungen vorgesehen. Das Wörtchen ELSE (andernfalls) gibt uns die Möglichkeit, bei negativem Ausgang (FALSE) der Entscheidung einen anderen Anweisungsteil ausführen zu lassen.

Die Form ist:

IF logischer Ausdruck THEN Anweisung(en) ELSE Anweisung(en);

Achtung: Vor ELSE darf kein Semikolon stehen!

Wir wollen nun ein Beispielprogramm entwerfen: Zahlenraten. Der Rechner erzeugt eine Zufallszahl zwischen 0 und 99. Der Benutzer darf 7mal eine Zahl raten. Wenn die Zahl größer oder kleiner ist als die Zufallszahl, dann wird dies dem Benutzer mitgeteilt. Bei richtiger Eingabe der Zahl beglückwünscht der Rechner den Benutzer.

Bemerkung: Die Erzeugung von Zufallszahlen zwischen 0 und 99 geschieht im Turbo Pascal durch die Funktion RANDOM (99). Allgemein erzeugt RANDOM (n) eine ganze Zahl als Zufallszahl zwischen 0 und n.

Soll bei jedem neuen Durchlauf des Programms eine neue Zufallszahl erzeugt werden, so geben wir RANDOMIZE ein.(Siehe auch Kap. 6)

Das Programm sieht so aus:

```
PROGRAM Zahlenraten;

  VAR Ratezahl, Zufallszahl, I : INTEGER;
      Geraten : BOOLEAN;

  BEGIN
    WRITELN ('Zahlenraten zwischen 0 und 99');
    WRITELN;
    RANDOMIZE; (* erzeugt neue Zufallszahl *)
    Zufallszahl := RANDOM (99);  (* Zahl zwischen 0 und 99 *)
    Geraten := FALSE;
    I := 1;
    REPEAT
      WRITE ('Ratezahl: ');
      READLN (Ratezahl);
      IF Ratezahl = Zufallszahl THEN Geraten := TRUE
      ELSE BEGIN
        IF Ratezahl > Zufallszahl THEN WRITELN ('zu gross')
        ELSE WRITELN ('zu klein')
      END; (* von ELSE *)
      I := I + 1
    UNTIL Geraten OR (I > 7);
    IF Geraten THEN BEGIN
      WRITELN ('Herzlichen Glueckwunsch!');
      IF I < 3 THEN WRITELN ('Das war Spitze!')
    END (* von IF *)
    ELSE WRITELN ('Die Zahl war: ',Zufallszahl:3)
  END.
```

Aufgabe: Verändern Sie das Programm so, daß der Benutzer entscheiden kann, ob er das Spiel noch einmal spielen will.

In dem vorangegangenen Programm wurden auch geschachtelte Entscheidungen verwendet. Dies ist selbstverständlich bei beiden IF-Konstruktionen möglich. Dabei ist zu beachten, daß eine IF-Abfrage, die von einer anderen abhängt, nur dann ausgeführt wird, wenn die erste Abfrage ein wahres Ergebnis hat.

Beispiel:

IF Tag=13 THEN IF Wochentag=Freitag THEN WRITELN ('Vorsicht heute!');

IF (Tag=13) AND (Wochentag=Freitag) THEN WRITELN ('Vorsicht heute!');

Beide Konstruktionen haben den gleichen Effekt. Nur wenn die Variable Tag gleich 13 ist *und* die Variable Wochentag gleich Freitag ist, wird der Text geschrieben. Die erste (geschachtelte) Konstruktion hat aber den

Vorteil, daß *nur,* wenn Tag gleich 13 ist, der Wochentag auch noch überprüft wird. Dies spart natürlich Rechenzeit, da in der zweiten Konstruktion beide Variablen immer geprüft werden.

IF..THEN..ELSE..:

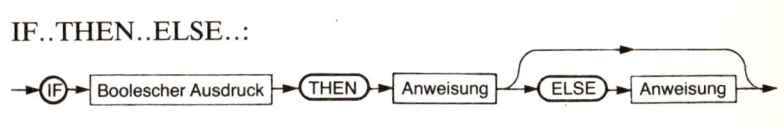

Die Konstruktion
IF logischer Ausdruck THEN Anweisung(en) ELSE Anwei-
sung(en)
stellt eine zweifache Verzweigung dar. Wenn der logische Ausdruck wahr ist, wird der erste Anweisungsteil ausgeführt, andernfalls der zweite Anweisungsteil.
Hinweis: In dem Syntaxdiagramm für IF..THEN..ELSE steckt
auch die IF..THEN-Konstruktion. Dies ist das allgemeinere Diagramm.

Fehlerquellen: Bei geschachtelten Verzweigungen kann es insbesondere
mit der IF..THEN..ELSE-Konstruktion leicht zu Fehlern kommen,
wenn man nicht sorgfältig plant.

Wir wollen uns ein Beispiel einer Schachtelung ansehen:

```
IF Spannung >= 2 THEN
   IF Spannung > 20 THEN
      IF Spannung > 100 THEN
         WRITELN ('Bereich ueberschritten')
      ELSE WRITELN ('grosser Bereich')
   ELSE WRITELN ('normaler Bereich')
ELSE WRITELN ('Spannung unter 2 V');
```

Diese Meßbereichsauswahl für ein Spannungsmeßgerät hat folgende
Funktion:

Bei Spannungen größer als 100 V: Meßbereichsüberschreitung.
Bei Spannungen zwischen 20 V und 100 V: großer Bereich.
Bei Spannungen zwischen 2 V und 20 V: normaler Bereich.
Bei Spannungen unter 2 V: Meßbereich unter 2V.

5.2   Entscheidungen mit CASE

Würden Sie folgende Programmsequenz in Ihrem Programm dulden?

```
IF Tag=0 THEN WRITELN ('Sonntag')
   ELSE IF Tag=1 THEN WRITELN ('Montag')
      ELSE IF Tag=2 THEN WRITELN ('Dienstag')
         ELSE IF Tag=3 THEN WRITELN ('Mittwoch)
            ELSE IF Tag=4 THEN WRITELN ('Donnerstag')
               ELSE IF Tag=5 THEN WRITELN ('Freitag')
                  ELSE WRITELN ('Samstag');
```

Furchtbar unübersichtlich und schreibintensiv. Als Alternative zu dieser Mehrfachentscheidung mit IF..THEN..ELSE bietet Pascal die Mehr-fachentscheidung mit CASE:

```
CASE Tag OF
   0 : WRITELN ('Sonntag');
   1 : WRITELN ('Montag');
   2 : WRITELN ('Dienstag');
   3 : WRITELN ('Mittwoch');
   4 : WRITELN ('Donnerstag');
   5 : WRITELN ('Freitag')
ELSE
   WRITELN ('Samstag')
END;
```

Wir haben es hier mit einer Fallunterscheidung zu tun. Für den Fall (CASE), daß Tag von (OF) der Form einer der folgenden Fälle ist, wird ein Anweisungsteil ausgeführt. Nach der Aufzählung der möglichen Fälle kann nach ELSE ein Anweisungteil folgen, der ausgeführt wird, wenn keiner der Fälle zutrifft. Die ganze Fallunterscheidung wird mit END abgeschlossen (vor dem END braucht kein Semikolon zu stehen).

Vor den Doppelpunkten der CASE-Anweisung können auch mehrere Werte stehen, die dann durch Kommata getrennt werden.

Beispiel:

```
CASE Frage OF
   'E','e' : Eingabe;
   'A','a' : Ausgabe;
   'S','s' : Sortieren;
   'D','d' : Drucken;
   'F','f' : Finden;
   'Z','z' : Ende
END;
```

Eine solche CASE-Anweisung könnte aus einem Menü stammen. Hierbei wird dem Benutzer z. B. auf dem Bildschirm angeboten:

Datenverarbeitung, waehlen Sie:
    E(ingabe von Daten
    A(usgabe von Daten
    S(ortieren
    D(rucken
    F(inden nach Kriterien
    Z(um Schluss

Der Benutzer braucht nur den ersten Buchstaben (Eingabe z. B. mit READ oder READ(KBD,..)) seiner Wahl einzutippen, und das Programm führt entsprechende Anweisungen (evtl. ganze Prozeduren) aus.

CASE:

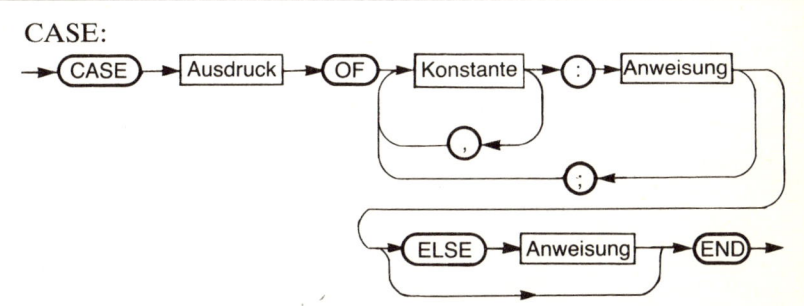

Die Mehrfachentscheidung mit CASE hat die Form:
    CASE Variable OF
        Wert1 : Anweisung(en)1;
        Wert2 : Anweisung(en)2;
        Wert3 : Anweisung(en)3;

        ....
        Wertn : Anweisung(en)n
    ELSE
        Anweisung(en)
    END;

Wenn ein Anweisungsteil von mehreren Werten abhängen soll, werden die Werte durch Kommata getrennt.
Die Variable muß von einem skalaren Datentyp, nicht aber vom Typ REAL sein, d. h. Aufzählungstyp, Unterbereich, INTEGER, CHAR, BOOLEAN.

Unterprogramme

6

6.1 Prozeduren

Machen wir noch einen kleinen Ausflug in die Mathematik. Es gibt eine Reihe von Taschenrechnern, die die Bruchrechnung beherrschen. Schade, daß unser Computer das nicht kann, oder doch?

Eigentlich ist die Sache doch gar nicht so schwer. Wir wollen zuerst einmal ein kleines Programm schreiben, das einen Bruch kürzt. Hier ist es schon:

```
PROGRAM Bruch;

  VAR Z1,Z2,N1,N2 : INTEGER; (* fuer Zaehler und Nenner *)

  BEGIN
   Eingabe;
   Kuerze;
   Ausgabe
  END.
```

Es handelt sich bisher nur um den Programmkopf und das Hauptprogramm. Die scheinbar neuen Befehle Eingabe, Kuerze und Ausgabe müssen noch zum Leben erweckt werden. Des Rätsels Lösung liegt darin, daß wir Prozeduren benutzen.

Eine Prozedur ist ein Programmteil (auch Unterprogramm genannt), der unter einem Namen aufgerufen werden kann.

Die Prozedur wird in der Form

```
PRODEDURE <Name>;
CONST...;
VAR...;
BEGIN
 <Prozedurtext>
END;
```

geschrieben.

Die Prozedurtexte sind Teile des Deklarationsteils des Programms. Vom Programm aus wird die Prozedur aufgerufen, indem ihr Name in einer Anweisungszeile genannt wird.

- Prozeduren können auch von anderen Prozeduren aus aufgerufen werden.

- Prozeduren können mehrmals aufgerufen werden.

- Es ist zu beachten, daß eine bestimmte Reihenfolge eingehalten wird; eine Prozedur, die von einer anderen aufgerufen wird, muß auch vor dieser stehen.

Sie haben sicher bemerkt, daß Prozeduren auch eigene Variablen und Konstanten haben können. Dabei gelten folgende Regeln:

- Variablen und Konstanten des Hauptprogramms (vor den Prozeduren deklariert) nennen wir „global". Sie haben im gesamten Programm Gültigkeit, d. h. auch in den Prozeduren.

- Variablen und Konstanten einer Prozedur werden „lokal" genannt. Sie haben nur in dieser Prozedur Gültigkeit.

- Sollten Variablen oder Konstanten von Hauptprogramm und Prozedur denselben Namen tragen (was erlaubt ist), so gilt immer der lokale Name.

Machen Sie möglichst oft Gebrauch von lokalen Variablen. Durch sie ist die Prozedur nicht mehr so stark (oder gar nicht) abhängig von Gegebenheiten des Hauptprogramms, und so kann die Prozedur eventuell leicht in anderen Programmen verwendet werden.

Nun aber zurück zu unserem Mathematikproblem. Wir können einen Bruch in sehr einfacher Weise kürzen, indem wir versuchen, Zähler und Nenner mit Eins angefangen durch immer größer werdende Zahlen zu teilen. Die größte Zahl, durch die sowohl Zähler als auch Nenner teilbar ist, stellt den größten gemeinsamen Teiler (ggT) dar. Mit ihm kürzen wir dann den Bruch. Die größte Zahl, die wir finden, kann höchstens das

Minimum von Zähler und Nenner sein. Die kleinste Zahl ist sicher Eins, weil sich beide durch Eins teilen lassen.

```
PROCEDURE Kuerze;
 VAR I, Teiler, Min : INTEGER;
 BEGIN
  IF Z1<N1 THEN Min:=Z1
           ELSE Min:=N2;
  FOR I:=1 TO Min DO
   IF (Z1 MOD I =0) AND (N1 MOD I =0)
    THEN Teiler:=I;
  N1:=Z1 DIV Teiler;
  N2:=N1 DIV Teiler
 END;
```

Die beiden anderen Prozeduren sind so einfach, daß wir sie sofort im gesamten Programm erstellen können.

```
PROGRAM Bruch;

VAR Z1,Z2,N1,N2 : INTEGER;

 PROCEDURE Eingabe;
  BEGIN
   WRITE ('Zaehler: ');
   READLN (Z1);
   WRITE ('Nenner:  ');
   READLN (N1)
  END;

 PROCEDURE Kuerze;
  VAR I, Teiler, Min : INTEGER;
  BEGIN
   IF Z1<N1 THEN Min:=Z1
            ELSE Min:=N2;
   FOR I:=1 TO Min DO
    IF (Z1 MOD I =0) AND (N1 MOD I =0)
     THEN Teiler:=I;
   Z2:=Z1 DIV Teiler;
   N2:=N1 DIV Teiler
  END;

 PROCEDURE Ausgabe;
  BEGIN
   WRITELN (Z1:5,'   ',Z2:5);
   WRITELN ('----- = -----');
   WRITELN (N1:5,'   ',N2:5)
  END;

 BEGIN (* Hauptprogramm *)
  Eingabe;
  Kuerze;
  Ausgabe
 END.
```

Nun kann unser Computer endlich kürzen. Allerdings sollten wir uns damit noch nicht begnügen. Die Prozedur Kuerze hat immer noch einen kleinen Mangel. Sie braucht, so wie wir sie geschrieben haben, unbedingt die globalen Variablen Z1,Z2,N1,N2. Dieser Mangel läßt sich dadurch beheben, daß wir eine andere Form von Prozeduren verwenden.

Prozeduren mit Variablenübergabe

In Pascal gibt es die Möglichkeit, einer Prozedur eine oder mehrere Variablen zu übergeben und diese dann von der Prozedur verändert zurückzubekommen. Die Form sieht dann folgendermaßen aus:

```
PROCEDURE <Name> (VAR ......);
  CONST...;
  VAR...;
  BEGIN
  ...
  END;
```

In der Klammer hinter dem Prozedurnamen steht die sogenannte Parameterliste. Hier werden die Variablen aufgeführt, die von der Prozedur verändert werden sollen.

Beispiele:

> PROCEDURE Test (VAR I : INTEGER);
> oder
> PROCEDURE Mehr (VAR A,B : CHAR; VAR C : REAL);

Nach diesen Beispielen muß die Prozedur Test mit genau einer Variablen vom Typ INTEGER aufgerufen werden. Die Prozedur Mehr muß dagegen mit zwei Variablen vom Typ CHAR und einer Variablen vom Typ REAL aufgerufen werden — und zwar genau in dieser Reihenfolge. Die Variablen werden durch Kommata voneinander getrennt.

Unsere Prozedur Kuerze könnte nun so aussehen:

```
PROCEDURE Kuerze (VAR A,B : INTEGER);
 VAR I, Teiler, Min : INTEGER;
 BEGIN
  IF A<B THEN Min:=A
         ELSE Min:=N2;
  FOR I:=1 TO Min DO
   IF (A MOD I =0) AND (B MOD I =0)
     THEN Teiler:=I;
   A:=A DIV Teiler;
   B:=B DIV Teiler
 END;
```

Der Aufruf der Prozedur mit den beiden INTEGER-Variablen Z und N

> Kuerze (Z,N);

hat dann den Effekt, daß nach dem Abarbeiten dieser Prozedur die Variablen Z und N gekürzt sind.

Prozeduren mit Wertübergabe

Es gibt in Pascal auch noch eine andere Art der Parameterübergabe an Prozeduren, die Wertübergabe. Bei dieser Art wird der Prozedur nur ein Wert übergeben, mit dem die Prozedur arbeitet, der aber nicht verändert wird. Die Form ist fast identisch mit der Variablenübergabe, mit der kleinen Änderung, daß hier das Wörtchen VAR in der Parameterliste entfällt.

Schreiben wir die Prozedur Ausgabe z. B. in dieser Art:

```
PROCEDURE Ausgabe (A,B,A1,B1 : INTEGER);
 BEGIN
  WRITELN (A:5,'      ',A1:5);
  WRITELN ('-----  =  -----');
  WRITELN (B:5,'      ',B1:5)
 END;
```

Ein Aufruf der Prozedur

   Ausgabe (12,24,1,2);

hätte dann die Ausgabe

$$\frac{12}{24} = \frac{1}{2}$$

zur Folge. Bemerkenswert ist, daß wir die Prozedur Ausgabe auch mit vier Variablen vom Typ INTEGER oder mit einer Mischung aus Variablen und Konstanten hätten aufrufen können. Es müssen halt nur vier Werte (Variablen oder Konstanten) des richtigen Typs in der richtigen Reihenfolge übergeben werden.

Unser Programm könnte nun folgendermaßen aussehen:

```
PROGRAM Bruch;

VAR Z1,Z2,N1,N2 : INTEGER;

  PROCEDURE Eingabe (VAR Z,N : INTEGER);
   BEGIN
    WRITE ('Zaehler: ');
    READLN  (Z);
    WRITE ('Nenner:  ');
    READLN (N)
   END;
```

```
PROCEDURE Kuerze (VAR A,B : INTEGER);
 VAR I, Teiler, Min : INTEGER;
 BEGIN
  IF A<B THEN Min:=A
         ELSE Min:=B;
   FOR I:=1 TO Min DO
    IF (A MOD I =0) AND (B MOD I =0)
      THEN Teiler:=I;
   A:=A DIV Teiler;
   B:=B DIV Teiler
 END;

PROCEDURE Ausgabe (A,B,A1,B1 : INTEGER);
 BEGIN
   WRITELN (A:5,'    ',A1:5);
   WRITELN ('----- = -----');
   WRITELN (B:5,'    ',B1:5)
 END;

BEGIN (* Hauptprogramm *)
 Eingabe(Z1,N1);
 Z2:=Z1; N2:=N1;
 Kuerze(Z2,N2);
 Ausgabe(Z1,N1,Z2,N2)
END.
```

Fassen wir noch einmal zusammen: Prozeduren sind Unterprogramme,
die einen Namen haben, unter dem sie von anderen Programmteilen aus
aufgerufen werden. Sie können die Variablen und Konstanten des Hauptprogramms benutzen (globale Variablen und Konstanten) oder eigene
Variablen oder Konstanten (lokale Variablen und Konstanten) haben,
die im Deklarationsteil der Prozedur erklärt werden.

Außerdem können wir einer Prozedur Werte oder Variablen übergeben,
mit denen dann in der Prozedur gearbeitet wird.

Werden der Prozedur Werte (ohne VAR) übergeben, wird diese Übergabeart auch „call-by-value" genannt.

Wenn der Prozedur Variablen (mit VAR) übergeben werden, so werden
diese von der Prozedur aufgenommen und nach Abarbeitung wieder
geändert zurückgegeben. Diese Art wird „call-by-reference" oder „call-
by-variable" genannt.

Machen wir uns den Unterschied hier noch einmal ganz klar:

```
PROGRAM Unterschied;

 VAR x : INTEGER;

 PROCEDURE Aenderenichts (a : INTEGER);
   BEGIN
     a := a * 2;
     WRITELN (a)
   END;
```

```
PROCEDURE Aenderewas (VAR a : INTEGER);
  BEGIN
    a := a * 2;
    WRITELN (a)
  END;

BEGIN (* Hauptprogramm *)
  x := 5;
  WRITELN (x);
  Aenderenichts (x);
  WRITELN (x);
  Aenderewas (x);
  WRITELN (x)
END.
```

Das Programm gibt folgende Zahlenreihe aus:

5
10
5
10
10

Warum?

5 : x hat den Wert 5 bekommen, der mit WRITELN (x) ausgegeben wird.

10 : Der Wert von x wird an die Prozedur Aenderenichts übergeben, hier mit 2 multipliziert und mit WRITELN (a) ausgegeben.

5 : Nach Durchlaufen der Prozedur hat sich die Variable x nicht geändert. Mit WRITELN (x) wird sie geschrieben.

10 : Die Variable x wird der Prozedur Aenderewas übergeben, hier verdoppelt, mit WRITELN (a) ausgegeben, und der Wert von A wird im Hauptprogramm der Variablen x wieder zurückgegeben.

10 : Nun hat x also den Wet 10, der mit WRITELN (x) ausgegeben wird.

Fehlerquelle: Folgender Aufruf der Prozedur Aenderewas wäre völlig falsch:

Aenderewas (5);   falsch!

Denn der Prozedur muß eine Variable („call-by-variable") übergeben werden, damit der Wert dieser Variablen nach Durchlaufen der Prozedur verändert werden kann. Bei der Konstanten 5 wäre dies nicht möglich.

In diesem kleinen Beispiel haben Sie gesehen, daß die Übergabeparameter der Prozeduren andere Namen haben als die Variablen im Hauptprogramm. Dies ist nicht unbedingt nötig. Hätten wir die Variable des Hauptprogramms auch X genannt, so wäre sie eine andere Variable (ein anderer Speicherplatz) als in den Prozeduren!

Ein weiteres kleines Programmbeispiel soll verdeutlichen, daß wir einer Prozedur auch mehrere Parameter übergeben können, die nicht von der gleichen Übergabeart sind.

Es handelt sich um ein Programm, das zu einem eingegebenen Datum den dazugehörigen Wochentag ermittelt. Dazu wird in einer Prozedur Berechne, der wir die Werte Tag, Monat und Jahr übergeben, nach einer hier nicht weiter ausgeführten Formel eine Zahl zwischen 0 und 6 ermittelt, die einer vierten Variablen („call-by-variable") wieder zurückgegeben wird.

```
PROGRAM Datum;

VAR Tag,Monat,Jahr,Tagnummer : INTEGER;
    Frage : CHAR;

PROCEDURE Eingabe (VAR Tag,Monat,Jahr : INTEGER);

  VAR Februar : INTEGER;
      Erfolg : BOOLEAN;

  BEGIN
    WRITELN ('Das Programm ermittelt zu einem beliebigen Datum inner-
                                                  halb');
    WRITELN ('des Zeitraums 1701 bis 2099 den dazugehoerigen Wochen-
                                                   tag.');
    WRITELN ('Geben Sie bitte das Datum ein:');
    WRITELN;
    Erfolg := TRUE;
    REPEAT
      IF NOT Erfolg THEN WRITELN ('Falsche Eingabe ! Neu eingeben:');
      WRITE ('Geben Sie den Tag ein:');
      READLN (Tag);
      WRITE ('Geben Sie den Monat ein:');
      READLN (Monat);
      WRITE ('Geben Sie das Jahr ein:');
      READLN (Jahr);
      IF Jahr<100 THEN Jahr:=1900+Jahr; (* fuer Schreibfaule *)
      IF (Jahr<1701) OR (Jahr>2099) THEN Erfolg := FALSE;
                                    (* nicht im Bereich *)
      IF Monat>12 THEN Erfolg := FALSE; (* Monat zu gross *)
      IF (Jahr MOD 4 =0) THEN Februar:=29 ELSE Februar:=28;
                                            (* Schaltjahr *)
      IF (Jahr MOD 100 =0) THEN Februar:=28; (* kein Schaltjahr *)
      IF (Jahr MOD 400 =0) THEN Februar:=29; (* Schaltjahr *)
      IF Tag>31 THEN Erfolg := FALSE; (* Tag zu gross *)
        CASE Monat OF
          2 : Erfolg:=(Tag<=Februar);
          4 : Erfolg:=(Tag<=30);
          6 : Erfolg:=(Tag<=30);
          9 : Erfolg:=(Tag<=30);
         11 : Erfolg:=(Tag<=30);
        END; (* von Case *)
    UNTIL Erfolg
  END; (* von Eingabe *)
```

```
PROCEDURE Berechne (T, M, J : INTEGER; VAR Wtag : INTEGER);
VAR X,Y,Z : INTEGER;

BEGIN
  IF M>2 THEN M:=M-2
         ELSE BEGIN
           M:=M+10;
           J:=J-1
         END; (* Else *)
  X:=J MOD 100;
  Z:=J DIV 100;
  Y:=(13*M-1) DIV 5 + X DIV 4 + Z DIV 4;
  Wtag:=(X+Y+T-2*Z) MOD 7
END; (* Berechne *)

PROCEDURE Ausgabe (Tagnummer : INTEGER);

BEGIN
  CLRSCR;
  WRITELN;WRITELN;WRITELN;
  IF (Tagnummer=5) AND (Tag=13) THEN BEGIN
     WRITELN ('An Ihrer Stelle wuerde ich mich vorsehen, denn
                                                          der');
     WRITELN (' 13.',Monat,'.',Jahr,' ist ein Freitag.')
  END
  ELSE
    BEGIN
      WRITE ('Der ',Tag,'.',Monat,'.',Jahr,' ist ein ');
      CASE Tagnummer OF
        0 : WRITELN ('Sonntag');
        1 : WRITELN ('Montag');
        2 : WRITELN ('Dienstag');
        3 : WRITELN ('Mittwoch');
        4 : WRITELN ('Donnerstag');
        5 : WRITELN ('Freitag');
        6 : WRITELN ('Samstag')
      END (* von Case *)
    END (* von Else *)
END; (* von Ausgabe *)

BEGIN (* Hauptprogramm *)
  REPEAT
    CLRSCR;
    Eingabe (Tag,Monat,Jahr);
    Berechne(Tag,Monat,Jahr,Tagnummer);
    Ausgabe(Tagnummer);
    WRITELN;
    WRITE ('Wuenschen Sie eine erneute Berechnung (J/N)? ');
    READ(Frage)
  UNTIL (Frage = 'N') OR (Frage = 'n')
END.
```

Zu Beginn des Kapitels war die Rede von einem Bruchrechenprogramm, das unserem Computer die gleichen Fähigkeiten geben soll, wie sie ein komfortabler Taschenrechner auch besitzt. Weil wir die Prozeduren Eingabe und Kuerze schon universell verwendbar geschrieben haben, arbeiten wir sie gleich in das Programm ein.

Die Prozedur Ausgabe muß geringfügig geändert werden. Außerdem sind vier Prozeduren für die vier Grundrechenarten zu erstellen. Die mathematischen Hintergründe sind sehr einfach und direkt aus den Prozeduren zu verstehen.

Der Einfachheit halber sind die Prozeduren für die Grundrechenarten nicht mit Übergabeparametern geschrieben. Dies würde das ganze Programm recht aufwendig machen und steht wahrscheinlich in keinem Verhältnis zum Nutzen.

```
PROGRAM Bruchrechnung;

VAR Z1,Z2,N1,N2,ZE,NE : INTEGER;
    OP : CHAR;

  PROCEDURE Eingabe (VAR Z,N : INTEGER);
   BEGIN
    WRITE ('Zaehler: ');
    READLN  (Z);
    WRITE ('Nenner:  ');
    READLN  (N)
   END;


  PROCEDURE Kuerze (VAR A,B : INTEGER);
  VAR I, Teiler, Min : INTEGER;
   BEGIN
    IF A<B THEN Min:=A
           ELSE Min:=B;
    FOR I:=1 TO Min DO
     IF (A MOD I =0) AND (B MOD I =0)
       THEN Teiler:=I;
    A:=A DIV Teiler;
    B:=B DIV Teiler
   END;


  PROCEDURE Ausgabe (Z1,N2,Z2,N2,ZE,NE : INTEGER;OP : CHAR);
   BEGIN
    WRITELN;
    WRITELN (Z1:4,'    ',Z2:4,'       ',ZE:4);
    WRITELN ('---- ',OP,'  ---- = ----');
    WRITELN (N1:4,'    ',N2:4,'       ',NE:4)
   END;


  PROCEDURE Plus;
   BEGIN
    ZE:=Z1 * N2 + Z2 * N1;
    NE:=N1 * N2
   END;


  PROCEDURE Minus;
   BEGIN
    ZE:=Z1 * N2 - Z2 * N1;
    NE:=N1 * N2
   END;
```

```
PROCEDURE Mal;
 BEGIN
  ZE:=Z1 * Z2;
  NE:=N1 * N2
END;

PROCEDURE Durch;
 BEGIN
  ZE:=Z1 * N2;
  NE:=Z2 * N1
END;

BEGIN (* Hauptprogramm *)
 WRITELN ('1. Bruch: ');
 Eingabe(Z1,N1);
 WRITELN ('2. Bruch: ');
 Eingabe(Z2,N2);
 WRITE ('Operator (+-*/): ');
 REPEAT READ (OP) UNTIL OP IN ['+','-','*','/'];
 CASE OP OF
  '+' : Plus;
  '-' : Minus;
  '*' : Mal;
  '/' : Durch
 END;
 Kuerze(ZE,NE);
 Ausgabe(Z1,N1,Z2,N2,ZE,NE,OP)
END.
```

Die leistungsstarken Möglichkeiten, die Pascal mit seinen Prozeduren bietet, insbesondere durch die Unabhängigkeit der Prozedur vom Hauptprogramm, sollten wir nicht ungenutzt lassen.

Immerhin liegt hier der größte Vorteil gegenüber BASIC. In BASIC gibt es zwar auch Unterprogramme. Diese arbeiten aber stets mit globalen Variablen (d. h. mit den Variablen des Hauptprogramms). So sind die BASIC-Unterprogramme nur dann transportabel (d. h. in anderen Programmen zu verwenden), wenn die Variablen dieselben Namen haben.

Das ist anders in Pascal.

Hier können wir uns eine sogenannte Prozedurenbibliothek aufbauen, in der Prozeduren stehen, die wir häufiger brauchen. Mit den Block-Kopierbefehlen des Editors lassen sich solche Hilfsroutinen dann sehr einfach ins Programm einfügen.

Noch ein letztes Beispiel für Prozeduren:

```
PROGRAM Wenigerleer;

  TYPE Stg = STRING[80];

  VAR Satz : Stg;
      Altleer, Neuleer : INTEGER;
```

```
PROCEDURE Eingabe (VAR S : Stg);

  BEGIN
    WRITELN ('Geben Sie einen Satz ein,');
    WRITELN ('der von ueberfluessigen Leerstellen');
    WRITELN ('befreit werden soll.');
    READLN (S)
  END; (* von Eingabe *)


PROCEDURE Leerraus (VAR S : Stg);

  VAR i, Ende : INTEGER;

  BEGIN
    Ende := LENGTH(S);
    i := 1;
    WHILE i < Ende DO BEGIN
      IF (S[i]=' ') AND (S[i+1]=' ') THEN BEGIN
        DELETE (S,i+1,1);
        Ende := Ende - 1
      END (* von IF *)
      ELSE i := i+1
    END (* von WHILE *)
  END; (* von Leerraus *)


PROCEDURE Zaehle (S : Stg; VAR L : INTEGER);

  VAR i : INTEGER;

  BEGIN
    L := 0;
    FOR i:=1 TO LENGTH(S) DO IF S[i]=' ' THEN L:=L+1
  END; (* von Zaehle *)


PROCEDURE Ausgabe (S : Stg; A, N : INTEGER);
  BEGIN
    WRITELN ('Der bereinigte Satz ist:');
    WRITELN (S);
    WRITELN ('Vorher enthielt er ', A:2, ' Leerstellen');
    WRITELN ('nachher ', N:2, ' Leerstellen.')
  END; (* von Ausgabe *)

BEGIN (* Hauptprogramm *)
  Eingabe (Satz);
  Zaehle (Satz, Altleer);
  Leerraus (Satz);
  Zaehle (Satz, Neuleer);
  Ausgabe (Satz, Altleer, Neuleer)
END.
```

Aufgabe: Welche Funktion hat das Programm Wenigerleer? Welche Prozeduren sind vom Typ „call-by-variable" und welche vom Typ „call-by-value"?

Prozedur:

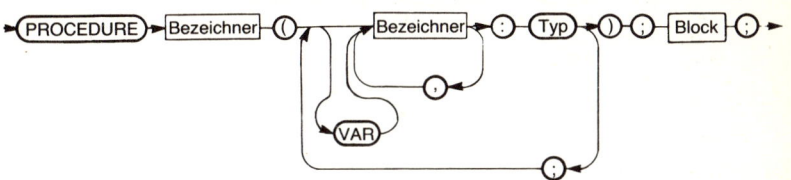

Dieses Syntaxdiagramm ist für alle Arten von Prozeduren gültig, denn man kann die nicht benötigten Teile weglassen. Variablennamen, die durch das reservierte Wort VAR in der Klammer hinter dem Prozedurnamen aufgeführt werden, sind Variablen, die der Prozedur übergeben werden und nach Durchlaufen der Prozedur der entsprechenden Variablen verändert zurückgegeben werden. Variablennamen, die ohne VAR in der Klammer aufgeführt werden, sind Werteparameter, die an die Prozedur übergeben werden, jedoch nicht verändert werden.

Variablen und Konstanten, die in der Prozedur erklärt werden, sind lokal und damit nur innerhalb der Prozedur gültig. Haben globale und lokale Variablen und Konstanten gleiche Namen, so haben die lokalen Vorrang vor den globalen. Bei Prozeduren ist die Reihenfolge insofern zu beachten, als eine aufgerufene Prozedur vor ihrem ersten Aufruf deklariert sein muß.

Prozeduren können geschachtelt werden. Dann ist die innere Prozedur lokal.

Hinweise zum komfortablen Umgang mit Prozeduren

FORWARD: Wird es aus einem programmtechnischen Grund heraus nötig, daß eine aufrufende Prozedur erst nach der Stelle des Aufrufs im Programmtext stehen soll, so kann das Problem mit der FORWARD-Deklaration gelöst werden.

Der Prozedurkopf wird dann mit dem reservierten Wort FORWARD versehen mit der Parameterliste zusammen vorgezogen. Erst später folgt der Prozedurrumpf (mit einem einfachen Prozedurkopf).

Beispiel:

```
PROCEDURE Eingabe (VAR Wert1,Wert2 : INTEGER);
FORWARD; (* hier also mit Parameterliste *)

PROCEDURE Berechne;
   BEGIN

      ...
      Eingabe (a,b);
      ...
   END;

PROCEDURE Eingabe; (* hier keine Parameterliste*)
   BEGIN
      ...
      ...
   END;
```

Exit: (siehe Kap. 6.2) In Turbo Pascal mit Versionsnummern kleiner als 3.0 gibt es keine Standardprozedur zum vorzeitigen Verlassen einer Prozedur. In diesem Fall muß sich der Benutzer mit der GOTO-Anweisung helfen. Dazu wird im Deklarationsteil der Prozedur ein Label definiert und an geeigneter Stelle zu diesem Label, das sinnvollerweise am Ende der Prozedur steht, gesprungen.

Achtung: Sprung ist nur innerhalb der Prozedur möglich!

```
PROCEDURE Beispiel;
   LABEL Exit;
   VAR ...;
   BEGIN
      ...

      ...
      IF NOT Weiter THEN GOTO Exit;
      ...
   Exit: END; (* Ende der Prozedur *)
```

Schachtelung von Prozeduren: Prozeduren dürfen geschachtelt werden. Das heißt, im Deklarationsteil einer Prozedur dürfen weitere Prozeduren deklariert werden. Diese sind dann jedoch lokal zu der Prozedur, in der sie erklärt werden. Lokale Prozeduren dürfen also nur von der Prozedur aus aufgerufen werden, zu der sie lokal sind.

```
PROCEDURE Eins;
   VAR ...;

   PROCEDURE Zwei; (* lokal zu Eins *)
      VAR ...;
      BEGIN
         ...
      END; (* von Zwei *)

   BEGIN (* von Eins *)
      ...
      Zwei;
      ...
   END; (* von Eins *)
```

Immer dann, wenn aus einem ehemaligen Hauptprogramm eine Prozedur gemacht wird, werden sicher geschachtelte Prozeduren verwendet.

6.2   Standardprozeduren

Turbo Pascal stellt eine Reihe von Prozeduren bereit, die schon fertig sind und nur vom Benutzer aufgerufen zu werden brauchen: sogenannte Standardprozeduren.

Die Namen dieser Prozeduren sind keine reservierten Wörter, sondern können auch vom Benutzer als Bezeichner verwendet werden. In dem Falle ist jedoch die entsprechende Prozedur nicht mehr zugänglich, da ihr Name dann anderweitig verwendet wird.

CLREOL;
Diese Prozedur löscht alle Zeichen von der Cursorposition an bis zum Zeilenende. Die Cursorposition wird nicht verändert.
Beispiel: CLREOL;

CLRSCR;
Löscht den Bildschirm und setzt den Cursor in die linke obere Ecke.
Beispiel: CLRSCR;

CRTINIT;
Sendet den Terminal-Installations-String an den Bildschirm. Dieser ist durch die Installation des Turbo Pascal bestimmt.
Beispiel: CRTINIT;

CRTEXIT;
Sendet den Terminal-Reset-String an den Bildschirm. Dieser ist ebenfalls
durch die Installation bestimmt.
Beispiel: CRTEXIT;

DELAY (Zeit);
Eine Verzögerungsprozedur, die den Rechner ungefähr soviel Millise-
kunden warten läßt, wie der Parameter Zeit vom Typ INTEGER angibt.
Beispiel: DELAY (5000); wartet ca. 5 Sekunden.

DELLINE;
Löscht die Zeile, in der der Cursor steht, und schiebt alle folgenden Zei-
len nach.
Beispiel: DELLINE;

EXIT;
Ab Version 3.0 verfügbare Prozedur ohne Parameter, die dafür sorgt, daß
der entsprechende Programmteil (Prozedur, Funktion, Hauptprogramm), in dem sich die EXIT-Anweisung befindet, vorzeitig abgebrochen wird.
Beispiel: EXIT;

INSLINE;
Fügt an der Cursorposition eine Leerzeile ein und läßt alle folgenden Zei-
len nach unten wandern.
Beispiel: INSLINE;

GOTOXY (x,y);
Positioniert den Cursor entsprechend den Bildschirmkoordinaten x,y
(beide vom Typ INTEGER). x ist die Nummer der Spalte, y die Nummer
der Zeile. Die Koordinate 1,1 ist die linke obere Ecke. Die dem
GOTOXY-Befehl folgende Ein- oder Ausgabe findet an der Cursorposition statt.
Beispiel: GOTOXY (10,15);
          WRITELN ('Test');
          Das Wort Test wird in der 15. Zeile und darin an der 10. Stelle
          geschrieben.

HALT;
Standardprozedur ohne Parameter, die dafür sorgt, daß das aktuelle Pro-
gramm abgebrochen wird.
Beispiel: HALT;

LOWVIDEO;
Schaltet den Bildschirm auf das Low-Video-Attribut, das in der Installation von Turbo Pascal vereinbart wurde.
Beispiel: LOWVIDEO;

NORMVIDEO;
Schaltet den Bildschirm auf das Normal-Video-Attribut, das in der Installation vereinbart wurde.
Beispiel: NORMVIDEO;

RANDOMIZE;
Sorgt dafür, daß der Zufallszahlengenerator neue Zufallszahlen erzeugt. Wird RANDOMIZE nicht verwendet, so gibt es bei jedem Programmlauf gleiche Zufallszahlen.
Beispiel: RANDOMIZE;

MOVE (Var1, Var2, Anzahl);
Bewegt eine ganzzahlige Anzahl von Bytes im Speicher von der Variablen Var1 zur Variablen Var2. Die Variablen können von beliebigem Typ sein.
Beispiel: VAR a,b : ARRAY [1..20] OF INTEGER;
...
MOVE(a,b,20);
bewegt die Hälfte der Arrays a zum Array b (denn der Datentyp INTEGER benötigt 2 Bytes Speicherplatz).

FILLCHAR (Var, Anzahl, Wert);
Füllt den Speicherbereich angefangen bei der ersten Speicherstelle, die von der Variablen Var eingenommen wird, mit einer Anzahl von Werten vom Typ BYTE oder CHAR. Var ist von beliebigem Typ, Anzahl vom Typ INTEGER.
Beispiel: VAR a : CHAR ABSOLUTE $3000;
...
FILLCHAR (a,1024∗8,CHR(255));
füllt den Speicherbereich ab hexadezimal $3000 bis $4FFF (d. h. 8 KByte = 8 ∗ 1024) mit dem Zeichen CHR(255). Beim APPLE unter Turbo Pascal würde das bedeuten, daß der Grafikbildschirm gelöscht wird.

Weitere Standardprozeduren sind die STRING-Prozeduren (siehe Kap. 3.4), die Ein-/Ausgabeprozeduren, die Dateiprozeduren (siehe Kap. 8.1) und die Zeigerprozeduren (siehe Kap. 8.2).

6.3   Funktionen

Eine andere Form von Unterprogrammen neben den Prozeduren sind in
Pascal die Funktionen. Sie ähneln den Prozeduren sehr. Auch sie werden
im Deklarationsteil aufgeschrieben und dann von anderen Programmteilen aus (die später folgen) aufgerufen.

Der Hauptunterschied liegt aber darin, daß Funktionen nicht nur einfach
mit Namen aufgerufen, sondern einer Variablen zugewiesen werden.
Funktionen liefern nämlich stets ein Ergebnis, wenn sie abgearbeitet worden sind.

Die Form einer Funktion ist:

```
FUNCTION <Name> ( <Parameterliste> ) : <Ergebnistyp> ;
CONST...;
VAR...;
BEGIN

...

<Name> := <Ergebnis>;

...

END;
```

Die Parameterliste hat die gleiche Form wie bei den Prozeduren. Auch
hier können die Parameter wieder als Wert („call-by-value") oder Variable („call-by-variable") übergeben werden. Außerdem wird ein Ergebnistyp verlangt. Dies ist der Datentyp des Ergebnisses der Funktion.

Im Anweisungsteil der Funktion muß natürlich irgendwann einmal ein
Ergebnis erlangt und dem Namen der Funktion zugewiesen werden.

Beispiel: eine Funktion, die die Potenz einer Dezimalzahl mit ganzzahli-
gem Exponenten berechnet. Dabei werden auch negative Exponenten
zugelassen.

```
FUNCTION Potenz (Basis: REAL; Exponent: INTEGER): REAL;
  VAR i : INTEGER;
      p : REAL;
      positiv : BOOLEAN;

  BEGIN
    p := 1;
    positiv := (Exponent = ABS (Exponent));
    Exponent := ABS (Exponent);
    FOR i := 1 TO Exponent DO p := p * Basis;
    IF positiv THEN Potenz := p
               ELSE Potenz := 1 / p
  END; (* von Potenz *)
```

Die Variable positiv gibt an, ob der Exponent positiv ist.

Hinweise: Die Funktion Potenz wird aufgerufen mit zwei Werten, von denen der erste vom Typ REAL und der zweite vom Typ INTEGER sein muß. Das Ergebnis ist vom Typ REAL.

Man ist im Anweisungsteil möglicherweise geneigt, ohne die Hilfsvariable p zu arbeiten und zu schreiben

FOR i:=1 TO Exponent DO Potenz := Potenz * Basis; (* falsch! *).

Dies ist falsch, da auf der rechten Seite des Zuweisungszeichens die Funktion mit Parametern aufgerufen werden muß.
(Wenn sich eine Funktion in ihrem Anweisungsteil selbst aufruft, so entsteht eine Rekursion; siehe Kap. 6.5.)

Die Funktion läßt sich nun folgendermaßen aufrufen:

X:=Potenz (5.3, 4);   berechnet 5.3 hoch 4
X:=Potenz (A, B);   berechnet A (REAL) hoch B (INTEGER)
X:=Potenz (A, 2);   berechnet A (REAL) hoch 2

Eigentlich sind uns Funktionen gar nicht so unbekannt. Denken wir z. B. an die trigonometrischen Funktionen. Hier heißt es im Funktionsaufruf z. B.

X:=SIN(3.4);
X:=SIN(A);

Niemals jedoch darf der Name der Funktion allein genannt werden. Es wird stets ein Ergebnis ermittelt und ausgegeben oder zugewiesen.

Anders bei den Prozeduren. Diese „machen" etwas, ermitteln jedoch kein Ergebnis (außer in den Übergabevariablen). Zum Beispiel

CLRSCR;

ist eine solche vordefinierte Prozedur. Sie löscht den Bildschirm.

Wir wollen nun ein paar Funktionen erstellen, um die Struktur dieser Konstruktionen besser kennenzulernen und zu üben.

Das Minimum zweier ganzer Zahlen

Die Funktion Min ermittelt das Minimum zweier Zahlen vom Datentyp INTEGER. Das Ergebnis ist natürlich ebenfalls vom Typ INTEGER.

```
FUNCTION Min (a,b : INTEGER) : INTEGER;
   BEGIN
      IF a < b THEN Min := a
             ELSE Min := b
      END; (* von Min *)
```

Größter gemeinsamer Teiler ggT

Die Funktion ggT soll den größten gemeinsamen Teiler zweier Zahlen vom Datentyp INTEGER ermitteln. Das Ergebnis ist selbstverständlich ebenfalls vom Datentyp INTEGER.

Dazu zählen wir eine Variable namens Teiler von 1 bis zum Minimum der beiden Zahlen, denn der gemeinsame Teiler kann höchstens so groß sein wie die kleinere Zahl. Immer dann, wenn sich beide Zahlen durch Teiler teilen lassen, ist ggT gleich diesem Teiler.

Für das Minimum benutzen wir gleich die schon geschriebene Funktion.

```
FUNCTION ggT (a,b : INTEGER) : INTEGER;
  VAR Teiler : INTEGER;

  FUNCTION Min (a,b : INTEGER) : INTEGER;
    BEGIN
      IF a < b THEN Min := a
               ELSE Min := b
    END; (* von Min *)

  BEGIN
    FOR Teiler := 1 TO Min(a,b) DO
      IF a MOD Teiler = 0 THEN IF b MOD Teiler = 0 THEN ggT := Teiler
  END; (* von ggT *)
```

Hinweis: Wir haben es hier mit geschachtelten Funktionen zu tun. Die Funktion Min ist lokal zur Funktion ggT.

Prüfen einer Zahl als Primzahl

Die Funktion Prim ermittelt, ob eine Zahl vom Datentyp INTEGER eine Primzahl ist oder nicht. Das Ergebnis ist vom Datentyp BOOLEAN, also wahr oder falsch.

Eine Zahl kleiner als 2 ist keine Primzahl. In einer Schleife wird geprüft, ob sich die Zahl durch einen Teiler zwischen 2 und der Quadratwurzel der Zahl teilen läßt.

```
FUNCTION Prim (Zahl : INTEGER) : BOOLEAN;
  VAR Teiler : INTEGER;

  BEGIN
    Prim := TRUE;
    FOR Teiler:=2 TO ROUND(SQRT(Zahl)) DO
      IF (Zahl MOD Teiler = 0) AND (Zahl>3) THEN Prim:=FALSE
  END; (* von Prim *)
```

Weitermachen (J/N)?

Die Funktion Weiter fragt den Benutzer, ob er im Programm weiter fortfahren möchte oder nicht. Das Ergebnis ist ebenfalls wieder vom Datentyp BOOLEAN. Die Funktion eignet sich für Programme, in denen oft nach einer Fortführung des Programms gefragt wird.

In Schleifen könnte dann die Funktion zum Einsatz kommen mit:

WHILE Weiter DO ...;

oder mit:

REPEAT
...
UNTIL NOT Weiter;

```
FUNCTION Weiter : BOOLEAN;
  VAR ch : CHAR;
  BEGIN
    WRITE ('Wollen Sie weitermachen (J/N)? ');
    READ (KBD,ch);
    Weiter := (ch='J') OR (ch='j')
  END; (* von Weiter *)
```

Lieszeichen

Die folgende Funktion Lieszeichen liest ein Zeichen aus der in der Parameterliste angegebenen Menge von der Tastatur ein. Wird eine Taste mit einem Zeichen gedrückt, das nicht in der Menge ist, so ertönt ein Ton. Andernfalls wird das Zeichen angenommen.

Diese Funktion hat gegenüber der Eingabe mit READ erhebliche Vorteile, da der mögliche Eingabebereich eingeschränkt wird.

Im Hauptprogramm muß deklariert sein:

TYPE Setofchar = SET OF CHAR;

```
FUNCTION Lieszeichen (m : Setofchar) : CHAR;
  VAR ch : CHAR;
      OK : BOOLEAN;
  BEGIN
   REPEAT
    READ (KBD, ch);                   (* Lies Zeichen ohne Echo *)
    OK := ch IN m;
    IF NOT OK THEN WRITE (CHR(7))                  (* Bell *)
            ELSE IF ch IN [' '..CHR(126)]  (* druckbare Zeichen *)
                 THEN WRITE (ch)
   UNTIL OK;
   Lieszeichen := ch
  END; (* von Lieszeichen *)
```

Im folgenden Programm wollen wir die oben aufgeführten Funktionen
auf ihre Richtigkeit hin testen und anwenden:

```
PROGRAM Funtest;
TYPE Setofchar = SET OF CHAR;
VAR ch:CHAR;
     r:REAL;
   a,b:INTEGER;


FUNCTION Potenz (Basis : REAL; Exponent : INTEGER) : REAL;
  VAR i : INTEGER;
      p : REAL;
      positiv : BOOLEAN;

  BEGIN
    p := 1;
    positiv := (Exponent = ABS (Exponent));
    Exponent := ABS (Exponent);
    FOR i := 1 TO Exponent DO p := p * Basis;
    IF positiv THEN Potenz := p
               ELSE Potenz := 1 / p
  END; (* von Potenz *)



FUNCTION ggT (a,b : INTEGER) : INTEGER;
  VAR Teiler : INTEGER;

  FUNCTION Min (a,b : INTEGER) : INTEGER;
    BEGIN
    IF a < b THEN Min := a
             ELSE Min := b
    END; (* von Min *)

  BEGIN
    FOR Teiler := 1 TO Min(a,b) DO
      IF a MOD Teiler = 0 THEN IF b MOD Teiler = 0 THEN ggT := Teiler
  END; (* von ggT *)


FUNCTION Prim (Zahl : INTEGER) : BOOLEAN;
  VAR Teiler : INTEGER;

  BEGIN
   Prim := TRUE;
   FOR Teiler:=2 TO ROUND(SQRT(Zahl)) DO
    IF (Zahl MOD Teiler = 0) AND (Zahl>3) THEN Prim:=FALSE
  END; (* von Prim *)


FUNCTION Weiter : BOOLEAN;
  VAR ch : CHAR;
  BEGIN
    WRITE ('Wollen Sie weitermachen (J/N) ? ');
    READ (KBD,ch);
    Weiter := (ch='J') OR (ch='j')
  END; (* von Weiter *)
```

```
FUNCTION Lieszeichen (m : Setofchar) : CHAR;
 VAR ch : CHAR;
     OK : BOOLEAN;
 BEGIN
  REPEAT
   READ (KBD, ch);                    (* Lies Zeichen ohne Echo *)
   OK := ch IN m;
   IF NOT OK THEN WRITE (CHR(7))                       (* Bell *)
             ELSE IF ch IN [' '..CHR(126)] (* druckbare Zeichen *)
                     THEN WRITE (ch)
  UNTIL OK;
  Lieszeichen := ch
END; (* von Lieszeichen *)

BEGIN (* Hauptprogramm *)
 REPEAT
  CLRSCR;
  WRITELN ('Waehlen Sie:');
  WRITELN;
  WRITELN (' G(gt ');
  WRITELN (' P(rimzahlen');
  WRITELN (' R(echnen mit Potenzen');
  ch:=Lieszeichen (['g','G','p','P','r','R']);
  WRITELN; WRITELN;
  CASE ch OF
  'g','G' : BEGIN
              WRITE ('1. Zahl: '); READLN (a);
              WRITE ('2. Zahl: '); READLN (b);
              WRITELN ('ggt: ',ggt(a,b))
            END;
  'p','P' : BEGIN
              WRITE ('Zahl: '); READLN (a);
              WRITE (a,' Ist ');
              IF NOT Prim(a) THEN WRITE ('keine ');
              WRITELN ('Primzahl.')
            END;
  'r','R' : BEGIN
              WRITE ('Basis: '); READLN (r);
              WRITE ('Exponent: '); READLN (b);
              WRITELN (r:7:2,' hoch ',b,' ist ',Potenz(r,b):11:5)
            END
  END
 UNTIL NOT Weiter
END.
```

Aufgabe: Tippen Sie das Programm ein, und testen Sie es.

Funktionen:

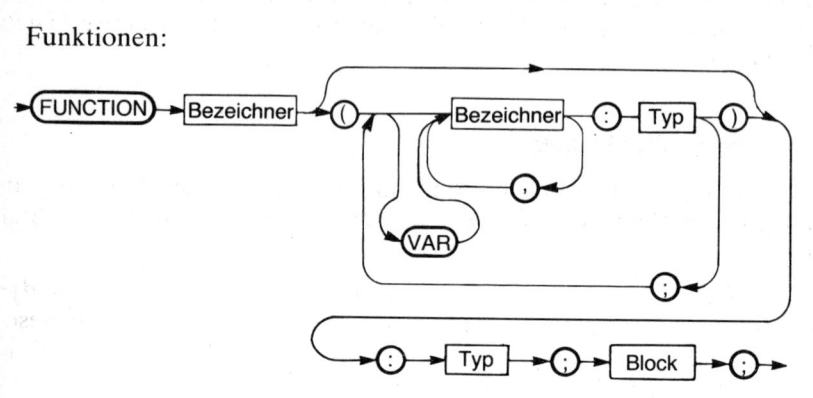

```
FUNCTION name (Parameterliste) : Ergebnistyp;
    CONST...;
    VAR ...;
    BEGIN
        ...
        name := ...;
        ...
    END;
```

Eine Funktion hat im Gegensatz zu einer Prozedur stets ein Ergebnis. Funktionen können mit oder ohne Parameter aufgerufen werden. Die Parameter können mit „call-by-value" und „call-by-variable" übergeben werden. Im Anweisungsteil der Funktion wird dem Funktionsnamen (links vom Zuweisungszeichen) ein Ergebnis vom Ergebnistyp zugewiesen. Beim Funktionsaufruf (rechts vom Zuweisungszeichen) müssen die Parameter der Funktion übergeben werden.
Die Parameter und das Ergebnis müssen von einfachen Datentypen sein.
Funktionen können wie Prozeduren geschachtelt werden. Bei der Reihenfolge gelten dieselben Regeln wie bei Prozeduren: Eine aufgerufene Funktion/Prozedur muß im Text vor der aufrufenden Funktion/Prozedur stehen.

Hinweis: Die Hinweise zur FORWARD-Deklaration und zum vorzeitigen Abbruch einer Funktion gelten analog zu den Prozeduren (siehe Kap. 6.1).

6.4 Standardfunktionen

Turbo Pascal stellt eine Reihe von Funktionen bereit, die schon fertig sind und nur vom Benutzer aufgerufen zu werden brauchen: sogenannte Standardfunktionen.

Die Namen dieser Funktionen sind keine reservierten Wörter, sondern können auch vom Benutzer als Bezeichner verwendet werden. In diesem Falle ist jedoch die entsprechende Funktion nicht mehr zugänglich, da ihr Name dann anderweitig verwendet wird.

Arithmetische Funktionen

ABS (Zahl);
Absolutwert einer Zahl. Das Argument ist entweder REAL oder INTEGER. Das Ergebnis ist vom Typ des Arguments.
Beispiel: x:=ABS(−3.7); dann hat x den Wert 3.7.

ARCTAN (Zahl);
Arcustangens einer Zahl. Der Winkel wird in Bogenmaß angegeben. Zahl ist vom Typ REAL oder INTEGER. Das Ergebnis ist vom Typ REAL.
Beispiel: x:=ARCTAN(1); dann hat x den Wert $\pi/4$.

COS (Zahl);
Cosinus einer Zahl. Der Winkel wird in Bogenmaß angegeben. Zahl ist vom Typ REAL oder INTEGER. Das Ergebnis ist vom Typ REAL.
Beispiel: x:=COS(PI/2); dann hat x den Wert 0.

EXP (Zahl);
Exponentialfunktion zur Basis e, d. h. e^Zahl. Zahl ist vom Typ REAL oder INTEGER. Das Ergebnis ist vom Typ REAL.
Beispiel: x:=EXP(1); dann hat x den Wert 2.718281828.

FRAC (Zahl);
Ergibt den gebrochenen Teil einer Zahl (d. h. Nachkommawert). Zahl kann vom Typ REAL oder INTEGER sein. Das Ergebnis ist vom Typ REAL.
Beispiel: x:=FRAC(3.7); dann hat x den Wert 0.7.

INT (Zahl);
Ergibt den ganzzahligen Anteil einer Zahl. Zahl kann vom Typ REAL oder INTEGER sein. Das Ergebnis ist vom Typ REAL.
Beispiel: x:=INT(3.7); dann hat x den Wert 3.0.

LN (Zahl);
Natürlicher Logarithmus einer Zahl (d. h. zur Basis e). Zahl ist vom Typ REAL oder INTEGER. Das Ergebnis ist vom Typ REAL.
Beispiel: x:=LN(2); dann hat x den Wert 6.931471806E−01.

SIN (Zahl);
Sinus einer Zahl. Der Winkel wird in Bogenmaß angegeben. Zahl ist vom Typ REAL oder INTEGER. Das Ergebnis ist vom Typ REAL.
Beispiel: x:=SIN(PI/2); dann hat x den Wert 1.

SQR (Zahl);
Quadrat einer Zahl. Zahl ist vom Typ REAL oder INTEGER. Das Ergebnis ist vom Typ des Arguments.
Beispiel: x:=SQR(2.5); dann hat x den Wert 6.25.

SQRT (Zahl);
Quadratwurzel einer Zahl. Zahl ist vom Typ REAL oder INTEGER. Das Ergebnis ist vom Typ REAL.
Beispiel: x:=SQRT(9); dann hat x den Wert 3.0.

Skalare Funktionen

PRED (Argument);
Vorgänger des Arguments. Argument und Ergebnis sind vom gleichen skalaren, aufzählbaren Typ.
Beispiel: x:=PRED('B'); dann hat x den Wert A.

SUCC (Argument);
Nachfolger des Arguments. Argument und Ergebnis sind vom gleichen skalaren, aufzählbaren Typ.
Beispiel: X:=SUCC(15); dann hat x den Wert 16.

ODD (Zahl);
Ist eine Funktion mit Ergebnistyp BOOLEAN. Erhält den Wert TRUE, wenn Zahl eine ungerade Zahl ist, sonst FALSE. Zahl muß vom Typ INTEGER sein.
Beispiel: X:=ODD(16); dann hat x den Wert FALSE.

Übergang zwischen verschiedenen Datentypen

CHR (Zahl);
Ergibt den zu einer Zahl gehörigen ASCII-Wert. Zahl ist vom Typ INTE-
GER. Das Ergebnis ist vom Typ CHAR.
Beispiel: x:=CHR(66); dann hat x den Wert B.

ORD (Wert);
Ergibt die Ordnungsnummer eines Wertes aus einer Aufzählung. Dabei
wird bei 0 angefangen zu zählen. Das Ergebnis ist vom Typ INTEGER.
Siehe auch Kap. 3.7.
Beispiel: x:=ORD('A'); dann hat x den Wert 65.

ROUND (Zahl);
Rundet eine Dezimalzahl zu einer ganzen Zahl. Für Zahl>0 ergibt sich
der ganzzahlige Anteil von Zahl+0.5. Für Zahl <0 ergibt sich der ganzzahlige Anteil von Zahl−0.5.
Beispiel: x:=ROUND(3.7); dann hat x den Wert 4.

TRUNC (Zahl);
Ergibt den ganzzahligen Anteil einer Dezimalzahl. Das Ergebnis ist vom
Typ INTEGER.
Beispiel: x:=TRUNC(3.7); dann hat x den Wert 3.

Sonstige Funktionen

HI (Argument);
Das Ergebnis vom Typ INTEGER erhält als niederwertiges Byte das
höherwertige Byte des Arguments. Das höherwertige Byte wird auf Null
gesetzt.
Beispiel: x:=HI(8446); dann hat x den Wert 32
oder   x:=HI($20FE); hat das gleiche Ergebnis ($20=32).

KEYPRESSED;
Diese Funktion hat kein Argument und ein Ergebnis vom Typ BOO-
LEAN. Das Ergebnis ist TRUE, wenn eine Taste gedrückt wurde, sonst
FALSE.
Beispiel: REPEAT ... UNTIL KEYPRESSED.

LO (Argument);
Das Ergebnis vom Typ INTEGER erhält als niederwertiges Byte das nie-
derwertige Byte des Arguments. Das höherwertige Byte wird auf Null
gesetzt.
Beispiel: x:=LO(8446); dann hat x den Wert 254
oder   x:=LO($20FE); hat das gleiche Ergebnis ($FE=254).

MEMAVAIL;
Das Ergebnis vom Typ INTEGER gibt die Größe des freien Speicherplatzes an. Bei 8-Bit-Systemen in Byte; bei 16-Bit-Systemen in Paragraphen pro 16 Byte. Ist das Ergebnis negativ, so ist 65536 dazuzuaddieren.
Beispiel: x:=MEMAVAIL;

PARAMCOUNT;
Ab Version 3.0 verfügbare Funktion ohne Parameter mit Ergebnistyp INTEGER, die die Anzahl der übergebenen Parameter angibt. Siehe auch PARAMSTR.
Beispiel: x:=PARAMCOUNT;

PARAMSTR (N);
Ab Version 3.0 verfügbare Funktion mit einem INTEGER-Parameter und Ergebnistyp STRING, die den N.übergabeparameter als Ergebnis hat. Das bedeutet, daß ein als .COM-File (bzw. .CMD-File) übersetztes Programm mit Parametern vom Betriebssystem (z. B. CP/M) aufgerufen werden kann, so daß die Parameter als STRINGs vom Programm verarbeitet werden können.
Beispiel: x:=PARAMSTR (n);

RANDOM;
Das Ergebnis dieser Funktion ist eine zufällige Zahl vom Typ REAL größer oder gleich Null und kleiner als Eins.
Beispiel: x:=RANDOM; dann hat x einen zufälligen Wert..

RANDOM (Zahl);
Ergibt eine zufällige Zahl größer oder gleich Null und kleiner als Zahl. Zahl und Ergebnis sind vom Typ INTEGER.
Beispiel: x:=RANDOM(200); dann hat x den ganzzahligen Wert zwischen 0 und 199.

SIZEOF (Argument);
Ergibt den Speicherplatz in Byte, den eine Variable oder ein Typ namens Argument im Speicher einnimmt. Das Ergebnis ist vom Typ INTEGER.
Beispiel: x:=SIZEOF(x); dann hat x den Wert 2, da es vom Typ INTEGER sein muß.

SWAP (Zahl);
Tauscht höherwertiges und niederwertiges Byte der Zahl vom Typ INTEGER um. Ergebnis vom Typ INTEGER.
Beispiel: x:=SWAP(8446); dann hat x den Wert −480
oder   x:=SWAP($20FE); gleiches Ergebnis ($FE20=−480).

UPCASE (Zeichen);
Hat als Ergebnis den Großbuchstaben des entsprechenden Zeichens, sofern dieser existiert, andernfalls ist das Argument das Ergebnis. Argument und Ergebnis sind vom Typ CHAR.
Beispiel: x:=UPCASE('a'); dann hat x den Wert A.

Weitere Standardfunktionen siehe Kap. 3.4, 8.1 und 8.2.

6.5 Rekursionen

Ein entscheidender Vorteil einer Programmiersprache, die lokale und globale Variablen kennt, ist die einfache Möglichkeit, Rekursionen zu programmieren. Von einer Rekursion sprechen wir, wenn eine Prozedur oder Funktion sich selbst aufruft. Dies ist in anderen Programmiersprachen auch möglich, jedoch können in Pascal lokale Variablen verwendet werden, die bei jedem Neuaufruf der entsprechenden Prozedur oder Funktion neuen Speicherstellen zugeordnet werden.

In Turbo Pascal ist allerdings zu beachten, daß eine Prozedur oder Funktion, die einen rekursiven Aufruf enthält, durch zwei Compiler-Anweisungen eingerahmt wird, die dafür sorgen, daß rekursiver Code erzeugt werden kann. In der Regel erzeugt der Turbo Compiler nämlich nichtrekursiven Code. Mit (*$A−*) wird der Compiler angewiesen, daß er rekursiven Code erzeugen soll, und mit (*$A+*) wird diese Möglichkeit wieder abgeschaltet.

Warum läßt man dann nicht das ganze Programm mit (*$A−*) übersetzen? Rekursiver Code braucht mehr Speicherplatz und ist in der Ausführung etwas langsamer.

Hier nun ein einführendes Beispiel für eine Rekursion:

```
PROGRAM Was_macht_das; (* Idee: Pascal-Kurs der FU-Hagen *)

  (*$A-*)
  PROCEDURE Zeichen;

    VAR ch : CHAR;

    BEGIN
      READ (KBD,ch);WRITE (ch);
      IF ch <> ' ' THEN Zeichen;
      WRITE (ch)
    END; (* von Zeichen *)
  (*$A+*)

  BEGIN (* Hauptprogramm *)
    Zeichen
  END.
```

Was macht das Programm?

Zur Übung sollte jetzt das Buch beiseite gelegt werden.

Daß es sich hier um eine Rekursion handelt, erkennen wir an dem Aufruf der Prozedur Zeichen innerhalb der Prozedur Zeichen. Die Prozedur ruft sich also selbst auf.

Nehmen wir an, wir geben die Buchstaben „abc" und danach eine Leerstelle ein.

Das Hauptprogramm ruft die Prozedur Zeichen auf:

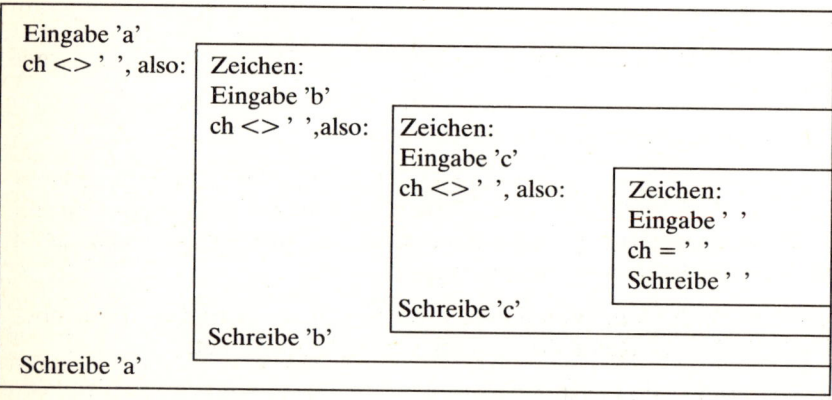

Die Eingabe eines Zeichens wird also so lange fortgesetzt, bis das Leerzeichen eingegeben wird. Dann werden alle Zeichen rückwärts wieder ausgegeben.

In dieser Art ist die Rekursion natürlich nur möglich, wenn bei jedem Aufruf der Prozedur Zeichen eine neue Variable ch bereitgestellt wird. Dies ist dadurch gewährleistet, daß ch eine lokale Variable ist und somit nur innerhalb der Prozedur definiert ist. Obwohl die Variablen gleiche Namen haben, sind sie doch unterschiedlich.

Merke: Wenn eine Prozedur oder Funktion sich selbst aufruft (rekursiv aufruft), dann werden nach der Ausführung der Prozedur/Funktion die restlichen Anweisungen noch abgearbeitet.

Was passiert, wenn wir die Zeile

    IF ch <> ' ' THEN Zeichen;

austauschen gegen

    Zeichen;

d. h. den Prozeduraufruf ohne Bedingung ausführen?

Nun, die Prozedur ruft sich dann „unendlich" lange selbst auf. Tatsächlich hört das Programm allerdings irgendwann ziemlich unschön auf, weil der Speicherbereich überschritten wurde.

Fehlerquelle: Es ist stets darauf zu achten, daß eine Rekursion eine Abbruchbedingung hat. Wenn also eine Prozedur/Funktion sich selbst aufruft, so sollte der Aufruf von einer Bedingung abhängen, deren Wahrheitsgehalt sich irgendwann zu FALSE ändert.

Wir wollen uns nun noch ein kleines Beispiel für eine rekursive Funktion ansehen. Aus der Mathematik ist sicher die sogenannte Fakultät bekannt. Es ist z. B. $5! = 1*2*3*4*5$.

Oft wird das Bildungsgesetz für eine beliebige Fakultät jedoch so dargestellt:

$$1! = 1 \text{ und } n! = (n-1)! * n$$

Dies ist eine rekursive Beschreibung der Fakultät, denn $n!$ wird berechnet durch das Produkt aus n und der Fakultät des Vorgängers von n. Wir tun so, als wenn wir $(n-1)!$ berechnen könnten. Können wir auch, denn $(n-1)! = (n-2)! * (n-1)$ und so weiter.

Jedoch wäre dies ein unendlicher Prozeß, gäbe es nicht die Abbruchbedingung (oft auch Rekursionsanfang genannt), die lautet: $1! = 1$.

Als Pascal-Funktion liest sich das so:

```
(*$A-*)
FUNCTION reku_Fak (n : INTEGER) : INTEGER;
  BEGIN
    IF n=1 THEN reku_Fak := 1
           ELSE reku_Fak := reku_Fak(n-1) * n
  END; (* von reku_Fak *)
(*$A+*)
```

So einfach ist das. Wir haben nur die Rekursionsvorschrift von $n!$ in Pascal-Anweisungen umgeschrieben.

Hinweis: Da Fakultäten schnell sehr groß werden, ist MAXINT rasch überschritten. Dies ist bei der Funktion nicht berücksichtigt, um nicht vom Thema abzulenken.

Hätten wir ohne die Möglichkeit der Rekursion die Funktion Fak nicht schreiben können? Doch, sicherlich.

Der Vorteil der Rekursion liegt allerdings in der Einfachheit und Übersichtlichkeit. Daß Rekursionen auch erhebliche Nachteile haben können, zeigt der nächste Paragraph.

Jede Rekursion läßt sich jedoch durch eine Iteration (Nacheinanderausführung von Anweisungen) ersetzen. Am Beispiel der Fakultät sähe das folgendermaßen aus:

```
FUNCTION iter_Fak (n : INTEGER): INTEGER;
  Var i, Hilf : INTEGER;
  BEGIN
    Hilf := 1;
    IF n=1 THEN Hilf := 1
            ELSE FOR i:=1 to n DO Hilf := Hilf * i;
    iter_Fak := Hilf
  END; (* von iter_Fak *)
```

Beachten Sie: Ohne die Hilfsvariable Hilf kämen wir nicht aus, da die Zuweisung iter_Fak := iter_Fak * i nicht erlaubt wäre. Warum?

Ein kleines Programm zum Testen der neuen Funktionen:

```
PROGRAM Fakutest;
  VAR a:INTEGER;

(*$A-*)
FUNCTION reku_Fak (n : INTEGER) : INTEGER;
  BEGIN
    IF n=1 THEN reku_Fak := 1
            ELSE reku_Fak := reku_Fak(n-1) * n
  END; (* von reku_Fak *)
(*$A+*)

FUNCTION iter_Fak (n : INTEGER) : INTEGER;
  VAR i, Hilf : INTEGER;
  BEGIN
    Hilf := 1;
    FOR i:=1 TO n DO Hilf := Hilf * i;
    iter_Fak := Hilf
  END; (* von iter_Fak *)

BEGIN
  WRITE ('Zahl: ');
  READLN (a);
  WRITELN ('Fakultaet rekursiv: ', reku_Fak(a));
  WRITELN ('Fakultaet iterativ: ', iter_Fak(a))
END.
```

Rekursion:

Von einer Rekursion sprechen wir, wenn sich eine Prozedur oder Funktion selbst aufruft. Dabei sind Konstanten und Variablen beim erneuten Aufruf der Prozedur/Funktion nicht mit den gleichnamigen der aufrufenden Prozedur/Funktion identisch.
Eine Rekursion muß stets eine Abbruchbedingung haben, die auch erreicht wird. Andernfalls käme es zu einer unendlichen Rekursion.

Hinweis: Wenn eine Prozedur/Funktion sich explizit selbst aufruft, sprechen wir von einer direkten Rekursion. Eine indirekte Rekursion dagegen liegt vor, wenn eine Prozedur/Funktion eine andere aufruft, die dann ihrerseits einen Aufruf der ersten Prozedur/Funktion enthält.

Hinweis für CP/M 80: In rekursiven Programmteilen darf eine zu einem Unterprogramm lokale Variable nicht als Variablenparameter (VAR) in rekursive Aufrufe übergeben werden.

Probleme der Rechenzeit und des Speicherplatzes mit Rekursionen

fib(0)	= 0	fib(6)	= 8
fib(1)	= 1	fib(7)	=13
fib(2)	= 1	fib(8)	=21
fib(3)	= 2	fib(9)	=34
fib(4)	= 3	....	
fib(5)	= 5		

Die Zahlen dieser merkwürdigen Zahlenreihe nennt man Fibonacci-Zahlen. Sie werden gebildet, indem jeweils die letzte und vorletzte Fibonacci-Zahl zusammenaddiert werden.

Als mathematisches Bildungsgesetz sieht das folgendermaßen aus:

$$fib(0) = 0$$
$$fib(1) = 1$$
$$fib(n) = fib(n-1) + fib(n-2)$$

Na, also. Wieder eine Rekursion, wie wir hellen Köpfe sofort erkannt haben. Da wir ja nun schon einige Übung im Programmieren haben, können wir sicher sofort die dazugehörige Pascal-Funktion schreiben:

```
(*$A-*)
FUNCTION fib (n : INTEGER) : INTEGER;
  BEGIN
    IF n<2 THEN fib := n
            ELSE fib := fib(n-1) + fib(n-2)
  END; (* von fib *)
(*$A+*)
```

Testen wir unsere Funktion in einem Programm:

```
PROGRAM Rekufib;
  VAR a : INTEGER;

  (*$A-*)
  FUNCTION fib (n : INTEGER) : INTEGER;
```

```
   BEGIN
     IF n<2 THEN fib := n
              ELSE fib := fib(n-1) + fib(n-2)
   END; (* von fib *))
(*$A+*)

BEGIN (* Hauptprogramm *)
   WRITE ('Eingabe einer Zahl: ');
   READLN (a);
   WRITELN ('fib(', a, ')=', fib(a))
END.
```

Alle Zahlen unserer oben aufgeführten Fibonacci-Reihe berechnet das Programm auch einwandfrei (testen Sie das!).

Geben wir nun einmal eine etwas größere Zahl ein: 22.

Es dauert beim APPLE etwa 25 Sekunden, bis wir das Ergebnis fib(22)=17711 erhalten.

Zum Vergleich wollen wir die Funktion fib iterativ schreiben und an Stelle der rekursiven Funktion in unser Programm aufnehmen:

```
PROGRAM Iterfib;
   VAR a : INTEGER;

   FUNCTION fib (n : INTEGER) : INTEGER;
     VAR i, Hilf, Letzt, Vorletzt : INTEGER;
     BEGIN
       Letzt := 1;
       Vorletzt := 0;
       IF n<2 THEN Hilf := n
       ELSE FOR i:=2 TO n DO BEGIN
              Hilf := Letzt + Vorletzt;
              Vorletzt := Letzt;
              Letzt := Hilf
            END; (* von FOR *)
       fib := Hilf
     END; (* von fib *)

BEGIN (* Hauptprogramm *)
   WRITE ('Eingabe einer Zahl: ');
   READLN (a);
   WRITELN ('fib(', a, ')=', fib(a))
END.
```

Bei dieser Verşion des Programms stoppen wir eine Zeit unter einer Sekunde für fib(22).

Woher dieser gewaltige Unterschied?

Machen wir uns einmal deutlich, wie fib(5) rekursiv berechnet wird:

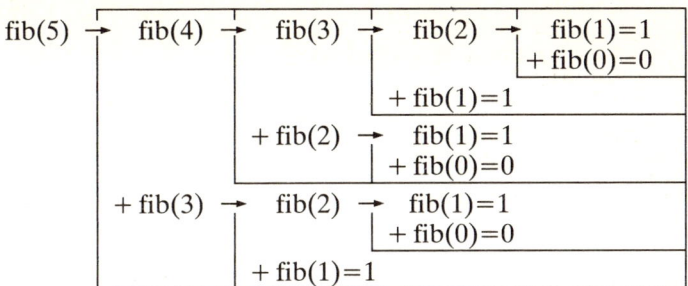

Addieren wir alle Endwerte (1) bei den Rekursionsabbrüchen fib(1) und fib(0), so erhalten wir als Ergebnis 5. Wir erkennen, daß für n=5 die Funktion 15mal aufgerufen wird.

Eine andere Darstellung der Aufrufe der rekursiven Funktion ist ein Baum (hier für fib(6)=8):

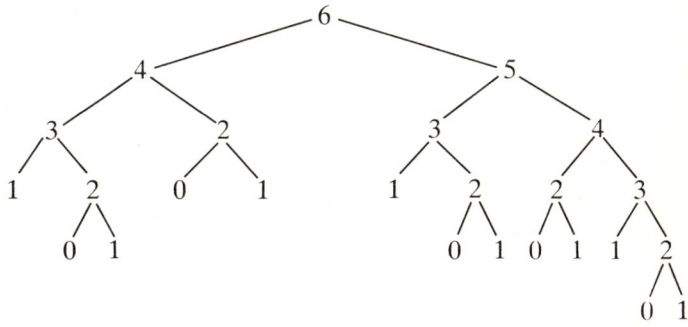

Hier wird die Funktion schon 25mal aufgerufen.

Wir sehen also, daß die Zahl der Funktionsaufrufe explosionsartig ansteigt, da sich die Funktion jeweils zweimal selbst aufruft. Daher die enorme Rechenzeit bei der Rekursion. Für die Iteration wird nur einmal die Funktion aufgerufen und eine Schleife von 2 bis n abgearbeitet.

Ein anderes Problem bei Rekursionen spielt ebenfalls eine große Rolle: der Stapelspeicher (Stack).

Wenn eine Funktion/Prozedur aufgerufen wird, muß der Rechner sich die Rücksprungadresse merken, denn nach dem Abarbeiten der Funktion/ Prozedur soll es ja an der gleichen Stelle weitergehen.

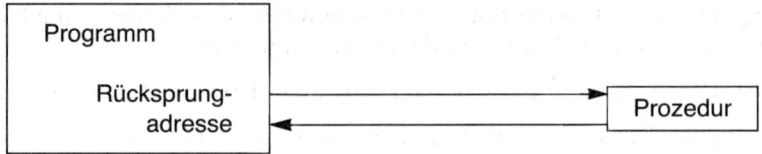

Außerdem müssen jeweils die lokalen Variablen der Funktion/Prozedur abgelegt werden.

All dies geschieht im sogenannten Stack (oder Stapelspeicher oder Kellerspeicher). Es handelt sich hier um einen LIFO-Stack (Last-In-First-Out). Diesen Speicherbereich können wir uns vorstellen wie einen Parkgroschenspender: Der letzte Groschen, der in den Spender eingelegt wird, wird auch als erster wieder herausgenommen. Für Funktionen/Prozeduren heißt das, die zuletzt aufgerufene Funktion/Prozedur kehrt als erste wieder zu ihrer Ausgangsposition zurück.

Bei Rekursionen kann es nun (abhängig von der Größe des Stacks unseres Rechners) leicht zu einer Überlastung des Stacks kommen, wenn die Funktion/Prozedur sich zu häufig aufruft (zu große Rekursionstiefe).

In unserem vorigen Beispiel der Fakultät spielten diese Probleme kaum eine Rolle, da die Funktion sich selbst jeweils nur einmal aufruft, d. h. für n! wird die Funktion n-mal abgearbeitet.

Hier noch ein Beispiel für die Anwendung einer Rekursion, die sich nicht so einfach durch einen iterativen Algorithmus ersetzen läßt:

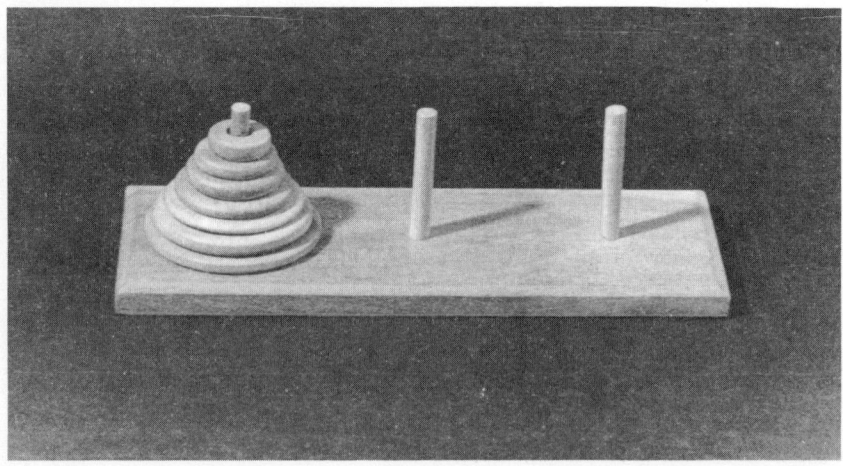

Einigen ist sicherlich das Spiel „Türme von Hanoi" bekannt. Eine Holz-
ausführung dieses Spiels ist auf dem Foto dargestellt.

Ziel des Spiels: Bringe alle Scheiben von einem Turm auf einen anderen.

Spielregeln: Bewege jeweils nur eine Scheibe von einem Turm zu einem
anderen. Lege stets eine kleinere auf eine größere Schreibe, nie umgekehrt.

Das Spiel läßt sich im Prinzip mit beliebig vielen Scheiben spielen. Auf
der Abbildung sind es sieben.

An dieser Stelle sollten wir den Computer einmal abschalten und das
Buch beiseite legen, um ein wenig zu spielen. Mit einigen unterschiedlich
großen Münzen läßt sich „Türme von Hanoi" auch spielen, wenn keine
andere Ausführung vorhanden ist.

Aufgabe: Spielen Sie „Türme von Hanoi" mit 4 Scheiben. Versuchen Sie
so wenig Züge wie möglich zu machen. Schreiben Sie die Züge auf.

Wir nennen die Türme a, b und c.

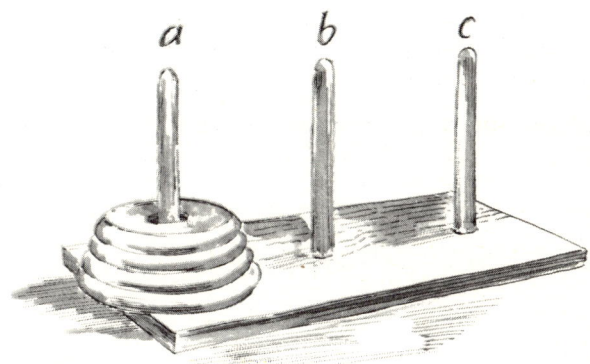

Nun wollen wir ein Programm schreiben, das uns die Züge für dieses Spiel
mit vorgegebener Scheibenzahl ausgibt.

Beim realen Spiel wird man sicherlich erst einmal mit wenigen Scheiben
anfangen. So leicht wollen wir es uns nicht machen. Nehmen wir an, unser
Spiel habe 70 Scheiben. Diese 70 Scheiben sollen von Turm a nach Turm
b gebracht werden. Dies kann nicht auf einmal geschehen, da nur jeweils
eine Scheibe bewegt werden darf.

Der Lösungsalgorithmus, der hier verfolgt werden soll, ist folgender: Wir bringen erst einmal alle Scheiben mit Ausnahme der untersten auf den Hilfsturm. Dann bewegen wir die unterste Scheibe auf den Zielturm. Schließlich bringen wir die Scheiben vom Hilfsturm auf den Zielturm.

In unserem Beispiel heißt das: Bringe 69 Scheiben auf Turm c. Bewege eine Scheibe auf Turm b. Bringe 69 Scheiben auf Turm b. Hinter dem „Bringen von 69 Scheiben" verbirgt sich sicherlich mehr als nur ein Befehl, es läßt sich durch drei ähnliche Anweisungen ersetzen: „Bringe 68 Scheiben . . .".

Wir planen eine Prozedur: Bringe (70, a, b, c).

Diese Prozedur soll folgendes ausführen: Bringe 70 Scheiben von Turm a nach Turm b unter Zuhilfenahme von Turm c als Zwischenlager für die 69 Scheiben.

Folgende Anweisungen führt die Prozedur Bringe aus:

Bringe (70, a, b, c): Bringe (69, a, c, b)
                       Bewege eine Scheibe von a nach b
                       Bringe (69, c, b, a)

In Worten: Bringe 70 Scheiben von a nach b über c heißt: Bringe 69 Scheiben von a auf den Hilfsturm c unter Zuhilfenahme von b. Bewege eine Scheibe (die unterste) von a nach b. Bringe die 69 Scheiben vom Hilfsturm c nach b unter Zuhilfenahme von a.

Jetzt hat es jeder gemerkt: Wir benutzen eine Rekursion. Die Prozedur Bringe ruft sich selbst zweimal auf.

Schauen wir uns noch an, was dann Bringe (69, a, c, b) macht:

Bringe (69, a, c, b): Bringe (68, a, b, c)
                       Bewege eine Scheibe von a nach c
                       Bringe (68, b, c, a)

Aufgabe: Was macht Bringe (69, c, b, a)?

Allgemein können wir für n Scheiben schreiben:

Bringe (n, a, b, c): Bringe (n−1, a, c, b)
                      Bewege eine Scheibe von a nach b
                      Bringe (n−1, c, b, a)

Da wir uns jetzt mit Rekursionen auskennen, wissen wir, daß jede Rekursion eine Abbruchbedingung braucht.

In unserem Fall ist es natürlich nur sinnvoll, weitere Prozeduren mit n−1 Scheiben aufzurufen, wenn die Anzahl der Scheiben größer als Null ist.

Bevor wir uns nun an ein Pascal-Programm heranmachen, sollten wir an einem einfachen Beispiel die Prozedur Bringe testen.

Wir bringen 3 Scheiben von a nach b über c. Hierbei heißt B(3,a,b,c) soviel wie Bringe(3,a,b,c) und a→b soviel wie „bewege eine Scheibe von a nach b".

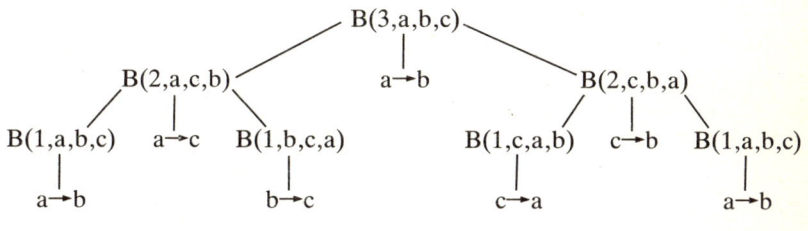

Die einzigen Operationen, die überhaupt ausgeführt werden können, sind die Bewegungen einer Scheibe (z. B. a→b). Lesen wir diese Bewegungen in der Reihenfolge ihrer Ausführung (Hilfe: Senkrechte Ebenen von links nach rechts), so erhalten wir:

a→b
a→c
b→c
a→b
c→a
c→b
a→b

Aufgabe: Schreiben Sie ein solches Diagramm für 4 Scheiben.

Nun aber an die Pascal-Lösung:

```
(*$A-*)
PROCEDURE Bringe (n : INTEGER; a, b, c : CHAR);

  BEGIN
    IF n > 0 THEN BEGIN
                Bringe (n-1, a, c, b);
                WRITELN (a, ' -> ', b);
                Bringe (n-1, c, b, a)
              END
  END; (* von Bringe *)
(*$A+*)
```

Das ist schon die ganze Prozedur (wie oben geplant). Die Variablen für die Türme sind vom Typ CHAR. Weisen wir ihnen im Programm der Einfachheit halber die Buchstaben a, b und c zu.

```
PROGRAM Hanoi;

 VAR Anzahl : INTEGER;

 (*$A-*)
 PROCEDURE Bringe (n : INTEGER; a, b, c : CHAR);

    BEGIN
      IF n > 0 THEN BEGIN
                      Bringe (n-1, a, c, b);
                      WRITELN (a, ' -> ', b);
                      Bringe (n-1, c, b, a)
                    END
    END; (* von Bringe *)
 (*$A+*)

 BEGIN (* Hauptprogramm *)
   WRITELN ('Tuerme von Hanoi');
   WRITE ('Eingabe der Scheibenzahl: ');
   READLN (Anzahl);
   Bringe (Anzahl, 'a', 'b', 'c')
 END.
```

Aufgabe: Testen Sie das Programm mit 3 und 4 Scheiben, und vergleichen Sie mit den oben „zu Fuß" erstellten Lösungen. Testen Sie nun mit mehr Scheiben, und spielen Sie nach.

Hinweis: Da es zu sehr vielen Zügen kommen kann, sollte das Programm eventuell für einen Drucker umgeschrieben werden.

```
PROGRAM Hanoi;

 VAR Anzahl : INTEGER;

 (*$A-*)
 PROCEDURE Bringe (n : INTEGER; a, b, c : CHAR);

    BEGIN
      IF n > 0 THEN BEGIN
                      Bringe (n-1, a, c, b);
                      WRITELN (LST, a, ' -> ', b);
                      Bringe (n-1, c, b, a)
                    END
    END; (* von Bringe *)
 (*$A+*)

 BEGIN (* Hauptprogramm *)
   WRITELN ('Tuerme von Hanoi');
   WRITE ('Eingabe der Scheibenzahl: ');
   READLN (Anzahl);
   Bringe (Anzahl, 'a', 'b', 'c')
 END.
```

Zusammengesetzte Datentypen

7

7.1 Felder

Eindimensionales Feld

Wir wollen eine Namenliste aller Schüler unserer Klasse erstellen. Nehmen wir an, es wären maximal 40 Schüler in einer Klasse zulässig (die Pädagogen mögen es mir verzeihen!). In unserer Klasse sind aber nur 21 Schüler.

Wir könnten als Variablen für die Schüler die Namen Schueler1, Schueler2, ..., Schueler40 erfinden. Wie aber sollen wir nun alle Schülernahmen eingeben und später wieder ausgeben? Diese Methode zwingt uns zu 40 Ein- und Ausgabeanweisungen.

Natürlich geht es in Pascal (wie in allen Programmiersprachen) einfacher. Wir können indizierte Variablen verwenden. Dabei heißen in unserem Beispiel alle Variablen Schueler, gefolgt von einer Nummer 1 bis 40. Im Deklarationsteil des Programms müssen wir diesen Datentyp als Feld (Array) erklären.

    VAR Schueler : ARRAY [1..40] OF STRING[80];

Die Variable Schueler kann also die Nummern 1 bis 40 haben, wobei jede dieser Variablen vom Typ STRING ist.

In den Anweisungen werden die Variablen als Schueler[1], Schueler[2], ..., Schueler[40] verwendet.

Die Zahl in der Klammer wird Index genannt. Als Index kann auch eine Variable vom Datentyp INTEGER verwendet werden.

Beispiel:

    I := 5;
    READLN (Schueler[I]);

hat den gleichen Effekt wie:

    READLN (Schueler[5]);

Hinweis: In Programmiersprachen, die mit einem Compiler übersetzt werden, muß bei der Deklaration eines Feldes *genau* festgelegt werden, welche Nummern als Indizes auftreten können, damit der Compiler genauso viele Speicherplätze für die indizierten Variablen bereitstellen kann.

Das Programm für eine Schülerliste:

```
PROGRAM Liste;

   CONST N = 40;
   VAR i, e : INTEGER;
       Schueler : ARRAY [1..N] OF STRING[80];

   BEGIN
     WRITE ('Schuelerzahl: ');
     READLN (e);
     WRITELN ('Eingabe:');
     FOR i:=1 TO e DO BEGIN
       WRITE ('Schueler Nr. ',i:2,': ');
       READLN (Schueler[i])
     END; (* von FOR i *)
     WRITELN ('Ausgabe:');
     FOR i:=1 TO e DO WRITELN (Schueler[i])
   END.
```

Beispiele für richtige Felddeklarationen:

    CONST Anfang=7;
          Ende=15;

    VAR A : ARRAY [1..30] OF INTEGER;
        B : ARRAY [2..Anfang] OF REAL;
        C : ARRAY [Anfang .. Ende] OF CHAR;
        D : ARRAY [20..25] OF BOOLEAN;

Eine falsche Deklaration ist:

VAR N : INTEGER;
      E : ARRAY [1..N] OF REAL;

weil N keine Konstante ist.

Mehrdimensionales Feld

Bis jetzt hatten die dargestellten Felder nur eine Dimension, d. h. jedes Element des Feldes hatte einen Index (eine Nummer). Jedoch kommt es häufig vor, daß Elemente von Feldern zwei oder mehr Nummern erhalten sollen. Dies ist bei Tabellen oft der Fall.

```
T[ 1, 1] , T[ 1, 2] , T[ 1, 3] , ... , T[ 1,14] , T[ 1,15]
T[ 2, 1] , T[ 2, 2] , T[ 2, 3] , ... , T[ 2,14] , T[ 2,15]
T[ 3, 1] , T[ 3, 2] , T[ 3, 3] , ... , T[ 3,14] , T[ 3,15]

...

T[19, 1] , T[19, 2] , T[19, 3] , ... , T[19,14] , T[19,15]
T[20, 1] , T[20, 2] , T[20, 3] , ... , T[20,14] , T[20,15]
```

Wollen wir diese Tabelle mit 20 Reihen und 15 Spalten (d. h. in jeder Reihe 15 Werte) anlegen, so ließe sich ein Feld wie folgt definieren: (Die Daten sollen vom Typ INTEGER sein)

TYPE Reihe = ARRAY [1..15] OF INTEGER;
       Tabelle = ARRAY [1..20] OF Reihe;

VAR T : Tabelle;

Nun können wir ein Tabellenelement z. B. ansprechen mit:

T [10] [5] := 130;

Dies bedeutet, daß der Wert in der 10. Reihe und der 5. Spalte 130 betragen soll.

Bei dem so deklarierten Typ Tabelle handelt es sich also um ein eindimensionales Feld von eindimensionalen Feldern. Umständlich, nicht wahr!

Einfacher und übersichtlicher läßt sich dieser Typ als zweidimensionales Feld deklarieren:

TYPE Tabelle = ARRAY [1..20,1..15] OF INTEGER;

VAR T : Tabelle;

mit der Zuweisung

T [10,5] := 130;

Solche zweidimensionalen Felder kennen wir auch aus der Mathematik: das Koordinatensystem, Matrizen, zweidimensionale Vektoren etc.

Sicher sind auch noch mehr Dimensionen möglich. Beispielsweise Koordinaten im Raum:

VAR Koordinate : ARRAY [1..100,1..100,1..100] OF INTEGER;

Aber *Vorsicht*! Der Speicherplatzbedarf der Variablen Koordinate ist schon recht beachtlich: 100 mal 100 mal 100 mal 2 Bytes (für INTEGER) macht 2 Millionen Bytes − weit mehr als der Speicherplatz gängiger Tischrechner.

Aus Gründen des Speicherplatzbedarfs werden sicher selten mehr als zwei Dimensionen gebraucht.

Mehrdimensionale Felder werden wie folgt deklariert:

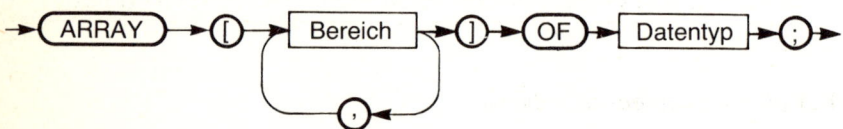

Beispiele für korrekte Felddeklarationen:

TYPE Intber = 6...20;
         Letter = 'a' .. 'z';
         Farbe = (rot, gruen, gelb, blau, weiss, schwarz);

         Feld1 = ARRAY [Intber] OF REAL;
         Feld2 = ARRAY [Letter, Letter] OF Letter;
         Feld3 = ARRAY [20..30, 5..8] OF Farbe;
         Feld4 = ARRAY [1..6,Farbe] OF BOOLEAN;
         Feld5 = ARRAY [TRUE..FALSE,1..2] OF CHAR;

Hinweis: Der Datentyp STRING, der in Standard-Pascal nicht vorhanden ist, ist deklariert als:

TYPE STRING = ARRAY [0..255] OF CHAR;

Ist s vom Typ STRING, so kann allerdings nicht direkt auf s[0] zugegriffen werden. In diesem Element befindet sich ein Code für die Länge des

Strings. Geben wir aber dem Compiler die Anweisung, auf die Überprüfung des gültigen Bereichs (range check) zu verzichten, so läßt sich die Länge wie folgt ermitteln (Laenge:INTEGER):

(∗$R−∗)   (∗ Range check aus ∗)
Laenge := ORD (s[0]);
(∗$R+∗)   (∗ Range check an ∗)

Feld:

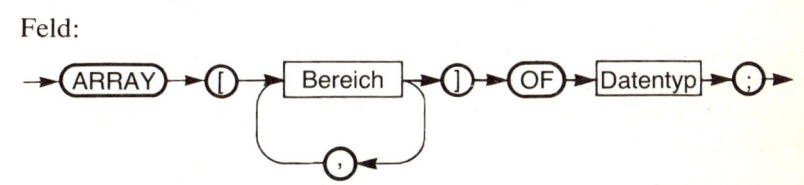

Ein Feld faßt mehrere Daten mit gleichem Namen, aber unterschiedlichen „Nummern" zusammen, die in eckigen Klammern genannt werden. Die möglichen „Nummern" der Feldelemente werden als Unterbereiche von aufgezählten Datentypen erklärt.

Beispielprogramme zu Feldern

1. Zufallstest mit Histogramm

Wir wollen die Zuverlässigkeit unseres Zufallszahlengenerators testen. Dazu erzeugen wir Zufallszahlen zwischen 0 und 9 und stellen deren Häufigkeit in einem sogenannten Histogramm (Balkendiagramm) dar. Mit einem 80-Zeichen-Bildschirm könnten wir bis zu 75 Kreuze in der Breite auf dem Bildschirm ausgeben, wobei jedes Kreuz für das Vorkommen der entsprechenden Zufallszahl steht. Einige Zeichen müssen wir für die Ziffern freilassen.

```
PROGRAM Randomtest;

   CONST Breite = 75; (* bei anderen Bildschirmen aendern *)
   VAR Maximum, i, j, n : INTEGER;
       Z : ARRAY [0..9] OF INTEGER;

   BEGIN
     CLRSCR;
     RANDOMIZE; (* neue Zufallszahlen *)
     WRITELN; WRITELN;
     Maximum := 0;
     FOR i:=0 TO 9 DO Z[i] := 0; (* alle Zahlen auf 0 setzen *)
```

```
        REPEAT
          n := RANDOM (10); (* Zahl zwischen 0 und 9 einschl.*)
          Z[n] := Z[n] + 1; (* Anzahl erhoehen *)
          IF Z[n] > Maximum THEN Maximum := Z[n] (* Maximum der Anzahlen
                                       auf neuesten Stand bringen *)
        UNTIL Maximum >= Breite; (* mehr Kreuze passen nicht auf Bild *)
        FOR i:=0 TO 9 DO BEGIN
          WRITE (i:1, ':');
          FOR j:=1 TO Z[i] DO WRITE ('X'); (* Anzahl der Kreuze fuer i *)
          WRITELN; WRITELN
        END (* von FOR i *)
      END.
```

Das Programm könnte folgendes Ergebnis haben:

```
0:XXXXXXXXXXXXXXXXXXXXXXXXXXXXXXXXXXXXXXXXXXXXXXXXXXXXXXXXXXXXXX
1:XXXXXXXXXXXXXXXXXXXXXXXXXXXXXXXXXXXXXXXXXXXXXXXXXXXXXXXXXXX
2:XXXXXXXXXXXXXXXXXXXXXXXXXXXXXXXXXXXXXXXXXXXXXXXXXXXXXXXXXXXXXXX
3:XXXXXXXXXXXXXXXXXXXXXXXXXXXXXXXXXXXXXXXXXXXXXXXXXXXXXXXXXXXXX
4:XXXXXXXXXXXXXXXXXXXXXXXXXXXXXXXXXXXXXXXXXXXXXXXXXXXXXXXXXXX
5:XXXXXXXXXXXXXXXXXXXXXXXXXXXXXXXXXXXXXXXXXXXXXXXXXXXXXXXXXXXXXX
6:XXXXXXXXXXXXXXXXXXXXXXXXXXXXXXXXXXXXXXXXXXXXXXXXXXXXXXXXXXXX
7:XXXXXXXXXXXXXXXXXXXXXXXXXXXXXXXXXXXXXXXXXXXXXXXXXXXXXXXXXXXX
8:XXXXXXXXXXXXXXXXXXXXXXXXXXXXXXXXXXXXXXXXXXXXXXXXXXXXXXXXXXXXXXX
9:XXXXXXXXXXXXXXXXXXXXXXXXXXXXXXXXXXXXXXXXXXXXXXXXXXXXXXXXXXXXX
```

2. Lottozahlen

Das folgende Programm hilft uns beim Ausfüllen eines Lottoscheins (natürlich ohne Gewähr).

Dazu werden sechs Zahlen L[1] bis L[6] als Zufallszahlen erzeugt, wobei keine Mehrfachnennungen vorkommen dürfen.

Anschließend wird der Lottoschein „ausgefüllt":

```
    10 20 30 40
1  11 21  X 41
2  12 22 32 42
X  13 23 33 43
4  14 24 34 44
5   X 25 35 45
6  16 26  X 46
7  17 27 37  X
8  18 28 38 48
9  19  X 39 49
```

Das Programm dazu:

```
PROGRAM Lottoblock;

  VAR i, j, z : INTEGER;
      L : ARRAY [1..6] OF INTEGER;
      Kreuz, Neuezahl, Ende : BOOLEAN;
```

```
BEGIN
  RANDOMIZE; (* neue Zufallszahlen *)
  FOR i:=1 TO 6 DO BEGIN
    REPEAT
      z := RANDOM (48) + 1; (* Zahl zwischen 1 und 49 *)
      Neuezahl := TRUE;
      FOR j:=1 TO i DO IF z = L[j] THEN Neuezahl := FALSE
          (* ist wahr, wenn z neue Zufallszahl ist *)
    UNTIL Neuezahl;
    L[i] := z
  END; (* von FOR i *)
  CLRSCR;
  WRITELN ('Die Lottozahlen:');
  WRITELN;
  WRITE ('  ');
  Ende := FALSE;
  i := 10;
  REPEAT
    Kreuz := FALSE;
    FOR j:=1 TO 6 DO IF L[j]=i THEN Kreuz := TRUE;
    IF Kreuz THEN WRITE ('  X')
             ELSE WRITE (i:3);
    IF i >= 49 THEN Ende := TRUE;
    IF i >= 40 THEN BEGIN
                      WRITELN;
                      i := i-39
                    END
              ELSE i := i+10
  UNTIL Ende
END.
```

3. Größter und kleinster Meßwert

In dem folgenden Beispiel soll eine Reihe von Meßwerten (Datentyp REAL) eingegeben und der größte und kleinste Meßwert bestimmt werden. Außerdem berechnen wir als Nebenprodukt den Mittelwert der Meßwerte und die größte Abweichung vom Mittelwert.

Das Programm:

```
PROGRAM Messwerte;

  CONST N = 50;
  VAR Max, Min, Mittelwert, Abweichung, Dif : REAL;
      i, Anz : INTEGER;
      Wert : ARRAY [1..N] OF REAL;

  BEGIN
    WRITELN ('Messwerterfassung und Analyse: ');
    WRITE ('Wie viele Messwerte (max. 50) : ');
    READLN (Anz);
    FOR i:=1 TO Anz DO BEGIN
      WRITE (i:2, '.Wert: ');
      READLN (Wert[i])
    END; (* von FOR i *)
```

```
    Max := Wert[1];
    Min := Max; (* bestimmten Wert zuweisen *)
    Mittelwert := 0;
    FOR i:=1 TO Anz DO BEGIN
      IF Wert[i] > Max THEN Max := Wert[i];
      IF Wert[i] < Min THEN Min := Wert[i];
      Mittelwert := Mittelwert + Wert[i] (* vorlaeufig *)
    END; (* von FOR i *)
    Mittelwert := Mittelwert / Anz;
    Abweichung := 0;
    FOR i:=1 TO Anz DO BEGIN
      Dif := ABS (Mittelwert - Wert[i]);
      IF Dif > Abweichung THEN Abweichung := Dif
    END; (* von FOR i *)
    CLRSCR;
    WRITELN; WRITELN;
    WRITELN ('Das Maximum ist: ', Max:7:2);
    WRITELN ('Das Minimum ist: ', Min:7:2);
    WRITELN ('Der Mittelwert : ', Mittelwert:7:2);
    WRITELN ('Mit der groessten Abweichung von:');
    WRITELN ('+/-', Abweichung:7:2)
END.
```

4. Stundenplan

Ein Serviceprogramm für Ihren ganz persönlichen Stundenplan. Mit diesem Programm kann der Benutzer einen Stundenplan eingeben, den ganzen Plan auf dem Bildschirm ausgeben, einzelne Stunden abfragen und einzelne Stunden ändern.

```
PROGRAM Stundenplan;

  CONST N = 6;
  TYPE Wort    = STRING [10];
       Tage    = (Mo, Di, Mi, Don, Fr, Sa); (* Do ist reserviert *)
       Stunden = 1..N;
       Feld    = ARRAY [Tage,Stunden] OF Wort;

  VAR Plan   : Feld;
      Tag    : Tage;
      Std    : Stunden;
      ch     : CHAR;


  PROCEDURE Drucke (t : Tage);
    BEGIN
      CASE t OF
        Mo : WRITE ('Montag':12);
        Di : WRITE ('Dienstag':12);
        Mi : WRITE ('Mittwoch':12);
        Don : WRITE ('Donnerstag':12);
        Fr : WRITE ('Freitag':12);
        Sa : WRITE ('Samstag':12)
      END (* von Case *)
    END; (* von Drucke *)
```

```
    PROCEDURE Weiter;
      BEGIN
        GOTOXY (10,20);
        WRITELN (CHR(7), 'Weiter mit <Return>');
        READLN
      END; (* von Weiter *)

    PROCEDURE Wann (VAR Tag : Tage; VAR Std : Stunden);
      VAR Antwort : Wort;
      BEGIN
        WRITELN ('Welcher Tag?');
        READLN (Antwort);
        Tag := Mo; (* fuer falsche Eingabe *)
        CASE Antwort [1] OF
          'M' : IF Antwort [2] = 'O' THEN Tag := Mo
                                     ELSE Tag := Mi;
          'D' : IF Antwort [2] = 'I' THEN Tag := Di
                                     ELSE Tag := Don;
          'F' : Tag := Fr;
          'S' : Tag := Sa
        END; (* von Case *)
        WRITELN ('Welche Stunde ?');
        REPEAT
          READLN (Std)
        UNTIL (Std>0) AND (Std<=N)
      END; (* von Wann *)


PROCEDURE Ganzer_Plan;
  BEGIN
    CLRSCR;
    WRITE ('     '); FOR Tag := Mo TO Sa DO Drucke(Tag);
    WRITELN;
    FOR Std := 1 TO N DO BEGIN
      WRITE (Std:3);
      FOR Tag := Mo TO Sa DO WRITE (Plan [Tag,Std] : 12);
      WRITELN
    END; (* von For Std *)
    Weiter
  END; (* von Ganzer_Plan*;


PROCEDURE Eine_Stunde;
  BEGIN
    CLRSCR;
    Wann (Tag, Std);
    WRITE ('Am '); Drucke(Tag);
    WRITELN (' in der ', Std:3,'. Stunde');
    WRITELN ('haben Sie ', Plan [Tag,Std] : 12);
    Weiter
  END; (* von Eine_Stunde *)

PROCEDURE Aenderung;
  BEGIN
    CLRSCR;
    WRITELN ('Aenderung:');
    Wann (Tag, Std);
    WRITELN ('Alter Wert: ', Plan [Tag,Std] : 12);
    WRITE ('Neuer Wert: ');
    READLN (Plan [Tag,Std]);
    Weiter
  END; (* von Aenderung *)
```

```
BEGIN (* Hauptprogramm *)
  CLRSCR; WRITELN ('Eingabe des Plans: ');
  FOR Tag := Mo TO Sa DO BEGIN
    Drucke (Tag); WRITELN(':');
    FOR Std := 1 TO N DO BEGIN
      WRITE (Std:3,'. Stunde: ');
      READLN (Plan [Tag,Std])
    END; (* von For Std *)
    WRITELN
  END; (* von For Tag *)

  REPEAT
    CLRSCR;
    WRITELN (' G(anzen Plan ausgeben ');
    WRITELN (' E(ine Stunde ausgeben ');
    WRITELN (' A(endern einer Stunde ');
    WRITELN (' S(chluss              ');
    WRITELN;
    WRITELN (' -> Waehlen Sie: ');
    REPEAT
      READ (KBD,ch)
    UNTIL (ch='G') OR (ch='E') OR (ch='A') OR (ch='S');
    CASE ch OF
      'G' : Ganzer_Plan;
      'E' : Eine_Stunde;
      'A' : Aenderung
    END (* von Case *)
  UNTIL ch = 'S'
END.
```

7.2   Sortieren von Feldern

Daten werden häufig in eindimensionalen Feldern abgespeichert. Ein sinnvoller Zugriff auf die Daten erfolgt am besten mit sortierten Daten.

55 94 67 44 12 6 18 42

Diese acht Zahlen wollen wir sortieren.

Mit unserem Erfahrungsschatz über Zahlen fällt uns das sehr leicht. Wir würden möglicherweise so vorgehen, daß wir uns erst die kleinste Zahl suchen, sie aufschreiben, dann die kleinste der verbleibenden Zahlen usw.

Natürlich überblicken wir sofort, welches die kleinste Zahl ist. Dies ist aber nur deswegen möglich, weil es so wenige Zahlen sind. Hätten wir 10000 Zahlen zu ordnen, so müßten wir uns schon eine andere Methode suchen.

Wir geben unseren Zahlen Namen mit Nummern:

a_1 a_2 a_3 a_4 a_5 a_6 a_7 a_8
55 94 67 44 12 6 18 42

Nun behaupten wir, die Zahl mit der kleinsten Nummer, a1, sei die kleinste Zahl. Natürlich sieht jeder, daß das hier nicht zutrifft. Daher müssen wir die Zahl a1 mit allen folgenden (a2,a3,a4,a5,a6,a7,a8) vergleichen und den Platz tauschen, wenn wir eine kleinere Zahl als a1 gefunden haben:

a1 vergleichen mit a2 — OK
a1 vergleichen mit a3 — OK
a1 vergleichen mit a4 — vertauschen a1 ◄——► a4

```
a1  a2  a3  a4  a5  a6  a7  a8
44  94  67  55  12   6  18  42
```

a1 vergleichen mit a5 — vertauschen a1 ◄——► a5

```
a1  a2  a3  a4  a5  a6  a7  a8
12  94  67  55  44   6  18  42
```

a1 vergleichen mit a6 — vertauschen a1 ◄——► a6

```
a1  a2  a3  a4  a5  a6  a7  a8
 6  94  67  55  44  12  18  42
```

a1 vergleichen mit a7 — OK
a1 vergleichen mit a8 — OK

Damit haben wir die kleinste Zahl a1=6 gefunden.

Bei den Vertauschungen, die nötig waren, fällt übrigens gleich der entscheidende Mangel dieses Algorithmus auf. Die zweitkleinste Zahl 12, die schon einmal an vorderster Stelle stand, ist durch die Vertauschungen wieder weit nach hinten gerutscht. Bei anderen Zahlen ist es ähnlich.

Nun müssen wir die zweitkleinste Zahl a2 finden:

```
a2  a3  a4  a5  a6  a7  a8
94  67  55  44  12  18  42
```

a2 vergleichen mit a3 — vertauschen a2 ◄——► a3

```
a2  a3  a4  a5  a6  a7  a8
67  94  55  44  12  18  42
```

a2 vergleichen mit a4 — vertauschen a2 ◄——► a4

```
a2  a3  a4  a5  a6  a7  a8
55  94  67  44  12  18  42
```

a2 vergleichen mit a5 — vertauschen a2 ◄——► a5

a2 a3 a4 a5 a6 a7 a8
44 94 67 55 12 18 42

a2 vergleichen mit a6 − vertauschen a2 ←→ a6

a2 a3 a4 a5 a6 a7 a8
12 94 67 55 44 18 42

a2 vergleichen mit a7 − OK
a2 vergleichen mit a8 − OK

Damit ist a2=12 die zweitkleinste Zahl.

Nun wird a3 als drittkleinste Zahl gesucht. Dazu vergleichen wir a3 mit allen folgenden a4 bis a8 und vertauschen, wenn nötig. Wir finden a3=18 als dritte Zahl.

Es bleibt:

a4 a5 a6 a7 a8
94 67 55 44 42

Die Prozedur des Vergleichens und Vertauschens wird fortgeführt, bis wir a8 vergleichen müßten. Dies ist selbstverständlich nicht mehr nötig, da a8 nur noch die größte Zahl sein kann.

Aufgabe: Schreiben Sie die Vergleiche und nötigen Vertauschungen für a3 bis a8 ebenfalls auf.

Was haben wir nun getan?

Wir haben nacheinander die Zahlen a1 bis a7 mit allen jeweils folgenden Zahlen verglichen. Wenn dabei eine kleinere Zahl gefunden wurde, haben wir die Zahlen vertauscht.

Dazu planen wir eine Prozedur namens Sort in Pascal. Die Variablen im Hauptprogramm sollen sein a[1], a[2], ..., a[N], wobei N eine Konstante mit dem Wert 8 ist.

Das Programm mit der Prozedur Sort:

```
PROGRAM Tauschsort1;

  CONST N = 8;
  VAR i : INTEGER;
      a : ARRAY [1..N] OF INTEGER;

  PROCEDURE Sort;
    VAR i, j : INTEGER;
        Hilf : INTEGER;
```

```
      BEGIN
        FOR i:=1 TO N-1 DO
          FOR j:=i TO N DO
            IF a[i] > a[j] THEN BEGIN
              Hilf := a[i];
              a[i] := a[j];
              a[j] := Hilf (* Speichertausch *)
            END (* von IF *)
      END; (* von Sort *)

  BEGIN (* Hauptprogramm *)
    WRITELN ('Geben Sie ', N:3, ' Zahlen ein: ');
    FOR i:=1 TO N DO READLN (a[i]);
    Sort;
    WRITELN ('Sortiert: ');
    FOR i:=1 TO N DO WRITELN (a[i]:3)
  END.
```

In der Sortierprozedur werden also die Zahlen a[1] bis a[7] mit allen folgenden Zahlen a[i+1] bis a[8] verglichen und nötigenfalls vertauscht.

Damit wir die Vorgänge bei den Vergleichen und Vertauschungen besser verstehen können, hier ein etwas erweitertes Programm, das die Zahlen bei jedem Schleifendurchlauf auf einem Drucker ausdruckt. Mit dem Programm könnte auch eine Teilfolge sortiert werden, da der Anfangsindex l (für links) und der Endindex r (für rechts) gesetzt wird. Im Ausdruck wird jeweils der Wert für l, r, i und j ausgegeben. In der Zahlenfolge werden die Zahlen unterstrichen, die vertauscht worden sind. Zählt man nach, so ergibt sich bei unserer Beispielzahlenfolge eine Anzahl von 21 Vertauschungen. Das bedeutet, daß 21mal Daten transportiert werden müssen.

Hinweis zum Programm: Bei dem verwendeten Drucker wird das Unterstreichen mit der Kontrollzeichensequenz „ESC, '−', CHR(0/1)" gesteuert. Für andere Drucker müssen diese Programmzeilen geändert werden.

Programm mit Druckerausgabe:

```
  PROGRAM Tauschsort1;

    CONST N=8;
    VAR i : INTEGER;
        a : ARRAY [1..N] OF INTEGER;

    PROCEDURE Ausgabe (l,r,i,j : INTEGER);
      VAR k : INTEGER;
      BEGIN
        WRITE (LST,CHR(27),'-',CHR(1)); (* Unterstreichen an *)
        WRITE (LST,'  l:   r:   i:   j:        ');
        FOR k:=1 TO N DO WRITE (LST,k:4);
        WRITE (LST,CHR(27),'-',CHR(0));  (* Unterstreichen aus *)
        WRITELN (LST);
        WRITE (LST,l:4, r:4, i:4, j:4);
        WRITE (LST,'    a[i]: ');
```

```
        FOR k:=1 TO N DO BEGIN
          IF (k=i) OR (k=j) THEN BEGIN
            WRITE (LST,CHR(27),'-',CHR(1)); (* Unterstreichen an *)
            WRITE (LST,a[k]:4);
            WRITE (LST,CHR(27),'-',CHR(0))  (* Unterstreichen aus *)
          END (* von IF *)
          ELSE WRITE (LST,a[k]:4)
        END; (* von FOR k *)
        WRITELN (LST);
        WRITELN(LST)
      END; (* von Ausgabe *)

  PROCEDURE Sort (l, r : INTEGER);
    VAR i, j : INTEGER;
        w : INTEGER;

    BEGIN
      FOR i:=1 TO r-1 DO
        FOR j:=i TO r DO BEGIN
          IF a[i] > a[j] THEN BEGIN
            w := a[i]; a[i] := a[j]; a[j] := w;
            Ausgabe(l,r,i,j)
          END (* von IF *)
        END (* von FOR j *)
    END; (* von Sort *)

  BEGIN (* Hauptprogram *)
    WRITELN ('Geben Sie ',N:3, ' Zahlen ein.');
    FOR i:=1 TO N DO READLN (a[i]);
    WRITELN (LST,'Anfang:');
    WRITE (LST,'                             ');
    FOR i:=1 TO N DO WRITE (LST,a[i]:4);
    WRITELN(LST);
    Sort (1,N);
    WRITELN (LST,'Ende:');
    WRITE (LST,'                             ');
    FOR i:=1 TO N DO WRITE (LST,a[i]:4);
    WRITELN(LST);
  END.
```

Aufgabe: Testen Sie das Programm, und versuchen Sie anhand des Ausdrucks den Sortiervorgang zu verstehen!

Wenn wir eine andere Anzahl von Daten sortieren wollen, so ändern wir einfach die Konstante N.

Sollen Daten von anderen Typen sortiert werden, so wird der Datentyp des ARRAYs und der Typ der Hilfsvariablen Hilf geändert. Wenn wir Daten vom Typ CHAR oder STRING sortieren, dann wird die Reihenfolge des entsprechenden Zeichensatzes, hier ASCII (siehe Kap. 3.3), verwendet.

Unser Algorithmus in der Prozedur Sort kann leicht dadurch entscheidend verbessert werden, daß die innere Schleife, welche die jeweils nachfolgenden Elemente untersucht, nicht vorwärts, sondern rückwärts durchlaufen wird.

Das Programm mit dieser Änderung:

```
PROGRAM Tauschsort2;

   CONST N = 8;
   VAR i : INTEGER;
       a : ARRAY [1..N] OF INTEGER;

   PROCEDURE Sort;
      VAR i, j : INTEGER;
          Hilf : INTEGER;

      BEGIN
         FOR i:=1 TO N-1 DO
            FOR j:=N DOWNTO i DO          (* hier geaendert *)
               IF a[i] > a[j] THEN BEGIN
                  Hilf := a[i];
                  a[i] := a[j];
                  a[j] := Hilf       (* Speichertausch *)
               END (* von IF *)
      END; (* von Sort *)

   BEGIN (* Hauptprogramm *)
      WRITELN ('Geben Sie ', N:3; ' Zahlen ein: ');
      FOR i:=1 TO N DO READLN (a[i]);
      Sort;
      WRITELN ('Sortiert: ');
      FOR i:=1 TO N DO WRITELN (a[i]:3)
   END.
```

Der hier benutzte Sortieralgorithmus wird oft auch BUBBLESORT genannt. Beim Sortieren steigen die kleineren Zahlen wie Blasen (Bubbles) zum Anfang des Datenfeldes auf.

Diese Eigenschaft des Sortieralgorithmus können wir uns auch hier wieder durch ein Demonstrationsprogramm auf einem Drucker sichtbar machen:

```
PROGRAM Tauschsort2;

   CONST N=8;
   VAR i : INTEGER;
       a : ARRAY [1..N] OF INTEGER;

   PROCEDURE Ausgabe (l,r,i,j : INTEGER)
      VAR k : INTEGER;
      BEGIN
         WRITE (LST,CHR(27),'-',CHR(1));     (* Unterstreichen an *)
         WRITE (LST,'    l:  r:  i:  j:           ');
         FOR k:=1 TO N DO WRITE (LST,k:4);
         WRITE (LST,CHR(27),'-',CHR(0));      (* Unterstreichen aus *)
         WRITELN (LST);
         WRITE (LST,l:4, r:4, i:4, j:4);
         WRITE (LST,'    a[i]:  ');
         FOR k:=1 TO N DO BEGIN
            IF (k=i) OR (k=j) THEN BEGIN
               WRITE (LST,CHR(27),'-',CHR(1)); (* Unterstreichen an *)
               WRITE (LST,a[k]:4);
               WRITE (LST,CHR(27),'-',CHR(0))  (* Unterstreichen aus *)
```

```
        END (* von IF *)
        ELSE WRITE (LST,a[k]:4)
     END; (* von FOR k *)
     WRITELN (LST);
     WRITELN(LST)
   END; (* von Ausgabe *)

PROCEDURE Sort (l, r : INTEGER);
  VAR i, j : INTEGER;
      w : INTEGER;

  BEGIN
    FOR i:=1 TO r-1 DO
      FOR j:=r DOWNTO i DO BEGIN
        IF a[i] > a[j] THEN BEGIN
          w := a[i]; a[i] := a[j]; a[j] := w;
          Ausgabe(l,r,i,j)
        END (* von IF *)
      END (* von FOR j *)
  END; (* von Sort *)

BEGIN (* Hauptprogramm *)
  WRITELN ('Geben Sie ',N:3, ' Zahlen ein.');
  FOR i:=1 TO N DO READLN (a[i]);
  WRITELN (LST,'Anfang:');
  WRITE (LST,'                          ');
  FOR i:=1 TO N DO WRITE (LST,a[i]:4);
  WRITELN(LST);
  Sort (1,N);
  WRITELN (LST,'Ende:');
  WRITE (LST,'                          ');
  FOR i:=1 TO N DO WRITE (LST,a[i]:4);
  WRITELN(LST);
END.
```

Aufgabe: Testen Sie auch dieses Programm mit der Beispielzahlenfolge aus dem vorigen Beispiel.

Im Gegensatz zu 21 Vertauschungen in der alten Version braucht unser Programm nun nur noch 11 Vertauschungen vorzunehmen.

Als dritter Sortieralgorithmus soll nun noch ein rekursiver Algorithmus behandelt werden, der vor allem bei großen Datenmengen besonders schnell ist: Quicksort.

Die (rekursive) Prozedur Sort(l,r) sortiert einen Teil des Datensatzes angefangen bei einem „linken" Element (l) bis zu einem „rechten" Element (r). Beim ersten Aufruf der Prozedur (im Hauptprogramm) sind l und r natürlich die erste und die letzte Nummer.

Nun wird der Datensatz unterteilt. Dazu wird ein beliebiges, hier das mittlere, Element gesucht ($x := a[(l+r)$ DIV 2$]$).

Als nächstes wird der Datensatz, von links (mit dem Index i) und von rechts (mit dem Index j) kommend, durchsucht, bis sich die Indizes i und j treffen. Dabei wird x mit einem „linken" Element getauscht, wenn dieses größer als x ist, und x wird mit einem „rechten" Element getauscht, wenn dieses kleiner ist als x.

Nach dieser Schleife sind im linken Teil nur Elemente, die kleiner, und im rechten Teil nur Elemente, die größer sind als x.

Die Prozedur ruft sich selbst zweimal auf, damit nach dem gleichen Schema die beiden Teile des Datensatzes weiter sortiert werden, solange der entsprechende Teil aus mehr als einem Element besteht.

Als Programm stellt sich der Algorithmus folgendermaßen dar:

```
PROGRAM Quicksort;

(*$A-*)
CONST N = 8;
VAR i : INTEGER;
    a : ARRAY [1..N] OF INTEGER;

PROCEDURE Sort (l, r: INTEGER);
  VAR i, j : INTEGER;
      x, Hilf : INTEGER;

  BEGIN
    i := l; j:=r;
    x :=a[(l+r) DIV 2];        (* mittleres Element *)
    REPEAT
      WHILE a[i] < x DO i := i + 1;
      WHILE x < a[j] DO j := j - 1;  (* Annaehern *)
      IF i <= j THEN BEGIN
        Hilf := a[i]; a[i] := a[j]; a[j] := Hilf; (*Tausch*)
        i := i + 1; j := j -1
      END (* von IF *)
    UNTIL i > j;
    IF l < j THEN Sort (l,j);
    IF i < r THEN Sort (i,r)
  END; (* von Sort *)
(*$A+*)

BEGIN (* Hauptprogramm *)
  WRITELN ('Geben Sie ', N:3, ' Zahlen ein ');
  FOR i:=1 TO N DO READLN (a[i]);
  Sort (1,N);
  WRITELN ('Sortiert: ');
  FOR i:=1 TO N DO WRITELN (a[i]:3)
END.
```

Auch bei diesem Algorithmus wollen wir zum besseren Verständnis schrittweise ausdrucken lassen, welche Vertauschungen gerade vorgenommen werden. Außerdem ist es hier nötig, zu verfolgen, welche Sortierprozedur aufgerufen worden ist. Dazu wieder ein Programm, das ein Protokoll des Sortierverfahrens ausdruckt:

```
PROGRAM Quicksort;

  CONST N=8;
  VAR i : INTEGER;
      a : ARRAY [1..N] OF INTEGER;
      u : BOOLEAN;
  PROCEDURE Ausgabe (l,r,i,j,x : INTEGER);
    VAR k : INTEGER;
    BEGIN
      WRITE (LST,CHR(27),'-',CHR(1));    (* Unterstreichen an *)
      WRITE (LST,'   l:  r:  i:  j:  x:            ');
      FOR k:=1 TO N DO WRITE (LST,k:4);
      WRITE (LST,CHR(27),'-',CHR(0));    (* Unterstreichen aus *)
      WRITELN (LST);
      WRITE (LST,l:4, r:4, i:4, j:4, x:4);
      WRITE (LST,'     a[i]:  ');
      FOR k:=1 TO N DO BEGIN
        IF u THEN IF (k=i) OR (k=j) THEN WRITE
                               (LST,CHR(27),'-',CHR(1));
        WRITE (LST,a[k]:4);
        WRITE (LST,CHR(27),'-',CHR(0))
      END; (* von FOR k *)
      WRITELN (LST)
    END; (* von Ausgabe *)

  (*$A-*)
  PROCEDURE Sort (l, r : INTEGER);
    VAR i, j : INTEGER;
        x, w : INTEGER;

    BEGIN
      WRITELN (LST,'Sort (',l:2,',',r:2,')');
      i := l; j := r;
      x := a[(l+r) DIV 2];
      REPEAT
        u := FALSE;
        WHILE a[i] < x DO BEGIN Ausgabe(l,r,i,j,x); i := i+1 END;
        WHILE x < a[j] DO BEGIN Ausgabe(l,r,i,j,x); j := j-1 END;
        IF i <= j THEN BEGIN
          w := a[i]; a[i] := a[j]; a[j] := w;
          u := TRUE;
          Ausgabe(l,r,i,j,x);
          i := i+1; j := j-1
        END (* von IF *)
      UNTIL i > j;
      IF l < j THEN Sort (l,j);
      IF i < r THEN Sort (i,r)
    END; (* von Sort *)
    (*$A+*)

  BEGIN (* Hauptprogramm *)
    WRITELN ('Geben Sie ',N:3, ' Zahlen ein.');
    FOR i:=1 TO N DO READLN (a[i]);
    WRITELN (LST,'Anfang:');
    WRITE (LST,'                            ');
    FOR i:=1 TO N DO WRITE (LST,a[i]:4);
    WRITELN(LST);
    Sort (1,N);
    WRITELN (LST,'Ende:');
    WRITE (LST,'                            ');
    FOR i:=1 TO N DO WRITE (LST,a[i]:4);
    WRITELN(LST);
  END.
```

Aufgabe: Testen Sie auch dieses Programm mit der Beispielzahlenfolge aus den vorherigen Beispielen.

Der Quicksort-Algorithmus nimmt bei unserer Testzahlenfolge (gleiche Zahlenfolge für alle drei Programme) nur 9 Vertauschungen vor. Es scheint also, als sei Quicksort der schnellste Algorithmus. So einfach können wir uns diese Bewertung jedoch nicht machen. Zur Untersuchung der Qualität eines Sortieralgorithmus müssen wir mit unterschiedlich großen und unterschiedlich geordneten Datenmengen arbeiten, sowie unterschiedliche Datentypen untersuchen. Außerdem gibt es noch einige andere Sortieralgorithmen, die hier aus Platzgründen nicht aufgeführt werden können. Eine genauere Analyse der bekannten Sortieralgorithmen gibt N. Wirth in seinem Buch „Algorithmen und Datenstrukturen".

Für unseren „täglichen" Bedarf an Sortieralgorithmen können wir festhalten, daß sich Quicksort oft als der schnellste Algorithmus bei größeren Datenmengen herausstellt. Bubblesort dagegen ist wegen seiner Einfachheit zu empfehlen, wenn es nicht so sehr auf die Rechenzeit ankommt. Immerhin ist Bubblesort einer der „schnelleren" Algorithmen. (Zu Quicksort siehe auch Kap. 10.1).

Zum Abschluß noch eine kleine Funktion, die ein sortiertes Feld von ganzen Zahlen nach einem bestimmten Element durchsucht, um dann den logischen Wert TRUE zu erhalten, wenn das Element gefunden ist, und FALSE, wenn es nicht vorhanden ist. Die vorgestellte Art des Suchens nennt sich binäres Suchen, weil von der Mitte des Datensatzes ausgehend abhängig vom Wert der Suchzahl nur nach links oder nach rechts weitergesucht wird. Beim Durchsuchen der entstandenen Hälfte des Datensatzes wird wieder entsprechend vorgegangen, d. h. der Datensatz wieder halbiert.

```
FUNCTION binsuch (suchzahl : INTEGER) : BOOLEAN;
 VAR links, rechts, position : INTEGER;
     gefunden : BOOLEAN;
 BEGIN
  links := 1; rechts := max;
  REPEAT
   position := (links + rechts) DIV 2;
   IF suchzahl > element [position] THEN links := position + 1
                                    ELSE rechts:= position - 1;
   gefunden := suchzahl = element [position]
  UNTIL (links > rechts) OR gefunden;
  binsuch := gefunden
END; (* von binsuch *)
```

Aufgabe: Machen Sie sich den Suchvorgang auf einem Blatt Papier anhand einer Zahlenfolge klar.

7.3 Verbunde

Es gibt Dinge, die gehören einfach zusammen:

Name, Vorname, Straße, Hausnummer und Ort

Zähler und Nenner

Name, Alter, Geschlecht, Gewicht und Schuhgröße

Nummer, Name, Regalnummer, Preis, Anzahl und Art

Oft treffen wir auf Daten, die sinnvoll unter einem Oberbegriff zusammengefaßt werden sollen: Adressen, Brüche, Personaldaten, Artikel. Eine solche Zusammenfassung ist in Pascal möglich durch den strukturierten Datentyp Verbund (RECORD).

```
TYPE  Geschlecht  = (maennlich, weiblich);
      Art         = (Buecher, Bekleidung, Lebensmittel, Elektro);

      Adresse     = RECORD
                      Name, Vorname, Strasse, Ort : STRING[20];
                      Hausnummer : INTEGER
                    END;

      Bruch       = RECORD
                      Zaehler, Nenner : INTEGER
                    END;

      Persondat   = RECORD
                      Name     : STRING[20];
                      Alter    : INTEGER;
                      Gewicht  : REAL;
                      Sex      : Geschlecht;
                      Schuhgr  : 17..46
                    END;

      Artikel     = RECORD
                      Nummer   : INTEGER;
                      Name     : STRING[20];
                      Regalnr  : INTEGER;
                      Preis    : REAL;
                      Anzahl   : INTEGER;
                      Woher    : Art
                    END;
```

Mit diesen Typdeklarationen sollen folgende Variablen verwendet werden:

```
VAR   Pers     : ARRAY [1..30] OF Adresse;
      Produkt  : Artikel;
      a, b     : Bruch;
      x, y, z  : Persondat;
```

Dann sind korrekte Operationen:

```
Produkt.Woher := Elektro;
Pers. [15] .Name := 'Meier';
Pers [16] := Pers [15];
a.Zaehler := 7;
b.Nenner := a.Zaehler;
x.Name := Pers [15].Name;
y := x; z := x;
```

Mit dem Variablennamen x ist der ganze Verbund mit allen seinen Teilen gemeint. Dagegen wird mit x.Name nur auf einen bestimmten Teil zugegriffen.

Falsche Operationen sind dagegen:

```
Woher := Elektro;
Produkt.Name := 'Buecher';
Pers.Name [15] := 'Meier';
Nenner := Zaehler;
```

Achtung: Bei der Zuweisung eines Verbundes an einen anderen werden alle Teile des Verbundes zugewiesen. Daher ist diese Zuweisung nur möglich, wenn beide Variablen vom gleichen Typ sind!

Bei der Zuweisung von Teilen von Verbunden müssen beide Teile vom gleichen Typ sein.

Verbund:

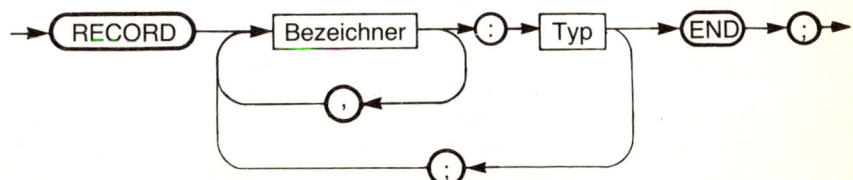

Zugriff auf Verbundvariablen:

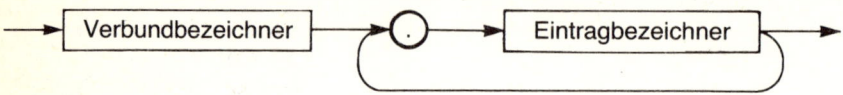

Wie in den Beispielen zu sehen war, können auch Felder von Verbunden auftreten. Weiterhin sind Felder als Teile von Verbunden möglich:

```
TYPE Beispiel = RECORD
                  a : ARRAY [1..5] OF INTEGER;
                  b : BOOLEAN
               END;
```

VAR Wert : ARRAY [1..10] OF Beispiel;

Nun sind folgende Zuweisungen möglich:

```
Wert [8].b := TRUE;
Wert [3].a [5] := 120;
Wert [5].a [3] := 40;
```

Aufgabe: Bilden Sie weitere gültige Zuweisungen!

Auch Schachtelungen von Verbunddeklarationen können von Nutzen sein, werden aber oft recht komplex.

```
TYPE  Wohnung   = RECORD
                    Strasse    : STRING[20];
                    Nr, PLZ    : INTEGER;
                    Ort        : STRING[20]
                  END;

      Person    = RECORD
                    Name, Vorname : STRING[20];
                    Sitz          : Wohnung
                  END;
```

Statt dieser Typdeklaration können wir auch schreiben:

```
TYPE  Person      = RECORD
                        Name, Vorname : STRING[20];
                        Sitz          : RECORD
                                          Strasse : STRING[20];
                                          Nr, PLZ : INTEGER;
                                          Ort     : STRING[20]
                                        END;
                    END;
```

Im Ergebnis scheinen beide Deklarationen gleich zu sein. Doch ist mit der zweiten Version keine Variable vom Typ Wohnung möglich!

Nun deklarieren wir die Variablen:

    VAR a, b : Person;

Gültige Zuweisungen sind dann:

    a.Name := 'Meier';
    a.Sitz.Strasse := 'Hauptstrasse';
    b.Name := a.Name;
    b.Sitz.Ort := a.Name;

Falsche Zuweisungen sind dagegen:

    a.Sitz := 'Unna';
    a.Sitz.PLZ := '4750';

Aufgabe: Bilden Sie weitere gültige Zuweisungen!

Nun noch eine Hilfe für die Arbeit mit Verbunden: die WITH-Anweisung.

Wenn wir öfter im Programm Daten zu behandeln haben, die Teile von Verbunden darstellen, so ist dies oft sehr aufwendig und lästig, da die Teile allein nicht definiert sind.

Mit Variablen vom Typ

```
VAR Buch : RECORD
               Titel, Autor: STRING[20];
               Seitenzahl : INTEGER;
               Preis      : REAL
           END;
```

ist eine Zuweisung

    Autor := 'Rollke';

falsch! Dies liegt nicht an dem Autor, sondern daran, daß eine Variable
Autor nicht deklariert ist. Vielmehr muß es richtig heißen

    Buch.Autor := 'Rollke';

Wollen wir eine Inventarliste unserer Bücher aufstellen, so müßten wir
für jedes Buch die Eingabe wie folgt strukturieren:

    READLN (Buch.Autor);
    READLN (Buch.Titel);
    READLN (Buch.Seitenzahl);
    READLN (Buch.Preis);

Hier bietet Pascal eine Hilfe an:

    WITH Buch DO BEGIN
      READLN (Autor);
      READLN (Titel);
      READLN (Seitenzahl);
      READLN (Preis)
    END; (* von WITH *)

Auch die Zuweisung

    WITH Buch DO Autor := 'Rollke';

ist nun richtig.

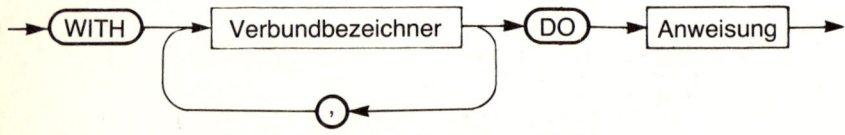

Zur Übung des RECORD-Typs ein kleines Beispielprogramm, das nach
Belieben erweitert werden kann (und soll). Das folgende Programm läßt
den Benutzer die Daten des Periodensystems der Elemente eingeben:

Elementname, Abkürzung, Atomgewicht, gibt es radioaktive Isotope?

Die Eingaben erfolgen in der Reihenfolge der Ordnungszahlen.
Anschließend werden die Elemente jeweils nach Namen und Atomge-
wichten geordnet und ausgegeben.

Erweiterungsvorschläge für das Programm:

- nach anderen Kriterien ordnen;
- Menüsteuerung einbauen;
- Liste auf Drucker ausgeben;
- alle (nicht-)radioaktiven Elemente ausgeben;
- pro Element noch Isotope speichern (mit ARRAY);
- später (wenn Dateien bekannt sind) zur Speicherung der Daten ändern.

```
PROGRAM Periodensystem;

   TYPE Elementtyp = RECORD
                        Name      : STRING [20];
                        Abk       : STRING [2] ;
                        Ordnzahl  : INTEGER;
                        Radioakt  : BOOLEAN;
                        Atommasse : REAL
                     END; (* von Record *)

   VAR Element : ARRAY [1..118] OF Elementtyp;
            n : INTEGER;
           ch : CHAR;

   PROCEDURE Sort (Modus , Ende : INTEGER);
      VAR i, j : INTEGER;

      PROCEDURE Tausche (VAR a,b : Elementtyp);
         VAR Hilf : Elementtyp;
         BEGIN
            Hilf := a;
            a := b;
            b := Hilf
         END; (* von Tausche *)

      BEGIN
         FOR i:=1 TO Ende-1 DO
            FOR j:=Ende DOWNTO i DO
               CASE Modus OF
                  1 : IF Element [i].Name > Element [j].Name THEN
                         Tausche ( Element [i] , Element [j] );
                  2 : Element [i].Atommasse > Element [j].Atommasse THEN
                         Tausche ( Element [i] , Element [j] )
               END (* von Case *)
      END; (* Von Sort *)

   PROCEDURE Ausgabe ( Ende : INTEGER);
      VAR i : INTEGER;
      BEGIN
         FOR i:=1 TO Ende DO WITH Element [i] DO BEGIN
            WRITE (Ordnzahl:3, Name:20,Abk:4 ,' Atommasse=',Atommasse:8:4);
            IF Radioakt THEN WRITE (' hat ') ELSE WRITE (' ohne ');
            WRITELN (' radioaktive Isotope')
         END (* von With *)
      END; (* von Ausgabe *)
```

```
BEGIN (* Hauptprogramm *)
  WRITELN ('Eingabe der Daten '); WRITELN;
  n := 0;
  REPEAT
    n := n + 1;
    WITH Element [n] DO BEGIN
      Ordnzahl := n;
      WRITELN (n:3 , '. Element:');
      WRITE ('Name:          '); READLN (Name);
      WRITE ('Abkuerzung:  '); READLN (Abk);
      WRITE ('Atommasse:   '); READLN (Atommasse);
      WRITE ('Radioaktiv (J/N) ? '); READ (KBD,ch);
      Radioakt := (ch='J') OR (ch='j');
      WRITELN; WRITELN
    END; (* von WITH *)
    WRITE ('Weiter (J/N)? '); READ (KBD,ch); WRITELN
  UNTIL (ch<>'J') AND (ch<>'j');
  CLRSCR;
  WRITELN ('Liste nach Namen sortiert: '); WRITELN;
  Sort (1,n);
  Ausgabe (n);
  WRITELN; WRITELN ('RETURN-Taste druecken...');
  READLN;
  WRITELN ('Liste nach Atommassen sortiert: '); WRITELN;
  Sort (2,n);
  Ausgabe (n)
END.
```

Aufgabe: Testen und erweitern Sie das Programm.

Varianten

Zum guten Schluß, als Krönung sozusagen, wollen wir uns mit einer besonderen Form des Verbundes beschäftigen, mit der Variante. Oft wird diese Form auch als varianter RECORD bezeichnet.

Es handelt sich hier um die Möglichkeit, in der Typdeklaration Objekten mit gleichem Namen abhängig von bestimmten Eigenschaften verschiedene Strukturen zuzuordnen.

In unserem Beispiel (Periodensystem) könnten wir z. B. daran interessiert sein, daß nur bei den Elementen, die radioaktive Isotope besitzen, auch noch die Strahlungsarten mitgespeichert werden.

TYPE Strahlung = (alpha, beta, gamma);

VAR Element = RECORD
                 Name : STRING[20];
                 Masse : REAL;
                 CASE Radioak : BOOLEAN OF
                    (TRUE : Art : Strahlung)
                END;

Nun gibt es zwei verschiedene Möglichkeiten, die Variable Element mit Daten zu versorgen:

Name:	Helium
Masse:	4.0026
Radioak:	False
... ..	

Name:	Uran226
Masse:	238.029
Radioak:	True
Art:	alpha

Ein weiteres Beispiel:

```
TYPE Schueler = RECORD
            Name, Vorname    : STRING[20];
            Einschulung      : RECORD
                                 Tag : 1..31;
                                 Mon : 1..12;
                                 Jahr: INTEGER
                               END;
            CASE Klassenstufe : INTEGER OF
            5,6,7,8,9,10      : (Klasse : STRING[20];
                                 Klassenlehrer : STRING[20])
            11,12,13         : (Tutor : STRING[20];
                                 Kurse : ARRAY [1..8] OF
                                          STRING[20])
            END;
```

Pro Verbund darf ein variabler Teil (mit CASE) enthalten sein, der am Schluß des Verbundes stehen muß.

Achtung: Klammern (um die Eintragliste) in der CASE-Anweisung beachten!

Variabler Teil:

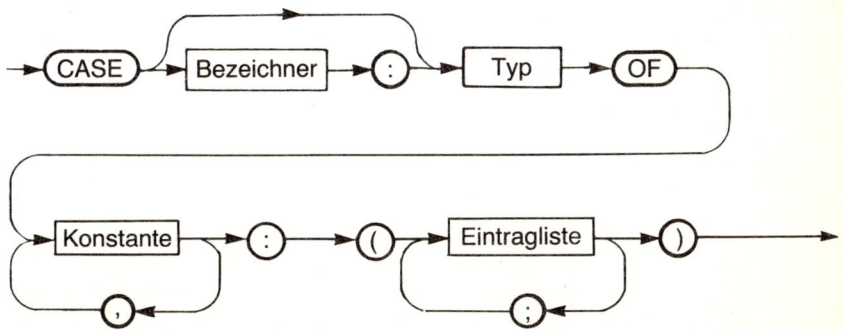

Das Syntaxdiagramm der Variante zeigt, daß das Variantenkennzeichen auch entfallen kann und nur der Typ angegeben werden kann (sog. „free unions").

Verbund:

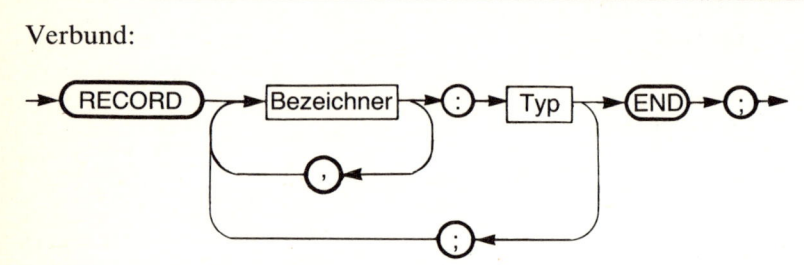

Ein Verbund ist ein Datentyp, unter dem verschiedene Datentypen zusammengefaßt sind. Entsprechend bestehen die Variablen vom Typ des Verbundes aus mehreren Teilen.

Die Verbundvariablen können als Ganzes oder mit ihren Teilen behandelt werden.

Die WITH-Anweisung hilft bei der Behandlung von Teilen eines Verbundes.

Dateien und Listen

8

8.1 Dateien

Zur Datenverarbeitung gehört nicht nur das Verarbeiten, sondern auch das Speichern von Daten.

Kurzfristig werden die Daten im Rechner gespeichert (im RAM, Random Access Memory). Hier sind die Daten jedoch flüchtig, d. h. wenn wir den Rechner ausschalten, sind die Daten gelöscht.

Nun ist es sicher sinnvoll, die zu verarbeitenden oder verarbeiteten Daten auf externen Speichermedien zu speichern, die nicht flüchtig sind.

Ein Speicher ist schon der Drucker. Dieser kann aber nur Daten aufnehmen und nicht wieder zurück in den Rechner geben.

Als schnelles Speichermedium, das zugleich eine große Speicherkapazität besitzt, verwenden wir die Disketten. Auf ihnen können wir nicht nur Programme, sondern auch Daten speichern. Dieser Datenspeicherung liegt in Pascal ein spezielles Konzept zugrunde, das, wenn es richtig verstanden ist, eine recht komfortable Datenspeicherung zuläßt. Zunächst werden wir uns mit diesem Konzept beschäftigen und dann die Möglichkeiten der Dateibefehle kennenlernen.

Es gibt generell zwei Arten von Dateien (files im Englischen): Dateien mit wahlfreiem Zugriff (random access files) und Dateien mit sequentiellem Zugriff (sequential access files).

„Random access files": Diese Dateien zeichnen sich dadurch aus, daß man auf jedes Element der Datei direkt zugreifen kann. Beispielsweise ist der Rechnerspeicher so organisiert. Jede Speicherzelle (Byte) ist mit einer Nummer versehen (Adresse), durch die sie direkt beschrieben oder gelesen werden kann. In einigen Betriebssystemen (z. B. DOS 3.3) kennt man diese Art von Dateien ebenfalls.

„Sequential access files": Alle Daten sind hintereinander angeordnet, und es kann nur in dieser Reihenfolge auf sie zugegriffen werden. Diese Art der Dateien ist nötig, wenn Magnetbänder als Speichermedien verwendet werden.

In Pascal sind nur sequentielle Dateien möglich. Der Zugriff auf die Daten auf einer Diskette kann jedoch von seiten des Betriebssystems des verwendeten Rechners durch wahlfreien Zugriff geschehen. So sind sequentielle Dateien in Verbindung mit Diskettenlaufwerken nicht langsamer als andere.

Den Aufbau einer Datei in Pascal können wir uns so vorstellen: Alle Datenelemente werden in der Reihenfolge ihrer Eingabe in die Datei auf einem Band gespeichert (Band nur symbolisch). Dadurch hat jedes Element automatisch eine Nummer, nämlich seine Platznummer auf dem Band.

Element0	Element1	Element2	Element3	Element4	EOF	

Die Nummern, auf die eine später zu besprechende Prozedur zugreift, beginnen mit 0.

Das Ende einer Datei wird durch ein Element namens EOF (End-Of-File, Ende der Datei) gekennzeichnet.

Eine leere Datei besteht wenigstens aus dem Element EOF.

Die Datenelemente der Datei haben alle den gleichen Typ. Dieser Typ der Datenelemente wird im Deklarationsteil in der Dateideklaration vereinbart. Das Element EOF ist unabhängig von dieser Typdeklaration.

Soll nun auf ein Element der Datei zugegriffen werden, so schafft man sich ein „Fenster" in die Datei. Mit der Typdeklaration der Datei wird automatisch eine Variable mitdeklariert, der sogenannte Dateizeiger.

Diese Variable zeigt auf ein Datenelement der Datei und erlaubt den Zugriff auf dieses Element.

Mit der Prozedur SEEK wird der Dateizeiger auf ein bestimmtes Element positioniert.

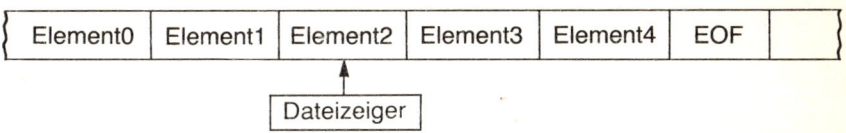

Dieser Dateizeiger zeigt also auf ein bestimmtes Element und stellt sozusagen eine Verbindung mit dem Element her.

Durch die READ-Anweisung wird ein Datenelement aus der Datei gelesen. Durch die WRITE-Anweisung wird ein Datenelement in die Datei geschrieben. Außerdem kann abgefragt werden, ob der Dateizeiger auf EOF, d.h. auf das Ende der Datei zeigt.

Die Daten, die in einer Datei gespeichert werden, können von allen Typen sein. So sind Dateien vom Typ INTEGER, REAL, CHAR, BOOLEAN sowie der Aufzählungstypen oder der zusammengesetzten Typen möglich. Als spezielle Dateien sind Binärdateien zu nennen, die Daten vom Typ BOOLEAN beinhalten. Dazu gehören auch Codefiles von Programmen oder Bildschirmgrafiken.

Eine weitere Form spezieller Dateien sind die sogenannten Textfiles. Darunter fallen z.B. die Programmtexte, aber auch selbst erstellte Texte. Ein sehr starkes Werkzeug liegt darin, daß der Benutzer vom Programm aus auch auf Programmtexte zugreifen kann.

Spezielle Textdateien sind die Standarddateien zur Ein- und Ausgabe, wie z.B. für die Tastatur und den Bildschirm.

Wir wollen zur Übung der neuen Datenstruktur Datei zwei kleine Programme schreiben:

1. Ein Programm zum Erstellen einer neuen Datei von zehn ganzen Zahlen.
2. Ein Programm zum Lesen dieser (dann schon bestehenden) Datei von zehn ganzen Zahlen.

Zuerst brauchen wir eine Variable für die Datei, nennen wir sie „f".

```
VAR f : FILE OF INTEGER;
```

Mit dieser Variablendeklaration haben wir f als Name für eine Datei von ganzen Zahlen deklariert.

Weiterhin sei eine Variable i vom Typ INTEGER zu deklarieren.

WRITE (f,i);   schreibt das Datenelement i in die Datei an die aktuelle Stelle des Dateizeigers und rückt den Dateizeiger eine Stelle weiter.

READ (f,i);   liest ein Datenelement aus der Datei an der Stelle des Dateizeigers, weist es der Variablen i zu und rückt den Dateizeiger eine Stelle weiter.

Bevor wir aber überhaupt auf Elemente der Datei zugreifen können, muß die Datei eröffnet werden, d. h. der Rechner muß seine Datenleitungen zu der Stelle verknüpfen, wo die Datei steht, bzw. wo die neue Datei stehen soll.

ASSIGN (f,filename);   verknüpft unsere (logische) Datei f mit einer tatsächlichen (physischen) Datei mit dem angegebenen Namen filename auf der Diskette. Der filename ist ein STRING (Konstante oder Variable), der den Dateinamen enthält.
Beispiel: ASSIGN (f,'B:TEST.DAT');

REWRITE (f);   setzt den Dateizeiger einer neuen Datei auf das 0. Element und eröffnet damit die Datei. Existiert die Datei schon, so wird sie überschrieben.

RESET (f);   setzt den Dateizeiger einer bereits existierenden Datei auf das 0. Element und eröffnet damit die Datei. Existiert die Datei noch nicht, so tritt eine Fehlermeldung auf.

Achtung: In unserem Beispiel ist „f" der Name der Datei im Programm und „filename" der Name der Datei auf der Diskette!

Wenn wir mit unseren Dateioperationen fertig sind (spätestens jedoch zum Programmende), muß die Datei noch geschlossen werden mit

    CLOSE (f);

Damit sind alle Änderungen in der Datei permanent gespeichert, und die Datei wird in das Inhaltsverzeichnis der Diskette übernommen.

Nun kommen wir zu unserem Programm:

```
PROGRAM Schreibe;
  VAR i : INTEGER;
      f : FILE OF INTEGER;
```

```
BEGIN
  ASSIGN (f,'A:Daten.DAT');
  REWRITE (f);          (* neue Datei eroeffnen *)
  FOR i:=1 TO 10 DO WRITE (f,i);
  CLOSE (f)             (* Datei permanent speichern *)
END.
```

Aufgabe: Tippen Sie das Programm ein, und führen Sie es aus!

Sehen wir uns mit dem DIR-Befehl das Inhaltsverzeichnis der Diskette an, so sehen wir, daß die neue Datei namens Daten.DAT gespeichert ist.

In unserer Datei sollten die Zahlen 1 bis 10 gespeichert sein.

Achtung: Die Zahlen sind in den Elementen 0 bis 9 gespeichert. Element 10 enthält EOF (End Of File).

So, nun lesen wir die Datei, um uns davon zu überzeugen, daß die Daten tatsächlich gespeichert sind:

```
PROGRAM Lese;
  VAR f : FILE OF INTEGER;
      i : INTEGER;

  BEGIN
    ASSIGN (f,'A:Daten.DAT');
    RESET (f);                        (* alte Datei eroeffnen *)
    WHILE NOT EOF(f) DO BEGIN  (* solange nicht Dateiende unter Zeiger *)
      READ (f,i);                     (* Datenelement lesen *)
    WRITELN (i)                       (* ausgeben *)
    END; (* while *)
    CLOSE (f)
  END.
```

Aufgabe: Tippen Sie das Programm ein, und führen Sie es aus!

Die Funktion

EOF (f);

ergibt den Wert TRUE, wenn der Dateizeiger auf das Ende der Datei f zeigt (keine Ausgabe dieses „Wertes" mit WRITE(LN) möglich!) sonst FALSE. Die WHILE-Schleife verhindert, daß versucht wird, nach dem Ende der Datei etwas auszugeben.

Eine Besonderheit der RESET-Anweisung besteht darin, daß sie auch in einer schon eröffneten Datei verwendet werden kann. Mit

RESET (f);

wird der Dateizeiger der (schon eröffneten) Datei f auf das Element 0 zurückgesetzt.

Etwas mehr Komfort

Bei unserem kleinen Testprogramm fällt unangenehm auf, daß der Name
der Datei nicht variabel gehalten ist. Dies können wir leicht ändern,
indem wir eine Variable „filename" vom Typ STRING definieren, die wir
den Benutzer eingeben lassen.

Weiterhin müßten wir die Eröffnung der Datei mit RESET oder
REWRITE davon abhängig machen, ob die Datei schon besteht oder neu
angelegt werden soll. Wird nämlich eine schon bestehende Datei mit
REWRITE eröffnet, so ist der alte Dateninhalt verloren. Hier hilft uns
die Möglichkeit, die Fehlermeldung abzuschalten und softwaremäßig
Fehler festzustellen.

Die Compileranweisung

(*$I−*) oder {$I−}   Achtung: Kein Kommentar!

schaltet die Fehlermeldung des Turbo Pascal-Systems ab und

(*$I+*) oder {I+}

schaltet sie wieder ein.

Die Fehlermeldung sollte aber nur abgeschaltet werden, wenn der Programmierer sicher ist, daß nur ein ganz bestimmter (gewollter) Fehler und
sonst keiner auftritt. Der Fehler, den wir erwarten, ist, daß sich die Datei
nicht mit RESET eröffnen läßt, weil sie noch nicht existiert.

Das System bricht bei Auftritt eines Fehlers nicht das Programm ab, gibt
aber einer vordefinierten Funktion

IORESULT

einen Wert ungleich Null mit.

Achtung: Nachdem diese Funktion abgefragt wurde, wird der Wert wieder auf Null gesetzt.

Der Wert von IORESULT beschreibt den aufgetretenen Fehler (siehe
Anhang).

Die Programmsequenz könnte sein:

```
WRITE ('Name der Datei: ');
READLN (filename);
ASSIGN (f,filename);
(*$I−*)                         (* Fehler aus*)
RESET (f);                      (* Versuch: Alte Datei *)
(*$I+*)                         (* Fehler an *)
IF IORESULT<>0 THEN BEGIN       (* wenn Fehler... *)
  WRITELN ('Neue Datei eroeffnen...');
  REWRITE (f)
END; (* von if *)
```

Eine weitere Anweisung im Zusammenhang mit Dateien ist

SEEK (f, Nummer);

Hierbei ist f der Variablenname der Datei und „Nummer" eine ganze Zahl größer oder gleich Null.

Mit SEEK wir der Dateizeiger auf ein bestimmtes Element mit der Nummer „Nummer" gesetzt. Dabei wird aber keine WRITE- oder READ-Anweisung ausgeführt.

Mit dieser neuen Anweisung sind wir in der Lage, eine sequentielle Datei im „random-access-Verfahren" (d. h. mit wahlfreiem Zugriff) zu behandeln.

Eine Anwendung

Wir wollen nun unser Wissen über Dateien und Verbunde zusammenfassen in einem Programm zum „klassischen" Problem einer Adreßdatei. Aus Platzgründen wird hier keine allzu komfortable Version des Programms dargestellt. Es sei dem Leser überlassen, das Programm zu erweitern.

Bedienen wir uns der Menü-Technik, um den Programmablauf zu steuern, und geben wir dem Benutzer folgende Möglichkeiten:

```
V (eraendern von Daten
L (oeschen von Daten
A (lphabetisch Ordnen
D (rucken der Datei
S (uchen nach Kriterien
Z (um Schluss
```

Menü bedeutet, daß der Benutzer jederzeit einen Programmteil durch einfaches Tippen des ersten Buchstabens der Zeile auswählen kann.

Zu Beginn muß der Benutzer nach dem Dateinamen gefragt werden. Sollte die Datei nicht existieren, wird gefragt, ob eine neue Datei erstellt werden soll. Andernfalls wird das Programm beendet.

Wir erstellen zunächst das „Rohprogramm" mit der Deklaration der globalen Variablen, den noch leeren Prozeduren und dem Hauptprogramm.

Die Funktion Lieszeichen ist schon erstellt. Sie ermöglicht eine·recht komfortable Eingabe von Zeichen. Die Funktion EOLN(KEYBOARD) darin erhält den Wert TRUE, wenn die Return-Taste gedrückt wird.

Außerdem ist die Prozedur Start fertig, die den Dateinamen abfragt, die Datei eröffnet oder eine neue Datei erstellt (erst als Leerdatei, um sicherzugehen, daß der Diskettenplatz ausreicht) mit der Prozedur Neu und die Prozedur Menu aufruft.

Die Prozedur Menu, ebenfalls schon fertig, ist die „zentrale Schaltstelle" des Programms. Von hier aus werden die anderen Prozeduren aufgerufen, und das Programm kehrt nach dem Durchlaufen dieser Prozeduren wieder hierher zurück. Wenn in der Prozedur Menu das Programmende gewählt wird, so wird zuerst die Prozedur Start beendet, die die Datei schließt, bevor sie zum Hauptprogramm zurückkehrt.

Zur vorzeitigen Beendigung der Prozedur Start wird ein Label namens Exit1 definiert und an das Ende der Prozedur gesetzt. Sollte der Benutzer einen falschen Dateinamen eingegeben haben, aber nicht gewillt sein, eine neue Datei zu eröffnen (weil er z. B. den korrekten Dateinamen nur vergessen hat), so kann er hier das Programm verlassen, um sich das Inhaltsverzeichnis der Diskette erneut anzusehen.

Die Mengen J, N und JN werden verwendet, um die häufige Abfrage von Ja und Nein zu erleichtern.

```
PROGRAM Adressdatei;
CONST Maxn = 40;

TYPE Setofchar  = SET OF CHAR;
     Kurzstring = STRING [20];
     Adresse    = RECORD
                    Test : BOOLEAN;
                    Name, Vorname, Strasse : Kurzstring;
                    PLZ : INTEGER;
                    Ort, Tel :Kurzstring
                    END; (* Adresse *)
     Filetyp    = FILE OF Adresse;

VAR Person      : ARRAY [1..Maxn] OF Adresse;
    Leer        : Kurzstring;
    Datei       : Filetyp;
    Dateiname   : STRING [15];
    ch          : CHAR;
    Anzahl, Nr, i, k : INTEGER;
    J, JN, N    : SET OF CHAR;

FUNCTION Lieszeichen (m : Setofchar) : CHAR;
VAR ch : CHAR;
    OK : BOOLEAN;
BEGIN
 REPEAT
   READ (KBD, ch);                         (* Lies Zeichen ohne Echo *)
    OK := ch IN m;
   IF NOT OK THEN WRITE (CHR(7))           (* Bell *)
            ELSE IF ch IN [' '..CHR(126)]  (* druckbare Zeichen *)
                 THEN WRITE (ch)
```

```
   UNTIL OK;
  Lieszeichen := ch
END; (* von Lieszeichen *)


PROCEDURE Lesen;
 BEGIN
  (* folgt noch *)
 END;


PROCEDURE Schreiben;
 BEGIN
  (* folgt noch *)
 END;


PROCEDURE Veraendern;
 BEGIN
  (* folgt noch *)
 END;


PROCEDURE Loeschen;
 BEGIN
  (* folgt noch *)
 END;


PROCEDURE Alphasort;
 BEGIN
  (* folgt noch *)
 END;


PROCEDURE Drucken;
 BEGIN
  (* Uebung *)
 END;


PROCEDURE Suchen;
 BEGIN
  (* Uebung *)
 END;


PROCEDURE Menu;
VAR Frage : CHAR;
BEGIN
 REPEAT
  clrscr;
   WRITELN; WRITELN;
   WRITELN ('Die Datei hat ', Anzahl:3);
   WRITELN ('tatsaechliche Elemente.');
   WRITELN; WRITELN ('Waehlen Sie:');
   WRITELN; WRITELN;
   WRITELN ('  V (eraendern von Daten   ');
   WRITELN ('  L (oeschen von Daten     ');
   WRITELN ('  A (lphabetisch Ordnen    ');
   WRITELN ('  D (rucken der Datei      ');
   WRITELN ('  S (uchen nach Kriterien ');
   WRITELN;
   WRITELN ('  Z (um Schluss           ');
```

```
    Frage:=Lieszeichen(['V','v','L','l','A','a','D','d','S','s','Z','z']);
    CASE Frage OF
     'V','v' : Veraendern;
     'L','l' : Loeschen;
     'A','a' : Alphasort;
     'D','d' : Drucken;
     'S','s' : Suchen
    END (* case *)
   UNTIL Frage IN ['Z','z']
 END; (* von Menu *)

  PROCEDURE Start;
  LABEL Exit1;
  VAR Satz : Adresse;

  PROCEDURE Neu;
   BEGIN     (* von Neu *)
    Leer:='                    ';      (* 20mal Leer *)
    ASSIGN(Datei,Dateiname);
    REWRITE (Datei);
    FOR i:=1 TO Maxn+1 DO BEGIN
     WITH Person [i] DO BEGIN         (* leere Datei erzeugen *)
      Test := FALSE; Name := Leer; Vorname := Leer;
      Ort := Leer; PLZ := 0; Strasse := Leer; Tel := Leer
     END; (* With *)
     WRITE(Datei,Person [i]);
    END; (* for *)
    CLOSE (Datei)
   END; (* von Neu *)

  BEGIN    (* von Start *)
   Anzahl := 0;  (* noch keine Datei *)
   WRITELN; WRITELN;
   WRITE ('Eingabe des Dateinamens: '); READLN (Dateiname);
   ASSIGN(Datei, Dateiname);
   (*$I-*) RESET(Datei); (*$I+*)
   IF IORESULT <> 0 THEN BEGIN
    WRITELN ('Datei existiert nicht! ');
    WRITE ('Wollen Sie eine neue Datei (J/N)?');
    ch := Lieszeichen (JN);
    IF ch IN J THEN Neu ELSE GOTO Exit1
   END; (* von if *)
   RESET(Datei);
   FOR i:=1 TO Maxn DO BEGIN
    SEEK(Datei,i);
    READ(Datei,Satz);
    IF Satz.Test THEN Anzahl := Anzahl +1
   END; (* von for *)
   Menu;
   CLOSE (Datei);
   Exit1:
  END; (* von Start *)

BEGIN (* Hauptprogramm *)
J  := ['J','j'];
N  := ['N','n'];
JN := ['J','j','N','n'];
CLRSCR;
Start;
CLRSCR;
WRITELN ('Das war es!')
END.
```

Die Prozeduren Drucken und Suchen seien dem Leser als Übung empfohlen. Die restlichen Prozeduren werden hier noch entwickelt. Das Rohprogramm ist allerdings schon in seiner bisherigen Form lauffähig. Daher kann es schon getestet werden.

Diese Art der Programmierung nennt man „top-down-Methode". Dabei wird zuerst das grobe Gerüst des Programms erstellt und dieses nach und nach mit Modulen (Prozeduren und Funktionen) ausgefüllt.

Mit den noch zu entwickelnden Prozeduren Lesen, Schreiben, Veraendern, Sortieren und Loeschen hat das Programm seine wichtigsten Funktionen und kann schon recht komfortabel angewendet werden.

Als erstes folgt nun die Prozedur Lesen. Sie hat zwei Variablen, von denen eine zurückgegeben wird. Die Prozedur hat die Aufgabe, einen Datensatz mit der Nummer N zu lesen und auf dem Bildschirm darzustellen. Sie enthält selbst zwei Prozeduren Maske und Fuellen, die eine Bildschirmmaske generieren und diese mit dem Dateninhalt füllen.

```
PROCEDURE Lesen (N : INTEGER; VAR Satz : Adresse);
PROCEDURE Maske;
 BEGIN  (* von Maske *)
  GOTOXY(1,2 );   WRITE ('Nummer:    ');
  GOTOXY(1,8 );   WRITE ('Name:      ');
  GOTOXY(1,10);   WRITE ('Vorname:   ');
  GOTOXY(1,12);   WRITE ('Strasse:   ');
  GOTOXY(1,14);   WRITE ('Plz:       ');
  GOTOXY(1,16);   WRITE ('Wohnort:   ');
  GOTOXY(1,18);   WRITE ('Telefon:   ')
 END; (* von Maske *)

PROCEDURE Fuellen;
 BEGIN  (* von Fuellen *)
  WITH Satz DO BEGIN
   GOTOXY(13,2 ); WRITE (N : 3);
   GOTOXY(13,8 ); WRITE (Name);
   GOTOXY(13,10); WRITE (Vorname);
   GOTOXY(13,12); WRITE (Strasse);
   GOTOXY(13,14); WRITE (PLZ);
   GOTOXY(13,16); WRITE (Ort);
   GOTOXY(13,18); WRITE (Tel)
  END (* von with *)
 END; (* von Fuellen *)

BEGIN (* von Lesen *)
 CLRSCR;
 SEEK (Datei, N);
 READ(Datei,Satz);
 Maske;
 Fuellen
END; (* von Lesen *)
```

Als nächstes die Prozedur Schreiben. Auch sie hat zwei Parameter. Sie
macht nichts anderes, als einen Datensatz mit der Nummer N und dem
Inhalt Satz auf die Diskette zu schreiben.

```
PROCEDURE Schreiben (N : INTEGER; Satz : Adresse);
BEGIN
 SEEK (Datei,N);
 WRITE(Datei,Satz);
END; (* von Schreiben *)
```

Die Prozedur Veraendern dient dazu, Datensätze zu ändern. Dies bedeutet zweierlei. Es können schon vorhandene Daten umgeändert werden
oder mit weiter fortlaufender Nummer neue Datensätze eingegeben werden. Ein entsprechendes Untermenü erlaubt die Auswahl.

Diese Prozedur enthält die Prozedur Aendern, die die Änderung der
Daten selbst übernimmt. Dazu wird der Datensatz erst gelesen. Dann
wird mit der Prozedur Tasten, die ihrerseits Teil von Aendern ist, in die
Bildschirmmaske gegangen und geändert. Die Prozedur Tasten erlaubt
auch einfaches Drücken der Return-Taste. Dann werden die alten Daten
einfach übernommen.

Am Ende der Änderung kann sich der Benutzer noch entscheiden, ob er
tatsächlich die geänderten Daten speichern will. Tut er dies nicht, so wird
der Datensatz nicht gültig, und bei der Neueingabe wird die aktuelle
Anzahl der Daten wieder zurückgesetzt.

```
PROCEDURE Veraendern;
VAR Frage : CHAR;

PROCEDURE Aendern (VAR N : INTEGER);
 VAR Satz : Adresse;
     Hilf : Kurzstring;

 PROCEDURE Tasten (x,y : INTEGER; VAR Wort : Kurzstring);
  VAR Wort2 : Kurzstring;
  BEGIN (* von Tasten *)
   GOTOXY (x,y); READLN (Wort2);
   IF Wort2 <> '' THEN Wort := Wort2;
   (* nur Aenderung, wenn nicht <Return>*)
   GOTOXY (x,y); WRITE (Wort)
  END; (* von Tasten *)

 BEGIN (* von Aendern *)
  Lesen (N, Satz);
  WITH Satz DO BEGIN
   Tasten (13,8,Name); Tasten (13,10,Vorname); Tasten (13,12,Strasse);
   STR (PLZ, Hilf); (* PLZ voruebergehend als String *)
   Tasten (13,14,Hilf);
   Hilf := CONCAT (Hilf,'0000'); (* falls leer *)
    PLZ := 0; k:=1000;
   FOR i:=1 TO 4 DO BEGIN (* Umwandeln in Integer *)
    PLZ := PLZ + k * (ORD (Hilf[i]) - 48); k := k DIV 10
   END; (* von for *)
```

```
    Tasten (13,16,Ort); Tasten (13,18,Tel)
 END; (* von with *)
 GOTOXY(1,21);
 WRITE ('Wollen Sie abspeichern (J/N) ?');
 ch := Lieszeichen (JN);
 IF ch IN J THEN BEGIN
  Satz.Test := TRUE;
  Schreiben (N, Satz);
 END (* von if *)
 ELSE N:=N-1
END; (* von Aendern *)

BEGIN (* von Veraendern *)
 REPEAT
  CLRSCR;
  WRITELN; WRITELN;
  WRITELN ('  N (eueingabe');
  WRITELN ('  U (maendern ');
  WRITELN ('  M (enue ');
  WRITELN; WRITELN ('Bitte waehlen Sie');
  Frage := Lieszeichen (['N','n','U','u','M','m']);
  IF Frage IN ['N','n'] THEN BEGIN (* 1. Element oder naechstes *)
   Nr := Anzahl+1;
   Aendern (Nr);
   Anzahl := Nr
  END; (* von if *)
  IF Frage IN ['U','u'] THEN BEGIN
   WRITELN;
   WRITE ('Welche Nr. aendern? ');
   READLN (Nr);
   Aendern (Nr)
  END (* von if *)
 UNTIL Frage IN ['M','m']
END; (* von Veraendern *)
```

Weiterhin haben wir noch die Prozedur Loeschen, die erlaubt, einen Datensatz zu löschen. Dazu wird dem Benutzer angeboten, die Nummer des Datensatzes oder den Namen der zu löschenden Person anzugeben. Zur Sicherheit wird der Datensatz noch einmal gezeigt und gefragt, ob wirklich gelöscht werden soll. Soll doch nicht gelöscht werden, so kann man an das Ende der Prozedur springen und so die Prozedur vorzeitig verlassen.

```
PROCEDURE Loeschen;
LABEL Exit;
VAR Nnam, Vnam : Kurzstring;
    Ende : BOOLEAN;
    Satz : Adresse;

PROCEDURE Weg (N : INTEGER);
 Var Satz : Adresse;
 BEGIN  (* von Weg *)
  Lesen (N, Satz);
  WRITELN;
  WRITELN ('Ist das die Person (J/N) ?');
  ch := Lieszeichen (JN);
  IF ch IN ['J'] THEN BEGIN
   WRITELN ('Loeschen...');
```

```
      FOR k:=N TO Anzahl-1 DO BEGIN (* Umspeichern *)
        SEEK (Datei,k+1); READ(Datei,Satz);
        SEEK (Datei,k); WRITE(Datei,Satz)
      END; (* von for *)
        Anzahl := Anzahl - 1
    END (* von if *)
  END; (* von Weg *)

BEGIN (* von Loeschen *)
  CLRSCR;
  WRITELN (' Was wollen Sie loeschen?');
  WRITELN ('   N (ummer   ');
  WRITELN ('   P (erson   ');
  WRITELN ('   E (nde     ');
  ch := Lieszeichen (['N','n','P','p','E','e']);
  WRITELN;
  IF ch IN ['E','e'] THEN GOTO Exit;
  IF ch IN ['P','p'] THEN BEGIN
   WRITE ('Vorname: '); READLN (Vnam);
   WRITE ('Name   : '); READLN (Nnam);
   i:=1; Ende:=FALSE;
   REPEAT
     SEEK (Datei,i); READ(Datei,Satz);
     IF (Satz.Name = Nnam) AND (Satz.Vorname = Vnam) THEN BEGIN
      Weg (i);
      Ende := TRUE
     END; (* von if *)
     IF (i>Anzahl) AND (NOT Ende) THEN BEGIN
      WRITELN ('Person nicht vorhanden');
      Ende := TRUE
     END; (* von if *)
     i := i - 1
   UNTIL Ende
  END (* von if *)
  ELSE BEGIN
   WRITE ('Welche Nummer loeschen? ');
   READLN (i);
   Weg (i)
  END; (* von ELSE *)
  Exit:
END; (* von Loeschen *)
```

Zum Schluß betrachten wir noch die Prozedur Alphasort zum alphabeti-
schen Sortieren des Datensatzes nach Nachnamen. Es wird ein einfacher
Bubblesort-Sortieralgorithmus gewählt.

```
PROCEDURE Alphasort;
VAR i,j : INTEGER;
    Buf : Adresse;
BEGIN
  RESET(Datei);
  SEEK(Datei,1);
  FOR i:=1 TO Anzahl DO READ(Datei,Person[i]);
  FOR i:=1 TO Anzahl-1 DO
   FOR j:=Anzahl DOWNTO i DO
    IF Person[i].Name > Person[j].Name THEN BEGIN
     Buf:=Person[i]; Person[i]:=Person[j]; Person[j]:=Buf END;
  SEEK(Datei,1);
  FOR i:=1 TO Anzahl DO WRITE(Datei,Person[i]);
END; (* von Alphasort *)
```

Für ein komfortables Arbeiten mit Dateien stellt Turbo Pascal noch folgende Standardprozeduren und -funktionen bereit:

Prozeduren:

FLUSH (f);   sorgt dafür, daß der Datenpuffer in die Datei geschrieben wird. Sonst wird nicht bei jeder Dateioperation das entsprechende Datenelement gelesen/geschrieben. Erst werden mehrere solcher Operationen in einem Puffer (Zwischenspeicher) verwaltet.

ERASE (f);   löscht eine (vorher geschlossene) Datei.

RENAME (f,Name); benennt eine (vorher geschlossene) Datei f um. Der STRING Name wird der neue Name der Datei auf der Diskette. Diese Prozedur hebt folglich die Wirkung von ASSIGN auf.

Datei:

Dateien können Elemente von einfachen oder zusammengesetzten Datentypen beinhalten. Die Elemente sind nach Nummern (angefangen bei Null) sequentiell aneinandergereiht. Das letzte Element einer Datei ist EOF. Durch die Operationen WRITE und READ wird auf die Elemente der Datei zugegriffen.

Das Dateifenster wird durch WRITE und READ um ein Element weitergerückt. Steht EOF unter dem Dateifenster, ist dessen Inhalt undefiniert, und die Funktion EOF (f) wird TRUE.

Mit ASSIGN wird einer logischen Datei im Programm eine physische Datei auf dem Datenträger zugeordent.

Mit RESET wird eine alte, mit REWRITE eine neue Datei eröffnet. Die CLOSE-Anweisung schließt eine Datei.

Mit der SEEK-Anweisung kann das Dateifenster auf ein bestimmtes Element gesetzt werden.

FLUSH bewirkt, daß der Datenpuffer in die Datei geschrieben wird, ERASE löscht, RENAME benennt eine Datei um.

FILEPOS gibt die Position des Dateifensters, FILESIZE die Größe der Datei an.

Funktionen:

i:=FILEPOS (f); Das Ergebnis vom Typ INTEGER dieser Funktion enthält die aktuelle Position des Dateizeigers.

i:=FILESIZE (f); ergibt die Anzahl der Datensätze der Datei f. Ergebnis vom Typ INTEGER.

8.2   Textdateien

Eine besondere Form der Dateien sind die Textdateien. Der Datentyp einer Textdatei wird mit dem reservierten Wort

TEXT

erklärt und steht stellvertretend für

FILE OF CHAR

In der Variablendeklaration können wir z. B. eine Variable erklären:

VAR t : TEXT;

Neben den Operationen READ und WRITE gibt es bei Textdateien noch die Operationen READLN und WRITELN.

Zuerst wird der Datei t wie jeder anderen Datei mit ASSIGN ein Dateiname zugewiesen. Dann wird eine neue Datei mit REWRITE und eine bestehende Datei mit RESET eröffnet. Alsdann gibt es die Anweisungen:

WRITE (t, <text>);

und

WRITELN (t, <text>);

um Text ohne oder mit Zeilenvorschub in die Datei zu schreiben, und

READ (t, <zeichen>);
READLN (t, <text>);

um ein Zeichen oder eine Textzeile aus der Datei zu lesen.

Weiterhin gibt es die Funktion

EOF (t)   (End Of File)

die TRUE ergibt, wenn das Ende der Datei erreicht ist, und

EOLN (t)   (End Of LiNe)

die TRUE ergibt, wenn das Ende einer Zeile erreicht ist (d. h. wenn das nächste zu lesende Zeichen ein Zeilenvorschub, CR, ist).

Die Prozeduren/Funktionen SEEK, FLUSH, FILEPOS und FILESIZE dürfen nicht auf Textdateien angewendet werden!

Wir wollen nun ein Druckersteuerungsprogramm schreiben, das eine Textdatei liest, nach vereinbarten Sonderzeichen absucht und den Text dann auf dem Drucker ausgibt. Dazu vereinbaren wir:

Ist das erste Zeichen der Zeile ein Punkt, so folgt genau ein Druckersteuerzeichen. Die Steuerzeichen sollen sein:

> F : Seitenvorschub (formfeed)
> D : Deutscher Zeichensatz
> A : ASCII-Zeichensatz
> e : Schriftart Elite
> p : Schriftart Pika
> d : Doppeldruck
> n : Normaldruck
> I : Schriftart Italic an
> i : Schriftart Italic aus

Mit diesem Steuerprogramm sind wir z. B. in der Lage, deutsche Umlaute und eckige Klammern in ein und demselben Text zu verarbeiten. Wir wissen ja, daß der ASCII-Zeichensatz keine Umlaute kennt. Drucker, die auf den deutschen Zeichensatz umschaltbar sind, ersetzen dann einige Sonderzeichen (z. B. die eckigen Klammern) durch Umlaute, da die Anzahl der Zeichen begrenzt ist. Ohne dieses Steuerprogramm könnten wir also nicht deutschen Text mit Pascal-Programmen mischen, die mit eckigen oder geschweiften Klammern versehen sind.

```
PROGRAM drucketext;

CONST esc = #$1B;

VAR    name:STRING[20];
          s:STRING[80];
         ch:CHAR;
          t:TEXT;
         Ok:BOOLEAN;
   BEGIN
    WRITE(LST,chr(2));
    CLRSCR;
    REPEAT
     WRITE('Zu druckender Text: ');
```

```
        READLN (name);
        ASSIGN (t,name);
        (*$I-*)  RESET(t);  (*$I+*)
        Ok:=IORESULT<>0;
        IF NOT Ok THEN WRITELN (^G,'Datei nicht vorhanden!');
      UNTIL Ok;
      WHILE NOT EOF(t) DO BEGIN
        (* lies zeilenweise den Text *)
        READLN(t,s);
        IF POS('.',s)=1 THEN CASE s[2] OF   (* suche Steuerzeichen *)
                    'F':WRITE(LST,CHR(12));        (*FF*)
                    'D':WRITE(LST,esc,'R',CHR(2)); (*Deutsch*)
                    'A':WRITE(LST,esc,'R',CHR(0)); (*Ascii*)
                    'e':WRITE(LST,esc,'M');        (*Elite*)
                    'p':WRITE(LST,esc,'P');        (*Pika*)
                    'd':WRITE(LST,esc,'G');        (*Doppel*)
                    'n':WRITE(LST,esc,'H');        (*normal*)
                    'I':WRITE(LST,esc,'4');        (*Italic*)
                    'i':WRITE(LST,esc,'5');        (*Italic aus*)
                  END
                ELSE WRITELN(LST,s)
      END;
      CLOSE(t)
    END.
```

Die Befehlscodierungen für den Drucker beziehen sich auf einen EPSON-FX 80-Drucker. Für andere Drucker können diese Zeichen natürlich anders lauten (siehe Handbuch für den Drucker).

Die Abfrage nur des ersten Zeichens in der Zeile hat den Vorteil, daß das Programm enorm schnell ist.

Ebenfalls denkbar mit dieser Methode ist ein Programm, das bei Auftauchen eines bestimmten Zeichens (z. B. &) im Text das darauffolgende Zeichen als Sonderzeichen interpretiert. Hierbei müßte allerdings jedes Zeichen einer Zeile abgefragt werden.

Standarddateien

Eine besondere Form der Textdateien sind die sogenannten Standarddateien. Diese brauchen und dürfen vom Benutzer nicht mit ASSIGN, RESET, REWRITE und CLOSE behandelt werden. Sie sind bestimmten logischen Geräten zugeordnet.

INPUT   : Eingabedatei, durch die standardmäßig (d. h. wenn nichts anderes genannt ist) die Eingabe geschieht. Sie ist dem Gerät CON: (Console) zugeordnet. Mit der Compiler-Option (*$B-*) kann sie TRM: (Terminal) zugeordnet werden.

OUTPUT : Ausgabedatei, über die standardmäßig (d.h. wenn nichts anderes genannt ist) die Ausgabe erfolgt. Sie ist dem Gerät CON: (Console) zugeordnet. Mit der Compiler-Option (∗$B−∗) kann sie TRM: (Terminal) zugeordnet werden.

CON : Ein- und Ausgabedatei, die dem Gerät CON: (Console) zugeordnet ist. Das ist normalerweise der Bildschirm und die Tastatur des Rechners. Eingaben über die Tastatur bewirken ein zusätzliches Echo des eingegebenen Zeichens auf dem Bildschirm. Ein Eingabepuffer verwaltet eine Eingabezeile.

TRM : Ein- und Ausgabedatei, die dem Gerät TRM: (Terminal) zugeordnet ist. Wie CON, aber ohne Puffer.

KBD : Eingabedatei, die dem Gerät KBD: (Keyboard) zugeordnet ist. Das ist die Tastatur. Eingaben erscheinen nicht auf dem Bildschirm.

LST : Ausgabedatei, die dem Gerät LST: (Lister) zugeordnet ist. Das ist der angeschlossene Drucker.

AUX : Ein- und Ausgabedatei, die dem Gerät AUX: (Auxiliary device) zugeordnet ist. Oft handelt es sich um ein Modem.

USR : Ein- und Ausgabedatei, die dem Gerät USR: (User defined device) zugeordnet ist. Hier kann der Benutzer ein Gerät zur Ein-/Ausgabe selbst definieren. (Siehe Handbuch zu Turbo-Pascal.)

In READ(LN)- und WRITE(LN)-Befehlen ist die Datei, über die die Ein- und Ausgabe erfolgen soll, zuerst zu nennen. Wird keine Datei genannt, so erfolgt die Ausgabe über OUTPUT und die Eingabe über INPUT.

Das bedeutet:

WRITELN ('Test'); ist gleich WRITELN (OUTPUT,'Test');
READLN (wort); ist gleich READLN (INPUT,wort);

Mit ASSIGN können den logischen Geräten auch andere Variablen für Textdateien zugewiesen werden.

Textdateien:

TEXT

Eine Textdatei ist eine Datei, deren Elemente vom Typ CHAR sind. Textdateien werden nicht mit SEEK, FLUSH, FILEPOS und FILESIZE behandelt.

Die Anweisungen ASSIGN, REWRITE und RESET werden mit Textdateien benutzt wie mit anderen Dateien. Die Ein- und Ausgaben geschehen mit READ, READLN, WRITE und WRITELN.

Die Funktion EOF gibt das Dateiende, die Funktion EOLN das Zeilenende an.

Vordefinierte Textdateien sind: INPUT, OUTPUT, CON, TRM, KBD, LST, AUX und USR.

Vordefinierte Dateinamen sind: CON:, TRM:, KBD:, LST:, AUX: und USR:.

8.3 Typenlose Dateien

Als Anwendung der sogenannten typenlosen Dateien wollen wir ein Kopierprogramm für Dateien konzipieren.

Mit den bisher bekannten Dateitypen würde es sehr schwer fallen, ein solches Programm zu erstellen. Insbesondere müßten wir wissen, von welchem Datentyp die einzelnen Elemente der Datei sind. Dann würden wir so viele Datenelemente lesen, wie wir in den Rechnerspeicher bekommen, und sie sodann in eine neue Datei schreiben.

Bei der Benutzung typenloser Dateien entfällt die genaue Kenntnis der Typen der einzelnen Datenelemente. Eine solche Datei wird mit dem Wort FILE deklariert:

VAR f : FILE;

Die Elemente einer solchen Datei sind vom Typ BYTE, d.h. von der Größe der kleinsten zusammenhängenden Speichereinheit. Auf der Diskette werden dann 128 Bytes zu einem Block zusammengefaßt. Solche 128-Byte-Blöcke lassen sich dann mit zwei Prozeduren lesen und schreiben:

BLOCKREAD (f, puffer, Anzblocks); liest eine Anzahl Blöcke (durch Anzblocks vom Typ INTEGER erklärt) aus der offenen Datei f in eine Variable puffer, die sinnvollerweise groß genug ist (z. B. als ARRAY), um den Dateninhalt der zu lesenden Blöcke aufzunehmen.

BLOCKWRITE (f, puffer, Anzblocks); schreibt eine Anzahl Blöcke aus der Variablen puffer in die offene Datei f.

Weiterhin gibt es auch mit typenlosen Dateien die Standardprozeduren und -funktionen ASSIGN, RESET, REWRITE, ERASE, RENAME, FILEPOS, FILESIZE und EOF.

Allerdings gibt FILESIZE die Größe der Datei in Blöcken (pro 128 Bytes) wieder. Entsprechend gibt FILEPOS die Position des Dateizeigers in Blöcken wieder.

Nun kommen wir zu unserem Programm. Wir definieren uns einen ARRAY mit 16 KByte Speicherplatz als Puffer zum Einlesen und Schreiben der Daten. Dazu wird eine Konstante Speicher=$4000 definiert. Der hexadezimale Wert $4000 ist gleich 16384, das entspricht genau 16 KByte (1 KByte = 1024 Byte). Hat Ihr Rechner mehr Speicherplatz zur Verfügung, so kann diese Konstante einfach geändert werden. Weiterhin geben wir mit einer Konstanten an, wie groß ein Block ist.

Nach der Frage nach den jeweiligen Dateinamen und der Eröffnung der Dateien wird festgestellt, wie groß die Anzahl der mit einer Speicherfüllung zu kopierenden Blöcke (Anzbloecke) und die Anzahl der von der Datei zu kopierenden Blöcke (Noch_zu_kopieren) ist. Dann werden immer so viele Blöcke kopiert, wie in den Pufferspeicher passen.

Zum Schluß werden die Dateien geschlossen, was insbesondere für die neue Datei wichtig ist, damit sie ins Inhaltsverzeichnis der Diskette übernommen wird.

```
PROGRAM Kopiere_Files;

CONST Speicher = $4000;   {16 KByte}
      Block    = 128;     {Blockgroesse}

VAR   Puffer            : ARRAY [1..Speicher] OF BYTE;
      Original, Kopie   : STRING[20];
      Originalfile,
      Kopiefile         : FILE;
      Anzbloecke, Liesbloecke,
      Noch_zu_kopieren: INTEGER;
```

```
BEGIN
 REPEAT
  CLRSCR;
  WRITELN ('Kopierprogramm: ');
  WRITE ('Name der zu kopierenden Datei: ');
  READLN (Original);
  ASSIGN (Originalfile, Original);
  {$I-} RESET (Originalfile); {$I+}    {existiert file?}
 UNTIL IORESULT = 0;
 WRITE ('Name der Kopie: ');
 READLN (Kopie);
 ASSIGN (Kopiefile,Kopie);
 REWRITE (Kopiefile);
 Anzbloecke := Speicher DIV Block;  {Zahl der zu kopierenden Bloecke}
 Noch_zu_kopieren := FILESIZE (Originalfile);
 WHILE Noch_zu_kopieren > 0 DO BEGIN  {wenn noch etwas da}
  IF Anzbloecke <= Noch_zu_kopieren THEN Liesbloecke := Anzbloecke
                              ELSE Liesbloecke := Noch_zu_kopieren;
  BLOCKREAD (Originalfile, Puffer, Liesbloecke);
  BLOCKWRITE (Kopiefile,   Puffer, Liesbloecke);
  Noch_zu_kopieren := Noch_zu_kopieren - Liesbloecke
 END;
 CLOSE (Originalfile);
 CLOSE (Kopiefile)
END.
```

Hinweis: Wir hätten auch den Datentyp CHAR für die Elemente des ARRAYs wählen können, ohne etwas zu verändern, da CHAR auch ein Byte Speicherplatz einnimmt. Würden wir den Datentyp INTEGER z. B. als Elementtyp des ARRAYs verwenden, so müßte der Bereich des Feldes halbiert werden, da INTEGER zwei Bytes Speicherplatz braucht.

Typenlose Datei:

   VAR f : FILE;

Typenlose Dateien gestatten den direkten Zugriff auf Diskettendateien ohne Rücksicht auf das Datenformat. Die Elemente bei dieser Zugriffsmethode sind als vom Typ Byte anzusehen.

Die Standardprozeduren und -funktionen ASSIGN, RESET, REWRITE, ERASE, RENAME, FILESIZE, FILEPOS und EOF sind zu benutzen. Die Funktionen FILESIZE und FILEPOS beziehen sich auf Blöcke pro 128 Byte. Mit BLOCKREAD und BLOCKWRITE können solche Blöcke aus der Datei gelesen oder in die Datei geschrieben werden.

8.4 Zeiger

Es gibt schon merkwürdige Typen in Pascal...

TYPE Zeiger = ^Objekt;

Eine Variable dieses Typs ist nicht selbst vom Typ Objekt (dann müßte es ja TYPE Zeiger = Objekt heißen), sondern eine Variable, die auf das Objekt zeigt.

Der Datentyp Zeiger ist von einfachem Typ (wie INTEGER, CHAR, REAL, BOOLEAN und Aufzählungen).

Deklarieren wir uns zwei Zeigervariablen:

TYPE Zeiger = ^CHAR;

VAR a, b : Zeiger;

(VAR a, b : ^CHAR; wäre auch möglich gewesen!)

Achtung: Die Variablen a und b sind *nicht* vom Typ CHAR.

Unsere beiden Zeiger zeigen nun so in die Weltgeschichte hinein. Dies ist ein ziemlich unbefriedigender, weil undefinierter Zustand. Daher gibt es eine Konstante namens

NIL

(engl. Nichts), die jedem Zeiger beliebigen Typs zugeordnet werden kann. Wir nennen diese Konstante NIL auch Erdung (aus der Physik bekannt).

Mit

a := NIL;
b := NIL;

haben die Zeiger a und b definierte Zustände. Sie sind geerdet.

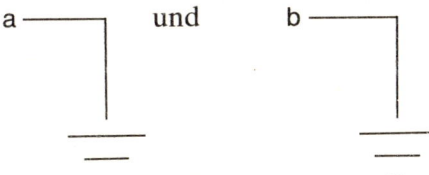

Der Sinn dieser Erdung liegt darin, daß wir später z. B. das Ende einer Liste durch eine solche Erdung kennzeichnen können oder entscheiden können, ob ein Zeiger auf ein Element zeigt oder nicht.

So, nun wollen wir unsere Zeiger mal auf Objekte vom Typ CHAR zeigen lassen. Dazu benötigen wir die Prozedur

NEW (<zeiger>);

Mit dieser Prozedur wird eine vorerst leere Speicherstelle (Variable) erzeugt, auf die der Zeiger zeigt. Der Datentyp dieser Variablen ist durch den Zeigerdatentyp festgelegt.

NEW (a);
NEW (b);

erzeugt Variablen mit den Namen

a^ und
b^

vom Typ CHAR (erinnern wir uns: Der Zeigertyp ist ^CHAR).

Nun sieht das Bild folgendermaßen aus:

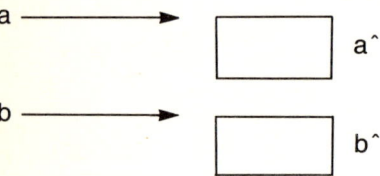

Die Kästchen (Variablen) mit Namen a^ und b^ sind noch leer. Nun weisen wir ihnen Speicherinhalte zu:

a^ := 'x';
b^ := 'y';

Im Bild sieht das so aus:

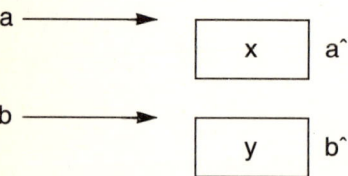

Die Zeiger a und b zeigen nun auf die Variablen a^ und b^ mit den Inhalten x und y.

Folgende Zuweisungsarten zwischen diesen Zeigern müssen wir jetzt genau unterscheiden:

a := b;

Im Bild:

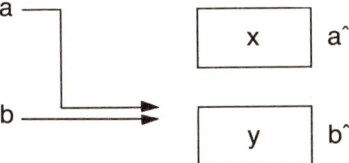

Mit dieser Zuweisung wurde der Zeiger a so „verbogen", daß er auf dasselbe Objekt zeigt wie der Zeiger b.

Beachten Sie: Auf das Objekt a^ zeigt nun kein Zeiger mehr. Dieses Objekt ist verloren! Es gibt keine Möglichkeit mehr, auf dieses Objekt zuzugreifen. Werden Zeigervariablen einander zugewiesen, so müssen die Objekte, auf die die Zeiger zeigen, vom selben Typ sein.

Hätten wir die andere Zuweisungsart gewählt, nämlich

a^ := b^;

so ergäbe sich folgendes Bild:

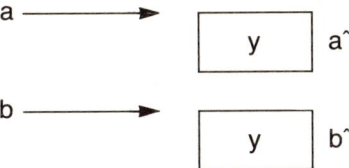

Hier haben wir nur den Inhalt der Speicherstelle geändert, auf die a zeigt. Im Speicher des Rechners gibt es nun den Buchstaben y zweimal.

In Turbo Pascal ist die DISPOSE-Anweisung das Gegenstück zur NEW-Anweisung. Mit

DISPOSE (a);

wird die Speicherstelle, die der Zeiger a einnimmt, wieder freigesetzt. In Version 1.0 ist DISPOSE nicht verfügbar.

Statt dessen wird hier das Befehlspaar

    MARK   und
    RELEASE

verwendet in der Form

    VAR a : ^INTEGER;
     ...
    MARK (a);
     ...
    RELEASE (a);
     ...

Die MARK-Anweisung markiert zum Zeitpunkt ihrer Ausführung den Beginn des Speichers für Zeigervariablen. Mit RELEASE werden alle Zeigervariablen seit dem letzten MARK gelöscht. Dabei ist a ein Zeiger auf eine INTEGER-Variable. a zeigt nämlich auf den Anfang des Variablenstacks.

Die Anweisung DISPOSE und das Anweisungspaar MARK und RELEASE sind in einem Programm nicht zu mischen. Man hat sich für eine Form zu entscheiden.

Allerdings kann in Version 2.0 auch MARK und RELEASE verwendet werden, was z. B. sinnvoll sein kann, wenn man Umsteiger auf Turbo Pascal ist und alte Programme mit wenigen Veränderungen weiterbenutzen will.

Folgende zusätzliche Prozeduren und Funktionen sind mit Zeigervariablen definiert:

GETMEM (p, i);   Prozedur, um einer Zeigervariablen p einen Speicherplatz von genau i Byte für den Heap bereitzustellen. Im Gegensatz zu NEW, das dem Zeiger so viel Platz bereitstellt, wie er benötigt, wird mit GETMEM der Platz vorher begrenzt.

FREEMEM (p, i);   ist die Umkehrprozedur zu GETMEM. Mit ihr wird der Zeigervariablen p der Platz von i Byte wieder zurückgegeben. i muß den gleichen Wert haben, der durch GETMEM definiert wurde.

i:=MAXAVAIL; ist eine Funktion mit einem Ergebnis vom Typ INTEGER, die die Größe des größten zusammenhängenden Speicherplatzes angibt, der für Zeigervariablen zu verwenden ist. Unter CP/M wird die Größe in Bytes unter MS-DOS in Paragraphen angegeben.

8.5 Listen

Wir haben schon eine Datenstruktur kennengelernt, die eine Liste darstellt: das eindimensionale Feld.

Die Elemente eines solchen Feldes sind alle aneinandergereiht. Die Reihenfolge der Elemente wird durch die Nummern der Elemente bestimmt. Der große Nachteil eines Feldes liegt darin, daß die Anzahl der Elemente von vornherein bestimmt werden muß. Sicher ist das eine Speicherplatzverschwendung, wenn das Feld im Verlauf des Programms nicht ausgefüllt wird, und andererseits ärgerlich, wenn das Programm mehr Daten erzeugt, als das Feld aufnehmen kann.

Abhilfe schafft eine Liste, die gebildet wird durch Datenelemente, die aus zwei Komponenten bestehen:

1. einem Zeiger auf ein anderes Element
2. dem Dateninhalt

Eine solche Liste könnte so aussehen:

Wurzel

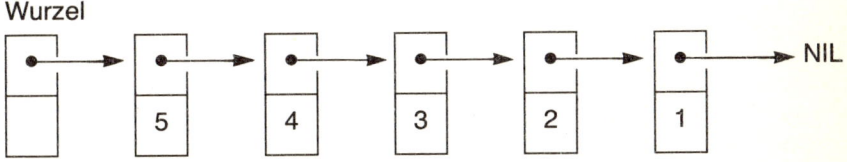

Der Zeiger eines jeden Elements der Liste zeigt auf das benachbarte Element. Den Anfang der Liste stellt ein Element namens Wurzel dar, das Ende wird durch die Erdung NIL angegeben.

Die Dateninhalte der Listenelemente sind Zahlen von 1 bis 5. Die umgekehrte Reihenfolge kommt durch die besondere Art der Listenerstellung zustande.

Schaffen wir uns nun zunächst eine Datenstruktur für die Listenelemente.
Der Datentyp muß sicher ein Verbund sein, der sowohl den Zeiger auf
das nächste Element als auch den Dateninhalt des Elements umfaßt. Der
Dateninhalt soll vom Typ INTEGER sein.

TYPE Element = RECORD
                         Naechster : Zeiger;
                         Inhalt   : INTEGER
                  END;

Das Problem besteht jetzt im Datentyp Zeiger. Denn mit

TYPE Zeiger = ^Element;

haben wir es mit einer rekursiven Typdeklaration zu tun. Was deklarieren
wir denn nun zuerst?

Das Problem wird in Pascal dadurch gelöst, daß vorgeschrieben ist, den
Zeiger zuerst zu deklarieren. Unsere Typdeklaration sieht also wie folgt
aus:

TYPE Zeiger = ^Element

    Element = RECORD
                       Naechster : Zeiger;
                       Inhalt   : INTEGER
                  END;

Nehmen wir noch zwei Variablen dazu:

VAR Wurzel, z : Zeiger;

Um die Liste zu erzeugen, erden wir zunächst den Zeiger Wurzel:

Wurzel := NIL;

Nun erzeugen wir ein leeres Element:

NEW (z);

Die Situation stellt sich jetzt wie folgt dar:

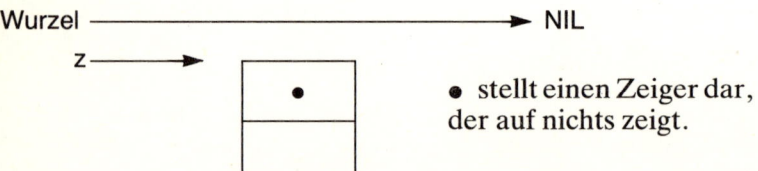

● stellt einen Zeiger dar,
der auf nichts zeigt.

Lesen wir einen Dateninhalt ein:

z^.Inhalt := 1;

Mit dieser Programmzeile weisen wir dem Inhalt-Teil des Elements, auf das z zeigt, die Zahl 1 zu.

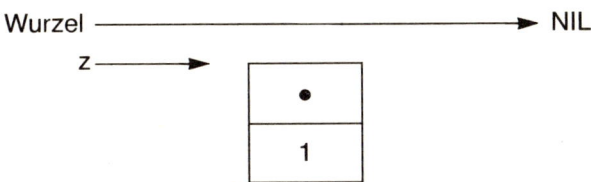

Nun soll der Zeiger-Teil des Elements auf die Erdung zeigen:

zˆ.Naechster := Wurzel;

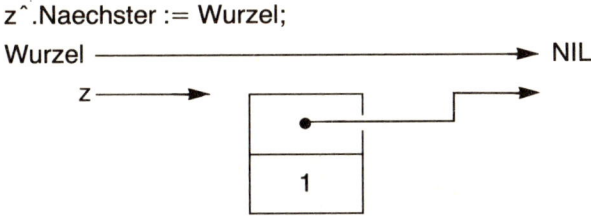

Der letzte Schritt besteht darin, daß wir die Wurzel auf das neueste Element (d. h. bisher unser einziges Element) zeigen lassen:

Wurzel := z;

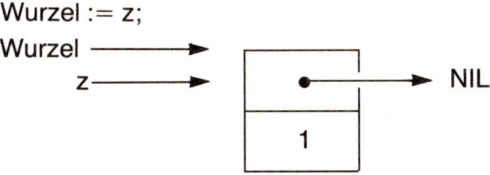

Was ist schon eine Liste mit einem einzigen Element? Also schaffen wir ein zweites…

NEW (z);

erstellt uns ein neues Leerelement.

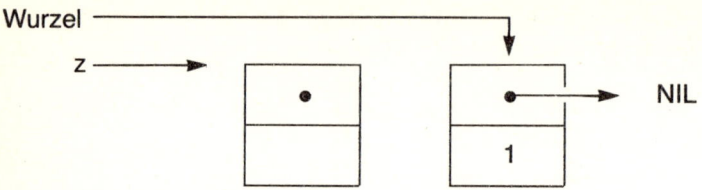

An dieser Stelle verstehen wir auch, warum der Zeiger namens Wurzel nötig ist. Hätten wir ihn nicht auf das zuletzt eingefügte Element zeigen lassen, so wäre der Zugriff auf dieses Element verloren, nachdem wir die NEW(z)-Anweisung ausgeführt haben.

Durch

z^.Inhalt := 2;

weisen wir dem neuen Element einen Dateninhalt zu.

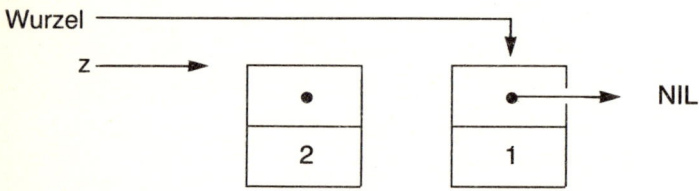

Mit der Anweisung

z^.Naechster := Wurzel;

schaffen wir die Verknüpfung zum letzten Element.

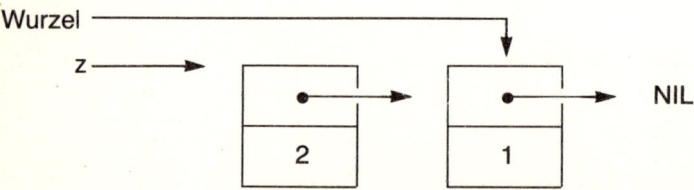

Als letzte Operation rücken wir den Zeiger Wurzel wieder weiter auf das neueste Element:

Wurzel := z;

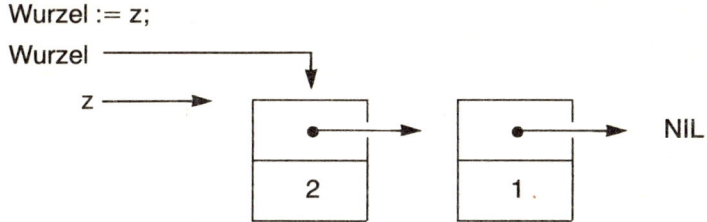

Noch einmal schreiben wir diese vier Schritte zur Erzeugung und Anbindung eines dritten Elements, jedoch in etwas kürzerer Form:

NEW (z);
z^.Inhalt := 3;

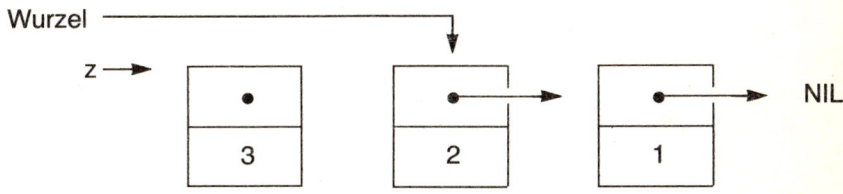

z^.Naechster := Wurzel;

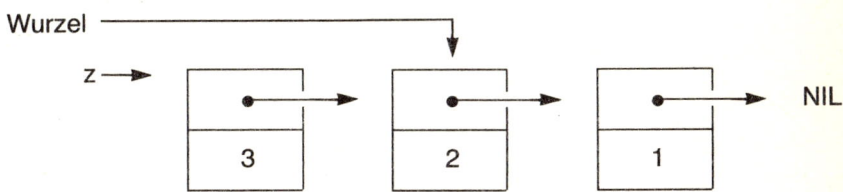

Wurzel := z;

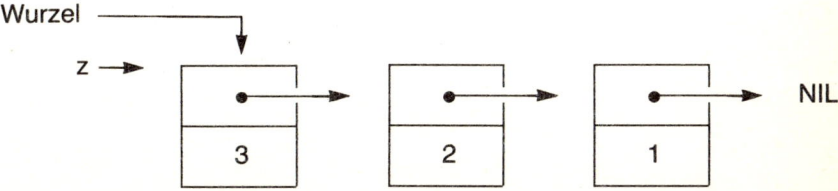

Wir haben nun schon eine Liste mit 3 Elementen erzeugt. Auffallend sind dabei zwei Tatsachen:

1. Die Liste wird rückwärts aufgebaut.

2. Wir haben immer die gleichen 4 Anweisungen gebraucht.

Damit sind wir in der Lage, ein Programm zu schreiben, das eine Liste von Zahlen erstellt. Als Abbruchbedingung definieren wir: Wenn die Zahl Null eingegeben wird, so stellt sie das Ende der Liste dar.

```
PROGRAM Liste1;

  TYPE Zeiger = ^Element;

       Element = RECORD
                     Naechster : Zeiger;
                     Inhalt    : INTEGER
                 END;

  VAR Wurzel, z : Zeiger;

  BEGIN
   Wurzel := NIL;               (* Erdung der Liste *)
   REPEAT
    NEW (z);                    (* neues Element schaffen *)
    READLN (z^.Inhalt);         (* Dateninhalt einlesen *)
    z^.Naechster := Wurzel;     (* mit naechstem El. verbinden *)
    Wurzel := z                 (* Wurzel aktualisieren *)
   UNTIL z^.Inhalt = 0
  END.
```

Eine Liste zu erstellen ist ziemlich unbefriedigend, wenn wir sie nicht auch wieder lesen können. Dazu erweitern wir das Programm durch eine Schleife, in der ein Zeiger, der Zeiger z, von der Wurzel an die Liste durchläuft und die Dateninhalte der Elemente ausgibt, solange er nicht auf NIL zeigt.

Achtung: Niemals den Zeiger Wurzel verändern, da sonst der Anfang der Liste verloren wäre.

```
PROGRAM Liste;

  TYPE Zeiger = ^Element;

       Element = RECORD
                     Naechster : Zeiger;
                     Inhalt    : INTEGER
                 END;

  VAR Wurzel, z : Zeiger;
```

```
BEGIN
 WRITELN ('Erstellen der Liste.');
 WRITELN ('Geben Sie Zahlen ein. Ende mit Null.');
 Wurzel := NIL;              (* Erdung der Liste *)
 REPEAT
  NEW (z);                   (* neues Element schaffen *)
  READLN (z^.Inhalt);        (* Dateninhalt einlesen *)
  z^.Naechster := Wurzel;    (* mit naechstem El. verbinden *)
  Wurzel := z                (* Wurzel aktualisieren *)
  UNTIL z^.Inhalt = 0;
  (*------------------------------*)
 WRITELN ('Ausgabe der Liste: ');
 z := Wurzel;                (* Laufzeiger auf Wurzel setzen *)
 WHILE z<>NIL DO BEGIN
  WRITELN (z^.Inhalt);       (* Lese Element unter Laufzeiger *)
  z := z^.Naechster          (* Laufzeiger weiterruecken *)
 END
END.
```

Aufgabe: Testen Sie das Programm. In welcher Reihenfolge erscheinen die eingegebenen Zahlen wieder in der Ausgabe?

Beim Arbeiten mit einer Liste sind zwei Operationen wichtig:

1. Einfügen
2. Löschen

Was bedeutet es, ein neues Element nach einem bestehenden Element einzufügen? Dazu deklarieren wir noch eine weitere Zeigervariable:

VAR Wurzel, z, Hilf : Zeiger;

Die Situation stellt sich folgendermaßen dar:

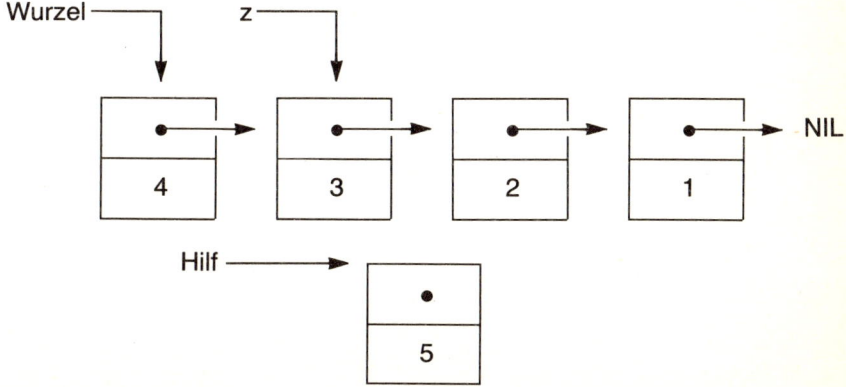

Es existiere eine Liste aus 4 Elementen. Der Laufzeiger z zeigt auf das Element, nach dem das neue Element eingefügt werden soll. Mit

NEW (Hilf);
Hilf^.Inhalt := 5;

wurde ein neues Element erzeugt und mit Dateninhalt gefüllt. Einfügen bedeutet nun, daß der Zeiger des neuen Elementes auf das Element nach z zeigen soll:

Hilf^.Naechster := z^.Naechster;

und das Element, auf das z zeigt, selbst auf das neue Element zeigen soll:

z^.Naechster := Hilf;

Die neue Situation:

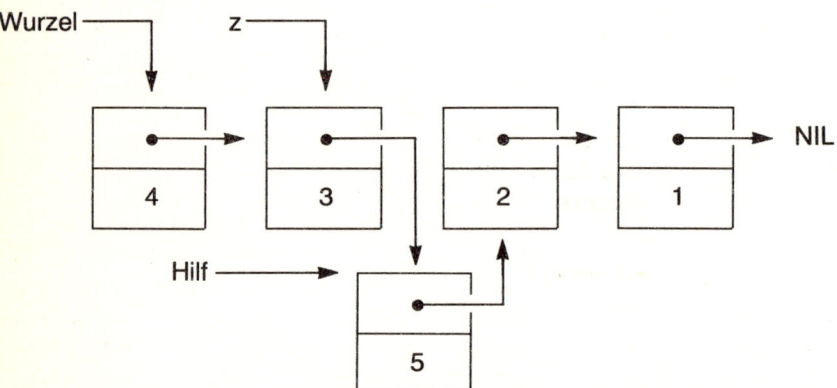

Frage: Warum wurde die Reihenfolge der Zuweisungen so gewählt?

Machen wir eine Prozedur aus diesen Erkenntnissen:

```
PROCEDURE Einfuegen (Hinterdiesem, Neues : Zeiger);
  BEGIN
  Neues^.Naechster := Hinterdiesem^.Naechster;
  Hinterdiesem^.Naechster := Neues
  END;
```

Die Prozedur fügt ein Element Neues hinter dem Element Hinterdiesem ein. Dabei muß natürlich das Hauptprogramm ein neues Element schaffen, ihm einen Inhalt zuweisen, den Platz zum Einfügen finden und dann diese Prozedur aufrufen.

Achtung: Prüfen wir die möglichen Probleme dieser Prozedur. Ist das Element, hinter dem eingefügt werden soll, das letzte Element, so geht dies auch. Soll aber das Element als erstes Element der Liste eingefügt werden, so funktioniert diese Methode nicht.

Aufgabe: Schreiben Sie eine Prozedur, die ein Element *vor* einem anderen Element einfügt!

Nun kommen wir zum Problem des Löschens. Das Löschen stellt sich ebenfalls als recht einfach dar. Das Prinzip besteht darin, daß der Zeiger .Naechster des Elementes vor dem zu löschenden Element auf das Element nach diesem „verbogen" wird.

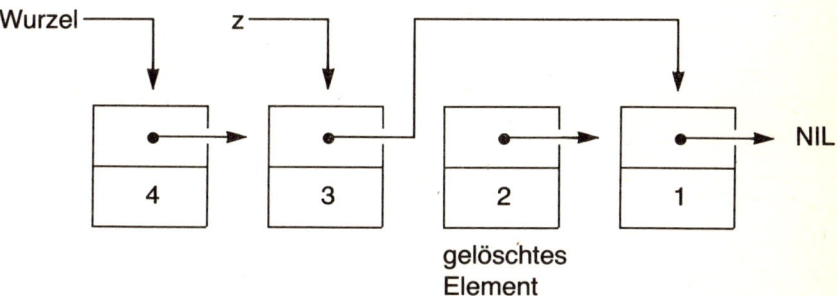

Das Verbiegen des Zeigers erreichen wir mit

z^.Naechster := z^.Naechster^.Naechster;

Dabei ist das zu löschende Element das, welches den Dateninhalt

z^.Naechster^.Inhalt

hat.

Bei unserer Löschprozedur müssen wir allerdings auch den Fall betrachten, daß das zu löschende Element das erste Element der Liste ist. Dies erreichen wir mit der folgenden Konstruktion, bei der der Variablenparameter Neuewurzel die alte Wurzel aktualisiert, wenn das erste Element gelöscht wird.

```
PROCEDURE Loesche (Zuloeschen : Zeiger; VAR Neuewurzel : Zeiger );
  VAR Hilf : Zeiger;
  BEGIN
   IF Zuloeschen = Neuewurzel THEN Neuewurzel := Zuloeschen^.Naechster
     ELSE BEGIN
       Hilf := Neuewurzel;
       WHILE Hilf^.Naechster <> Zuloeschen DO
         Hilf := Hilf^.Naechster;
       Hilf^.Naechster := Hilf^.Naechster^.Naechster
     END (* Else *)
  END; (* Loesche *)
```

Aufgabe: Testen Sie auch diese Prozedur in einem Programm.

Mit der natürlich etwas abgewandelten Einfügeprozedur läßt sich ein Programm zum Erstellen einer geordneten Liste von Zeichen erstellen.

```
PROGRAM Orderliste;

 TYPE Zeiger=^Objekt;

        Objekt=RECORD
                  Naechster: Zeiger;
                  Daten    : CHAR
                  END; (* Record *)

 Var Anfang, Hilf, Z : Zeiger;
     Zeichen         : CHAR;
     Eingefuegt      : BOOLEAN;

 BEGIN (* Hauptprog *)

   WRITE('Eingabe eines Zeichens:');
   READ (KBD,Zeichen); WRITELN (Zeichen);
   NEW (Anfang);
   Anfang^.Daten := Zeichen;
   Anfang^.Naechster := NIL;

   REPEAT
     WRITE('Eingabe eines Zeichens:');
     READ (KBD,Zeichen); WRITELN (Zeichen);
     NEW (Z);
     Z^.Daten := Zeichen;
     IF Anfang^.Daten > Zeichen THEN BEGIN
                                     Z^.Naechster:=Anfang;
                                     Anfang:=Z
                                 END (*if*)
        ELSE BEGIN
                Eingefuegt:=FALSE;
                Hilf:=Anfang;
                WHILE (Hilf^.Naechster<>NIL) AND
                (NOT Eingefuegt) DO BEGIN
                   IF Hilf^.Naechster^.Daten>Zeichen THEN BEGIN
                   Z^.Naechster:=Hilf^.Naechster;
                   Hilf^.Naechster:=Z;
                   Eingefuegt:=TRUE
                END; (*if*)
                Hilf:=Hilf^.Naechster;
                END; (*while*)
                IF NOT Eingefuegt THEN BEGIN
                   Hilf^.Naechster:=Z;
                   Z^.Naechster:=NIL
                END; (*if*)
            END; (*else*)
     UNTIL Zeichen = '/';

   (*Lesen:*)
   Hilf := Anfang;
   WHILE Hilf<>NIL DO BEGIN
     WRITE(Hilf^.Daten);
     Hilf := Hilf^.Naechster;
   END; (*while*)
   WRITELN;

 END.
```

Aufgabe: Analysieren Sie das Programm, und testen Sie es.

Außer den hier besprochenen einfach verketteten Listen sind auch mehrfach verkettete Listen denkbar. So könnten wir mit der Datenstruktur

TYPE Zeiger = ^Objekt;

        Objekt = RECORD
                Links , Rechts : Zeiger;
                Inhalt : CHAR
        END;

eine zweifach verkettete Liste erstellen. Jedes Element hat dann neben dem Dateninhalt zwei Zeiger, von denen einer auf den linken und einer auf den rechten Nachbarn des Elements zeigt. Eine solche Liste hat natürlich einen linken und einen rechten Anfang und zwei Enden mit NIL.

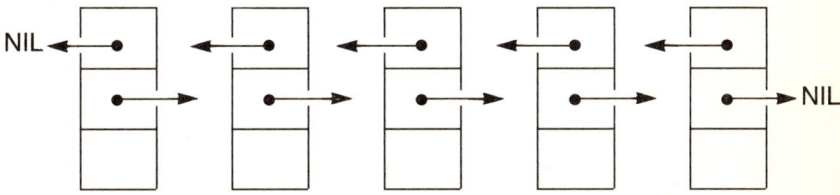

Durch einfaches Verbinden des Anfangs einer Liste mit ihrem Ende erhalten wir einen Ring (eine zyklische Struktur). Verbinden wir die Anfänge und Enden der zweifach verketteten Liste miteinander, so erhalten wir einen doppelt verketteten Ring, der sich sehr leicht in beide Richtungen lesen läßt.

8.6 Bäume

Schreiben wir einmal unseren Stammbaum in der Art auf, daß wir bei uns selbst anfangen.

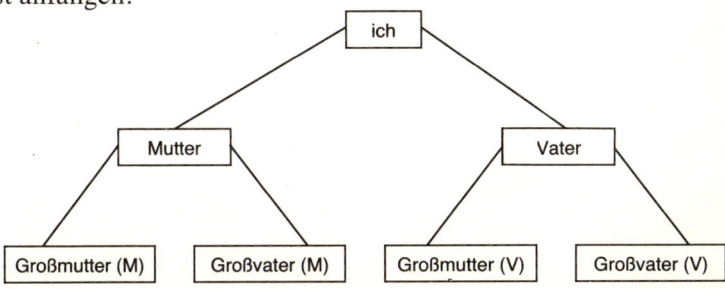

Und so weiter...

Eine solche Struktur der Darstellung von Daten nennen wir Baum.

Wir können auch andere Daten in Form eines Baums darstellen:

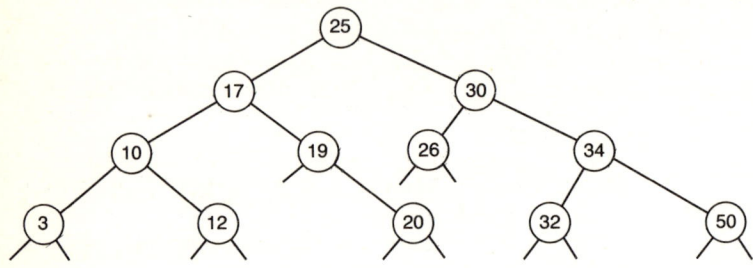

Beide Bäume haben einiges gemeinsam:

– Die Wurzel des Baums ist oben.
– Von jedem Knotenpunkt gehen höchstens zwei Verzweigungen ab.
– Von Endknoten gehen keine Verzweigungen aus.

Bäume, die an jedem Knoten höchstens zwei Verzweigungen haben, nennen wir binäre Bäume. Wir wollen uns im folgenden nur mit binären Bäumen beschäftigen.

– Knoten: Von hier gehen Verzweigungen zu weiteren Elementen aus.
– Wurzel: Der Knoten, zu dem selbst kein anderes Element zeigt, d. h. der „obere" Knoten.
– Endknoten: Ein Knoten, der auf kein weiteres Element zeigt. Die Zeiger des Endknotens sollten also geerdet sein.
– Teilbaum: Ein Teilbaum ist ein Baum, dessen Wurzel ein Knoten eines anderen Baums ist.

Der Zahlenbaum im obigen Beispiel hat außerdem die Eigenschaft, daß er geordnet ist. Von jedem Knoten aus finden wir links stets kleinere, rechts stets größere Elemente.

Welchen Sinn haben nun diese Strukturen in der Informatik?

Schreiben wir uns die Zahlen unseres Zahlenbaums einmal in aufsteigender Reihenfolge (in einer Liste) auf:

   3   10   12   17   19   20   25   26   30   32   34   50

Wenn wir in einer Liste Daten suchen, so können wir Glück haben, daß das Gesuchte am Anfang steht, oder Pech, daß es recht weit hinten zu finden ist. Im schlechtesten Fall müßten wir alle Elemente durchsuchen, wenn wir z. B. die Zahl 50 suchen.

Ganz anders in unserem Baum. Wir schauen im obersten Knoten (der Wurzel) nach und stellen fest, daß 50 größer als dieser ist. Folglich brauchen wir nur noch nach rechts zu gehen. Dort finden wir die Zahl 30. 50 ist ebenfalls größer als dieser Knoten. Genauso ist es beim nächsten Knoten.

Insgesamt müssen (einschließlich der 50) 4 Vergleiche vorgenommen werden. Bei der Liste hätten wir 12 Vergleiche zu machen.

Allgemein kann man sagen, daß in einer Liste mit N Elementen im schlechtesten Fall N Vergleiche vorzunehmen sind, in einem geordneten Baum jedoch nur so viele Vergleiche, wie die Verzweigungstiefe des Baums ist.

Hier ist allerdings gleich anzumerken, daß es durchaus geordnete Bäume gibt, die sehr ungünstig gestaltet sind.

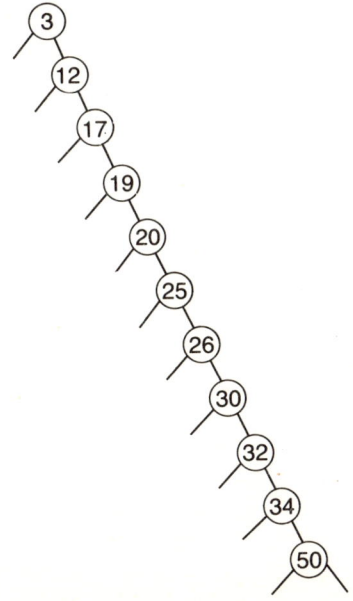

Einen solchen Baum nennen wir entartet. Von jedem Knoten geht nur jeweils eine Verzeigung aus. Es handelt sich genau genommen um eine lineare Liste. Natürlich haben wir bezüglich des Suchens bei diesem Baum keinen Vorteil.

Besonders effektiv sind die ausgewogenen Bäume (AVL-Bäume, benannt nach Adelson, Velskii und Landis). Hier heißt es:

Ein Baum ist genau dann ausgeglichen, wenn sich für jeden Knoten die Höhen der von ihm ausgehenden Teilbäume um höchstens 1 unterscheiden.

Wir wollen hier das Thema Bäume nicht in aller Ausführlichkeit behandeln — dafür reicht der Platz nicht aus. Vielmehr wollen wir uns eine Datenstruktur schaffen, die die Konstruktion eines Baums zuläßt, dann ein Programm entwickeln, das Daten in einem geordneten Baum abspeichert, und zu guter Letzt einen ausgewogenen Baum erzeugen.

Weitergehende Informationen zu Bäumen sind u.a. zu finden in Wirth, Algorithmen und Datenstrukturen.

Wir können uns die Datenstruktur wieder in einem Bild verdeutlichen:

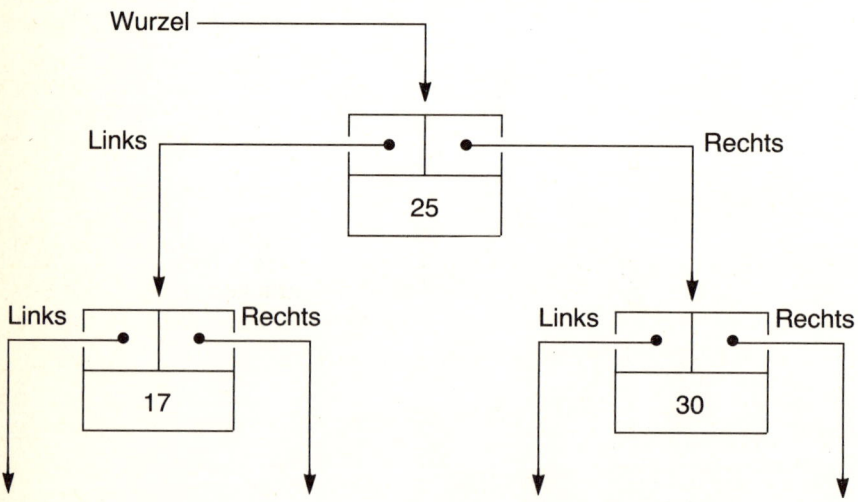

und so weiter…

Die Datenstruktur zu einem binären Baum sieht sinnvollerweise folgendermaßen aus:

```
TYPE Zeiger = ^Knoten;
     Knoten = RECORD
                Links, Rechts : Zeiger;
                Inhalt        : INTEGER (* Dateninhalt *)
              END;
```

Was bedeutet es nun, einen Baum aufzubauen?

Diese Tätigkeit wird einzig und allein durch Einfügen neuer Elemente bestimmt. Nehmen wir an, wir haben einen Laufzeiger namens Lauf. Dieser soll den Baum beim Einfügen neuer Elemente durchlaufen. Folgende Situationen können sich dann ergeben, wenn Lauf auf einen Knoten (am Anfang auf die Wurzel) des Baums zeigt:

1. Lauf zeigt auf NIL. In diesem Fall ist der Knoten noch unbesetzt, und es kann das neue Element hier eingefügt werden. Dabei ist auch dafür zu sorgen, daß die Zeiger des neuen Elements auf NIL gesetzt werden.
2. Lauf zeigt nicht auf NIL. In diesem Fall ist der Knoten schon besetzt. Nun ist zu unterscheiden, in welche Richtung der Baum weiter zu durchsuchen ist, um das neue Element der Größe nach einzufügen.
   a) Das neue Element ist größer als der Knoten. In diesem Fall müssen wir an diesem Knoten nach rechts gehen und in unserer Vorschrift wieder bei Punkt 1. anfangen.
   b) Das neue Element ist kleiner als der Knoten. In diesem Fall müssen wir an diesem Knoten nach links gehen und in unserer Vorschrift wieder bei Punkt 1. anfangen.

Aufgabe: Erzeugen Sie nach dieser Methode einen Baum auf einem Blatt Papier.

Aus der Formulierung geht hervor, daß es sich um einen rekursiven Algorithmus handelt. Schreiben wir die Prozedur Einfuege in Pascal. Die Prozedur braucht zwei Parameter: die einzufügende Zahl als Wert und den Laufzeiger als Variable (Warum?).

```
(*$A-*)
PROCEDURE Einfuege (Zahl : INTEGER; VAR Lauf : Zeiger);
  BEGIN
    IF Lauf = NIL THEN BEGIN  (* hier einfuegen *)
      NEW (Lauf);
      WITH Lauf^ DO BEGIN
        Inhalt := Zahl;
        Links  := NIL;
        Rechts := NIL
      END (* with *)
```

```
      END (* if *)
      ELSE
        IF Zahl < Lauf^.Inhalt THEN Einfuege (Zahl, Lauf^.Links)
          ELSE
            IF Zahl > Lauf^.Inhalt THEN Einfuege (Zahl, Lauf^.Rechts)
      END; (* Einfuege *)
      (*$A+*)
```

Aufgabe: Zum Verständnis der Prozedur Einfuege ist folgende Überlegung notwendig. Zeichnen Sie sich einen beliebigen (nicht zu großen) Baum auf. Lassen Sie einen Zeiger namens Wurzel auf die Wurzel des Baums zeigen. Wählen Sie eine beliebige Zahl N, die eingefügt werden soll.

Nun simulieren Sie den Prozeduraufruf: Einfuege (N,Wurzel);. Bedenken Sie dabei, daß bei jedem Selbstaufruf der Prozedur (Rekursion) ein neuer Zeiger namens Lauf gebildet wird.

Als nächstes müssen wir noch eine Prozedur Druckebaum erstellen, die uns die Struktur des Baums auf dem Bildschirm zeigt. Eine einfache Methode besteht darin, den Baum um 90 Grad gedreht darzustellen, zum Beispiel so:

```
                                 |→ 55
                          |→ 40
                                 |→ 32
                   |→ 30
                          |→ 10
                   |→  5
                          |→  1
```

Auch diese Prozedur formulieren wir rekursiv. Wir starten mit einem Laufzeiger bei der Wurzel und durchsuchen den Baum.

Wenn es noch einen weiteren Knoten gibt, d. h. wenn der Laufzeiger nicht auf NIL zeigt, müssen wir den Baum erst rechts weiter durchsuchen, dann den Knoten drucken und schließlich links weiter durchsuchen. So erreichen wir, daß die Zahlen in ihrer Sortierung (mit der größten Zahl angefangen) untereinander gedruckt werden. Um die Knoten auch noch eingerückt zu drucken, müssen wir einen Wert immer dann um eins erhöhen, wenn wir noch einen weiteren Knoten suchen. Dieser Wert wird der Prozedur bei jedem Aufruf mitgegeben.

So erhalten wir als vollständiges Programm:

```
     PROGRAM Sorttree;

   TYPE Zeiger = ^Knoten;

        Knoten = RECORD
                       Links, Rechts : Zeiger;
                       Inhalt        : INTEGER;
                     END;

   VAR N : INTEGER;
       Wurzel : Zeiger;

   (*$A-*)
   PROCEDURE Druckebaum (Lauf : Zeiger; Stelle : INTEGER);
     VAR i : INTEGER;
     BEGIN
       IF Lauf <> NIL THEN       (* noch weitere Knoten vorhanden *)
       WITH Lauf^ DO BEGIN
         Druckebaum (Rechts, Stelle + 1);
         FOR i := 1 TO Stelle DO WRITE (' ':7);
         WRITE (' I--->');WRITELN (Inhalt : 3);
         Druckebaum (Links, Stelle + 1)
       END (* with *)
     END; (* Druckebaum *)

   PROCEDURE Einfuege (Zahl : INTEGER; VAR Lauf : Zeiger);
     BEGIN
       IF Lauf = NIL THEN BEGIN (* hier einfuegen *)
         NEW (Lauf);
         WITH Lauf^ DO BEGIN
           Inhalt := Zahl;
           Links  := NIL;
           Rechts := NIL;
         END (* with *)
       END (* if *)
       ELSE
         IF Zahl < Lauf^.Inhalt THEN Einfuege (Zahl, Lauf^.Links)
           ELSE
           IF Zahl > Lauf^.Inhalt THEN Einfuege (Zahl, Lauf^.Rechts)
     END; (* Einfuege *)
   (*$A+*)

   BEGIN (* Hauptprogramm *)
     Wurzel := NIL;
     WRITELN ('Unausgewogener Sortierbaum:');
     WRITELN ('Geben Sie Zahlen ein, ');
     WRITELN ('Ende mit 0 !');
     WRITE ('Zahl: ');
     READLN (N);
     WHILE N <> 0 DO BEGIN
       Einfuege (N, Wurzel);
       WRITE ('Zahl: ');
       READLN (N);
     END; (* while *)
     Druckebaum (Wurzel, 0)
   END.
```

Aufgabe: Testen Sie das Programm, und simulieren Sie auf einem Blatt Papier die Prozedur Druckebaum.

Bei der Eingabe der Zahlenreihe

25   10   30   8   4   70   3   28   9   8   2   0

(in dieser Reihenfolge) erhalten wir folgende Ausgabe:

```
              |→ 70
        |→ 30
              |→ 28
   |→ 25
        |→ 10
                 |→   9
           |→   8
              |→   4
                 |→   3
                    |→   2
```

Aufgabe: Geben Sie die Zahlen in anderer Reihenfolge ein (insbesondere in sortierter Reihenfolge).

Es ergeben sich je nach Reihenfolge der Eingabe andere Bäume, die mehr oder weniger gut ausgewogen sind. Das Progamm achtet also nicht auf die Ausgewogenheit des Baums, sondern lediglich auf die Sortierung der Elemente.

Wollen wir nun einen ausgeglichenen, sortierten Baum erstellen, müssen wir die Prozedur Einfuege dahingehend verändern, daß nicht nur je nach Größe des neuen Elements nach rechts oder links erweitert wird, sondern der Baum umgeschichtet wird, wenn die Differenz der rechten und linken Teilbäume größer als eine Ebene wird.

Dazu geben wir dem Zeiger (nach Wirth) einen zusätzlichen Dateninhalt bal mit, der die Werte -1, 0 oder $+1$ haben kann.

```
TYPE Zeiger  =  ^Knoten;
     Knoten  =  RECORD
                    Links, Rechts : Zeiger;
                    bal            : -1 .. +1;
                    Inhalt         : INTEGER
                END;

VAR Lauf : Zeiger;
```

Lauf^.bal = +1 : Der rechte Teilbaum ist eine Ebene größer.
Lauf^.bal = 0   : Beide Teilbäume sind gleich groß.
Lauf^.bal = −1 : Der linke Teilbaum ist eine Ebene größer.

Entsteht die Situation, daß wir ein Element im linken Teilbaum einfügen müssen, so wird im ersten Fall die Unausgeglichenheit aufgehoben (Lauf^.bal = 0), im zweiten Fall wird der Baum links eine Ebene größer (Lauf^.bal = −1), und im letzten Fall muß der Baum ausgeglichen werden, indem ein Element vom linken Teilbaum in den rechten Teilbaum übertragen wird. (Beim Einfügen eines Elements in den rechten Teilbaum gehen wir analog vor.)

Da die Prozedur Einfuege rekursiv geschrieben wird, können z. B. beim Einfügen eines Elements in einen linken Teilbaum, bei dem ein Ausgleichen notwendig wird, nur zwei Situationen entstehen:

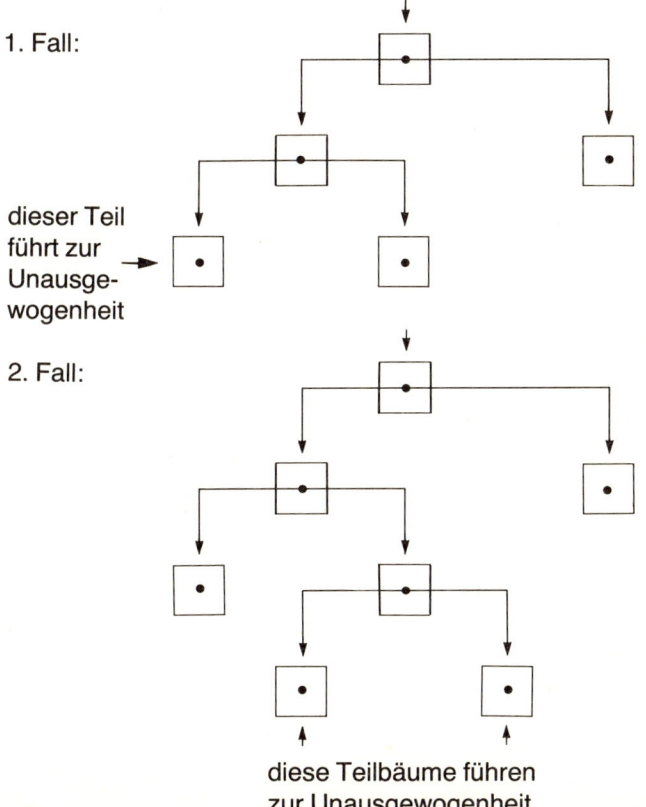

1. Fall:

dieser Teil
führt zur
Unausge-
wogenheit

2. Fall:

diese Teilbäume führen
zur Unausgewogenheit

Diese beiden Fälle sind in der IF..THEN..ELSE-Anweisung desAusgleichens unterschieden.

Wie wir wissen, muß jede Rekursion einen Rekursionsabbruch besitzen. Dies gewährleisten wir durch eine Übergabevariable namens Dif, die vom Typ BOOLEAN ist und angibt, ob die Höhe des entsprechenden Teilbaums zugenommen hat. Zu Beginn der Prozedur (wenn noch kein neues Element eingefügt wurde) hat diese Variable den Wert FALSE.

Hier nun das Programm, das einen ausgewogenen, sortierten Baum von Zahlen erstellt und ausgibt.

```
PROGRAM Baltree; (* Nach Wirth *)

   TYPE Zeiger = ^Knoten;
        Knoten = RECORD
                    Links, Rechts : Zeiger;
                    bal           : -1 .. +1;
                    Inhalt        : INTEGER;
                 END;

   VAR N : INTEGER;
       b : BOOLEAN;
       Wurzel : Zeiger;

   (*$A-*)
   PROZEDURE Druckebaum (Lauf : Zeiger; Stelle : INTEGER);
     VAR i : INTEGER;
     BEGIN
       IF Lauf <> NIL THEN      (* noch weitere Knoten vorhanden *)
       WITH Lauf^ DO BEGIN
         Druckebaum (Rechts, Stelle + 1);
         FOR i := 1 TO Stelle DO WRITE (' ':7);
         WRITE (' I--->'); WRITELN (Inhalt : 3);
         Druckebaum (Links, Stelle + 1)
       END (* with *)
     END; (* Druckebaum *)

   PROCEDURE Einfuege (Zahl : INTEGER; VAR Lauf : Zeiger; VAR dif : BOOLEAN);

     VAR p1, p2 : Zeiger;    (* dif = FALSE *)
     BEGIN
       IF Lauf=NIL THEN BEGIN (* Zahl nicht im Baum, einfuegen *)
         NEW(Lauf);
         dif:=TRUE;
         WITH Lauf^ DO BEGIN
           Inhalt:=Zahl;
           Links:=NIL;
           Rechts:=NIL;
           bal:=0;
         END (* WITH *)
       END (* IF *) ELSE
       IF Zahl<Lauf^.Inhalt THEN BEGIN
         Einfuege(Zahl,Lauf^.Links,dif);
         IF dif THEN (* linker Ast groesser *)
           CASE Lauf^.bal OF
             1: BEGIN Lauf^.bal:=0;dif:=FALSE END;
```

```
                  0: Lauf^.bal:=-1;
                 -1: BEGIN (* Ausgleichen *)
                        p1:=Lauf^.Links;
                        IF p1^.bal=-1 THEN BEGIN
                           Lauf^.Links:=p1^.Rechts;
                           p1^.Rechts:=Lauf;
                           Lauf^.bal:=0;
                           Lauf:=p1;
                         END (* IF *)
                        ELSE BEGIN
                           p2:=p1^.Rechts;
                           p1^.Rechts:=p2^.Links;
                           p2^.Links:=p1;
                           Lauf^.Links:=p2^.Rechts;
                           p2^.Rechts:=Lauf;
                           IF p2^.bal=-1 THEN Lauf^.bal:=+1
                                        ELSE Lauf^.bal:=0;
                           IF p2^.bal=+1 THEN p1^:=-1
                                        ELSE p1^:=0;

                           Lauf:=p2;
                         END; (* ELSE *)
                        Lauf^.bal:=0;
                        dif:=FALSE
                      END (* CASE -1 *)
                   END (* CASE *)
                END (* IF *)
              ELSE
        IF Zahl>Lauf^.Inhalt THEN BEGIN
           Einfuege(Zahl,Lauf^.Rechts,dif);
           IF dif THEN (* rechter Ast groesser *)
              CASE Lauf^.bal OF
                 -1: BEGIN Lauf^.bal:=0;dif:=FALSE END;
                  0: Lauf^.bal:=+1;
                  1: BEGIN (* Ausgleichen *)
                        p1:=Lauf^.Rechts;
                        IF p1^.bal=+1 THEN BEGIN
                           Lauf^.Rechts:=p1^.Links;
                           p1^.Links:=Lauf;
                           Lauf^.bal:=0;
                           Lauf:=p1
                         END (* IF *)
                        ELSE BEGIN
                           p2:=p1^.Links;
                           p1^.Links:=p2^.Rechts;
                           p2^.Rechts:=p1;
                           Lauf^.Rechts:=p2^.Links;
                           p2^.Links:=Lauf;
                           IF p2^.bal=+1 THEN Lauf^.bal:=-1
                                        ELSE Lauf^.bal:=0;
                           IF p2^.bal=-1 THEN p1^:=+1
                                        ELSE p1^:=0;

                           Lauf:=p2;
                         END; (* ELSE *)
                        Lauf^.bal:=0;
                        dif:=FALSE
                      END (* CASE +1 *)
                   END (* CASE *)
                END (* IF *)
              ELSE dif:=FALSE
     END; (* Einfuege *)
     (*$A+*)
```

```
BEGIN (* Hauptprogramm *)
  Wurzel := NIL;
  b := FALSE;
  WRITELN ('Ausgewogener Sortierbaum:');
  WRITELN ('Geben Sie Zahlen ein, ');
  WRITELN (Ende mit 0 !');
  WRITE ('Zahl: ');
  READLN (N);
  WHILE N <> 0 DO BEGIN
    Einfuege (N, Wurzel, b);
    WRITE ('Zahl: ');
    READLN (N)
  END; (* while *)
  Druckebaum (Wurzel, 0)
END.
```

Bei der Eingabe der Zahlenreihe

25   10   30   8   4   70   3   28   9   8   2   0

(in einer beliebigen Reihenfolge) erhalten wir die Ausgabe:

```
                              |→ 70
                         |→ 30
                              |→ 28
                  |→ 25
                              |→ 10
                                   |→  9
                    |→  8
                                   |→  4
                         |→  3
                              |→  2
```

Selbst bei Eingabe einer sortierten Zahlenfolge (die Zahlen 1..29) ergibt
sich ein ausgewogener Baum, wie Sie aus der Abbildung auf der gegen-
überliegenden Seite ersehen können.

Fazit:
Ein Baum ist immer dann als Datenstruktur sinnvoll zu verwenden, wenn
eine große Datenmenge zu verarbeiten ist. Insbesondere zum schnellen
Suchen von Elementen eignen sich AVL-Bäume hervorragend, da die
Zahl der Vergleiche erheblich verringert wird.

Bäume sind sofort bei der Eingabe der Elemente sortiert.

```
                                        |→ 29
                                   |→ 28
                                        |→ 27
                             |→ 26
                                   |→ 25
                        |→ 24
                                        |→ 23
                                   |→ 22
                                        |→ 21
                             |→ 20
                                        |→ 19
                                   |→ 18
                                        |→ 17
                   |→ 16
                                        |→ 15
                                   |→ 14
                                        |→ 13
                             |→ 12
                                        |→ 11
                                   |→ 10
                                        |→  9
                        |→  8
                                        |→  7
                                   |→  6
                                        |→  5
                             |→  4
                                        |→  3
                                   |→  2
                                        |→  1
```

Besonders bei der Verwaltung sogenannter Datenbanken werden Bäume
verwendet. Dabei werden die Daten auf der Diskette nicht sortiert. Statt
dessen wird ein sogenannter Suchbaum mit den Nummern der Elemente
der Datei und den Suchworten aufgebaut. Mit SEEK läßt sich dann
schnell auf ein Element zugreifen.

Ist der Datensatz größer als das Fassungsvermögen einer Diskette, wird
der gesamte Datensatz in sogenannte Teilbäume zerlegt.

Ausblick:

Es können, besonders zur weiteren Reduzierung der Vergleiche beim Suchen, auch Bäume mit höherem Grad als Zwei aufgebaut werden. Dabei gibt es dann in jedem Knoten mehr als zwei Zeiger auf nachfolgende Knoten.

Hier sind z. B. die sogenannten B-Bäume zu nennen (siehe z. B. Wirth: Algorithmen und Datenstrukturen).

Eine Anwendung für B-Bäume bietet das Turbo Toolbox-System Turbo Access (siehe Kap. 10.2).

Besonderheiten und Hilfen

9

9.1 Typenkonstanten

Eine Besonderheit von Turbo Pascal, die über den Pascal-Standard hinausgeht, sind die sogenannten Typenkonstanten.

Erinnern wir uns daran, was Konstanten sind. Dies sind Bezeichner, denen im Deklarationsteil nach dem reservierten Wort CONST ein Dateninhalt zugewiesen wird, der ab dieser Stelle ein für allemal festgelegt ist. Der Datentyp der Konstanten ergibt sich aus der Darstellung des Wertes der Konstanten. Für die Deklaration von Konstanten sind nur einfache Typen erlaubt. Das birgt den großen Nachteil, daß z. B. eine Menge oder ein Feld, das vordefiniert sein soll, nicht als Konstante deklariert werden kann.

In Standard-Pascal bleibt hier nur die Lösung, eine Variable zu verwenden und diese im Programm mit den gewünschten Werten zu belegen. In Turbo Pascal können wir Typenkonstanten verwenden.

Typenkonstanten sind eigentlich keine Konstanten in dem Sinne, daß sie im Programm nicht mehr geändert werden dürfen. Vielmehr sind es Variablen, die im Konstantendeklarationsteil mit einem Wert vorbelegt werden, aber im Programm durchaus als Variablen verwendet werden dürfen.

Beispiel:

```
CONST  Seitenzahl    : INTEGER = 200;
       Faktor        : REAL = 3.7;
       Piep          : CHAR = ^G;
       Wahr          : BOOLEAN = TRUE;
```

Wir sehen, daß Typenkonstanten offenbar nach dem folgenden Syntax-diagramm gebildet werden:

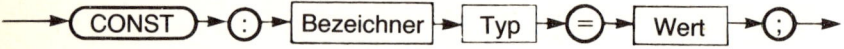

Im Programm läßt sich nun z. B. die Typenkonstante Seitenzahl verwenden wie eine Variable dieses Namens, allerdings mit dem Unterschied, daß eine Variable keinen oder einen zufälligen Inhalt hat, wenn das Programm startet und noch kein Wert zugewiesen wurde. Eine Typenkonstante dagegen hat einen festen Anfangswert. Auch eine Zuweisung im Programm ist möglich:

    Seitenzahl := 210;

Achtung: Die Bezeichner der Typenkonstanten dürfen natürlich nicht noch einmal vergeben werden, insbesondere dürfen sie nicht noch einmal für eine Variablendeklaration verwendet werden. Außerdem dürfen Typenkonstanten nicht in Felddeklarationen verwendet werden, da sie keine Konstanten im eigentlichen Sinn sind.

So ist

```
CONST  Max : INTEGER = 20;
VAR    Feld : ARRAY [ 1..Max ] OF REAL;
```

nicht korrekt. Hier hätte es richtig heißen müssen:

```
CONST Max = 20;
```

Für Typenkonstanten sind nicht nur einfache Datentypen zulässig, sondern auch zusammengesetzte.

Dies ist ein sehr leistungsfähiges Werkzeug, da es häufig vorkommt, daß Mengen, Felder oder Verbunde schon mit Anfangswerten belegt werden sollen.

Beispiele:

TYPE Set_of_Char = SET OF CHAR;
    Family = ARRAY [1..4] OF STRING[10];
    Quadrat = ARRAY [1..3,1..3];

CONST Ende : STRING[4] = 'Ende';

JaNein : Set_of_Char = ['J','j','N','n'];

Familie : Family = ('Vater','Mutter','Sohn','Tochter');

Magisch : Quadrat = ((4,9,2),(3,5,7),(8,1,6));

Mit

VAR i,j : INTEGER;

ergibt die Programmsequenz

FOR i:=1 TO 3 DO BEGIN
    FOR j:=1 TO 3 DO WRITE (Magisch[i,j]:3);
    WRITELN
END;

dann die Ausgabe:

    4   9   2
    3   5   7
    8   1   6

also ein magisches Quadrat.

Bei mehrdimensionalen Feldern ist darauf zu achten, daß sich die innere Klammer in der Feldbelegung auf den zuletzt deklarierten Index bezieht.

Auch Verbunde können so vorbelegt werden:

TYPE Kurzadresse = RECORD
                        Nummer : INTEGER;
                        Name, Ort : STRING [20];
                    END;

CONST Leername : Kurzadresse = (Nummer:0 ; Name:' ' ; Ort:' ');

Die Zuweisung der Elemente des Verbundes geschieht in einer Klammer nach dem Gleichheitszeichen in der Reihenfolge der Deklaration der Elemente. Die Zuweisung der Werte geschieht mit einem Doppelpunkt als Trennsymbol. Die verschiedenen Zuweisungen werden durch Semikolon getrennt.

Typenkonstante:

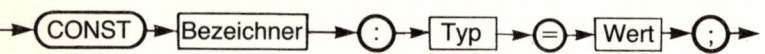

Handelt es sich beim Typ um SET, dann

Wert:

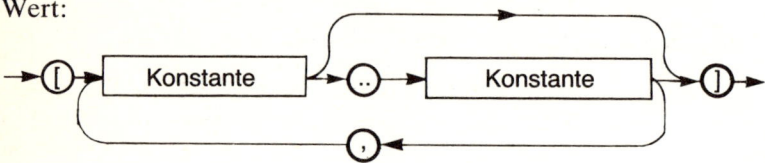

Handelt es sich beim Typ um ARRAY, dann
Wert:

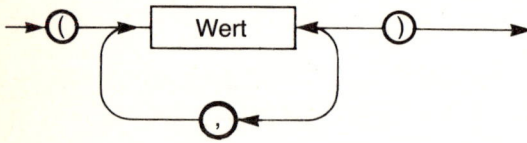

Handelt es sich beim Typ um RECORD, dann

Wert:

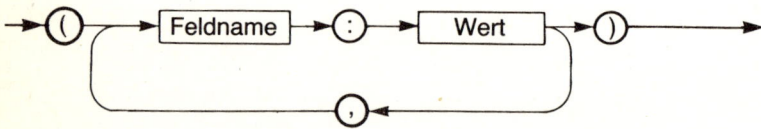

Typenkonstanten sind im eigentlichen Sinne Variablen, die im Deklarationsteil als Konstante (nach CONST) erklärt werden, denen jedoch eine Vorbelegung mit Werten gegeben wird.

9.2   Zugriff auf Speicherstellen − Externe Prozeduren − Inline

In diesem Abschnitt wird es etwas spezieller, da wir uns hier mit der Verknüpfung von Pascal und maschinenabhängigen Speicherstellen und Programmteilen beschäftigen.

Hier sollen nur einige Hinweise auf die nötigen Turbo Pascal-Befehle gegeben werden. Für eine weitergehende Beschäftigung mit der Maschinensprache wird auf die einschlägige Literatur verwiesen. Auch die speziellen Speicherstellen eines Rechners hängen sehr vom verwendeten Modell ab, so daß dazu auf die Handbücher des Rechners verwiesen werden muß. Ausführlichere Erläuterungen mit Beispielen, differenziert nach 8- und 16-Bit-Rechnern, gibt das Handbuch zu Turbo Pascal.

Zugriff auf Speicherstellen

Der Zugriff auf Speicherstellen im Rechner wird von Standard-Pascal nicht unterstützt, da die Sprache rechnerunabhängig sein sollte. In der Praxis jedoch haben wir öfter Anwendungen, bei denen wir auf solche Speicherstellen zugreifen müssen.

Hinweis: Der Zugriff auf rechnerspezifische Speicherstellen verhindert, daß das entsprechende Programm ohne Änderung auch auf jedem anderen Rechner lauffähig ist. Daher sollte davon nur spärlich Gebrauch gemacht werden.

Turbo Pascal besitzt ein vordefiniertes Feld namens MEM, das nichts anderes darstellt als den Speicher des Rechners. Die Indizes des Feldes sind die Nummern der Speicherplätze.

Auch hier müssen wir etwas zwischen 8- und 16-Bit-Systemen unterscheiden.

8-Bit-Systeme:

Das Feld MEM[i] mit einem Index i (INTEGER) und einem Dateninhalt vom Typ BYTE stellt die Zugriffsmöglichkeit auf einen Speicherplatz dar. Mit i wird die Speicherstelle angegeben.

Beispiele:

```
MEM[$E000] := 128;
MEM[28500] := 63;
WRITELN ( MEM[300] );
MEM [ist] := MEM [ist+30];  mit ist : INTEGER
```

16-Bit-Systeme:

Das Feld MEM[s:i] mit den Indizes s und i (beide INTEGER) und einem Dateninhalt vom Typ BYTE erlaubt ein Lesen und Schreiben des angegebenen Speicherplatzes, wobei s die Segmentnummer und i die Speicherplatznummer angibt.

Zum Schreiben und Lesen von 16-Bit-Wörtern wird das Feld MEMW[s:i] verwendet. MEMW schreibt (liest) einen INTEGER-Wert in die (aus der) angegebene(n) Speicherstelle, mit dem niederwertigen Byte zuerst.

Beispiele:

Wert := MEM[$0000:$0081];
WRITELN (MEM[$0000:$0010];
MEMW[$0000:$0081] := Wert;

Externe Prozeduren

Auch externe Prozeduren und Funktionen lassen sich in ein Turbo Pascal-Programm einfügen. Eine externe Prozedur ist ein Maschinenprogramm, das von Turbo aus aufgerufen werden soll.

Im Pascal-Programm hat eine externe Prozedur nur einen Prozedurkopf, der das reservierte Wort EXTERNAL enthält, aber keinen Prozedur-rumpf. Dieser wird von dem entsprechenden Maschinenprogramm dar-gestellt.

Beispiele für 8-Bit-Systeme:

PROCEDURE Copydisk; EXTERNAL $E000;

PROCEDURE Grafinit (Seite:INTEGER); EXTERNAL $C000;

PROCEDURE Gross (VAR Wort:Kurzstring); EXTERNAL $C0FF; (* Mit TYPE Kurzstring = STRING [80] *)

FUNCTION Druckeran : BOOLEAN; EXTERNAL $C100;
FUNCTION Addiere (a,b : INTEGER) : INTEGER; EXTERNAL $C200;

Beispiele für 16-Bit-Systeme:

PROCEDURE Copydisk; EXTERNAL 'Copy';

PROCEDURE Grafinit (Seite:INTEGER); EXTERNAL 'Grafik';

PROCEDURE Gross (VAR Wort:Kurzstring); EXTERNAL 'Stuff'; (* Mit TYPE Kurzstring = STRING [80] *)

FUNCTION Druckeran : BOOLEAN; EXTERNAL 'Druck';

FUNCTION Addiere (a,b : INTEGER) : INTEGER; EXTERNAL 'Math';

Bei der Verwendung eines 8-Bit-Rechners wird die Anfangsspeicherstelle der externen Prozedur angegeben, bei 16-Bit-Systemen wird der Name eines Maschinenprogramms auf der Diskette angegeben, das speicherplatzunabhängig sein muß (relocatable).

Achtung: Als erstes muß die externe Prozedur die Rücksprungadresse (1 Wort = 2 Bytes) vom Stack nehmen, um sie später zum Prozedurende wieder auf den Stack zu legen. Bei 16-Bit-Systemen sind die Register BP, CS, DS und SS entsprechend zu retten.

Etwas gewöhnungsbedürftig ist die Variablenübergabe bei externen Prozeduren.

Wir wollen uns hier nur mit einfacheren Datentypen beschäftigen. Dem fortgeschrittenen Benutzer sei das Handbuch empfohlen.

Werteparameter werden auf den Stack gelegt und können (nachdem die Rücksprungadresse gerettet ist!) von der Prozedur von diesem heruntergenommen werden.

Variablenparameter werden ebenfalls über den Stack übergeben. Jedoch wird hier die absolute Speicherstelle auf den Stack gelegt, an der sich die entsprechende Variable befindet.

Die Parameterübergabe hat für einfache Datentypen folgende Formate:

BYTE, CHAR, BOOLEAN: 1 Wort auf dem Stack. Das höherwertige Byte ist Null, weil diese Datentypen nur ein Byte Speicher brauchen.

INTEGER: 1 Wort auf dem Stack.

STRING: 1 Wort auf dem Stack. Darin ist die Anfangsadresse des Strings angegeben. In dieser Adresse steht die Länge des Strings, die nachfolgenden Adressen enthalten die Zeichen des Strings.

Bei Funktionen ist folgendes zu beachten:

Eine Funktion hat stets ein Ergebnis. Dieses Ergebnis wird, wenn es von skalarem Typ ist (BYTE, CHAR, BOOLEAN, INTEGER), über das HL-Register bei 8-Bit-Rechnern oder über das AX-Register bei 16-Bit-Systemen zurückgegeben. Ist das Ergebnis ein Byte lang, so steht im höherwertigen Byte eine Null.

Inline

Mit Hilfe des INLINE-Befehls lassen sich Maschinenprogrammanweisungen in den Programmfluß einbinden.

    INLINE (<Codierungen>);

Die Codierungen der Maschinenbefehle und Daten werden durch Schrägstriche voneinander getrennt.

Als Beispiel folgen zwei sehr ähnliche Prozeduren, die ein Wort in Großbuchstaben bzw. Kleinbuchstaben wandeln. Dazu wird die Anfangsadresse des Wortes (STRING) in das HL-Register geladen. In dieser
Adresse steht die Länge des Wortes. Diese wird in das B-Register geladen
(als Zählregister). In einer Schleife, in der das B-Register jeweils um eins
vermindert wird, wird vom Wert des jeweiligen Zeichens $20 subtrahiert,
sofern es sich um Kleinbuchstaben handelt (mit Codierungen zwischen
$61 und $7B).

Analog funktioniert die Wandlung in Kleinbuchstaben.

In einem Programm sieht das so aus:

```
PROGRAM Inlinetest;

TYPE Wort = STRING [20];

VAR w : Wort;

PROCEDURE Wandel_klein (VAR word : Wort);
(* Wandelt ein Wort word in Kleinbuchstaben *)
BEGIN
  INLINE ($2A/word/     (*        LD  HL,(word) ;Anfangsadresse *)
          $46/          (*        LD  B,(HL)    ;Zaehlregister  *)
          $04/          (*        INC B         ;erhoehe B      *)
          $05/          (* weiter DEC B         ;vermindere B   *)
          $CA/*+20/     (*        JP  Z,ende    ;B=0 dann ende  *)
          $23/          (*        INC HL        ;naechst.Zeichen*)
          $7E/          (*        LD  A,(HL)    ;in Accu        *)
          $FE/$41/      (*        CP  'A'       ;vergl. mit 'A' *)
          $DA/*-9/      (*        JP  C,weiter  ;ist kleiner    *)
          $FE/$5B/      (*        CP  'Z'       ;vergl. mit 'Z' *)
          $D2/*-14/     (*        JP  NC,weiter ;ist groesser   *)
          $C6/$20/      (*        ADD 20H       ;addiere 20H    *)
          $77/          (*        LD  (HL),A    ;aendere Stelle *)
          $C3/*-20 );   (*        JP  weiter    ;naechst.Zeichen*)
                        (* ende                                 *)
END;


PROCEDURE Wandel_gross (VAR word : Wort);
(* Wandelt ein Wort word in Grossbuchstaben *)
BEGIN
  INLINE ($2A/word/     (*        LD  HL,(word) ;Anfangsadresse *)
          $46/          (*        LD  B,(HL)    ;Zaehlregister  *)
          $04/          (*        INC B         ;erhoehe B      *)
          $05/          (* weiter DEC B         ;vermindere B   *)
          $CA/*+20/     (*        JP  Z,ende    ;B=0 dann ende  *)
          $23/          (*        INC HL        ;naechst.Zeichen*)
          $7E/          (*        LD  A,(HL)    ;in Accu        *)
          $FE/$61/      (*        CP  'a'       ;vergl. mit 'a' *)
          $DA/*-9/      (*        JP  C,weiter  ;ist kleiner    *)
          $FE/$7B/      (*        CP  'z'       ;vergl. mit 'z' *)
          $D2/*-14/     (*        JP  NC,weiter ;ist groesser   *)
          $D6/$20/      (*        SUB 20H       ;subtrahiere 20H*)
          $77/          (*        LD  (HL),A    ;aendere Stelle *)
          $C3/*-20 );   (*        JP  weiter    ;naechst.Zeichen*)
                        (*ende                                  *)
END;
```

```
BEGIN (* Hauptprogramm *)
  WRITE ('Wort: ');
  READLN (w);
  Wandel_klein (w);
  WRITELN ('Klein: ',w);
  Wandel_gross (w);
  WRITELN ('Gross: ',w)
END.
```

9.3   Chain und Execute

Eine beliebte Programmiertechnik für größere Programme besteht darin, von einem „Hauptprogramm" aus menügesteuert andere Programme aufzurufen und abzuarbeiten.

Dazu bietet Turbo Pascal zwei Anweisungen: CHAIN und EXECUTE.

CHAIN

Mit der CHAIN-Anweisung wird ein anderes Turbo Pascal-Programm aufgerufen, das mit der cHn-Option des Compilers übersetzt wurde. Im aufrufenden Programm wird eine Dateivariable vom Typ FILE erklärt, dann der Dateivariablen mit ASSIGN der Programmname des aufzurufenden Programms zugeordnet und zuletzt mit

CHAIN (Dateiname);

das Programm aufgerufen.

Auch eine Variablenübergabe ist möglich. Dazu muß das aufgerufene Programm einen zum aufrufenden Programm fast identischen Deklarationsteil haben. Und zwar müssen die gemeinsamen Variablen in beiden Programmen als erste und völlig identisch deklariert werden. Damit wird gewährleistet, daß das aufgerufene Programm schon mit vorbelegten Variablen vom aufrufenden Programm arbeitet.

Ein Programmpaar dient als Beispiel:

```
PROGRAM Aufrufendes;
VAR Satz : STRING [80];
    next : FILE;

BEGIN
  WRITELN ('Geben Sie einen Satz ein: ');
  READLN (Satz);
  ASSIGN (next,'ZAEHLEN.CHN');
  CHAIN (next)
END.
```

Dieses Programm wird mit der Compileroption C als HAUPT.COM übersetzt.

```
PROGRAM Aufgerufenes;
VAR Satz : STRING [80]; (* hier selbe Variable *)
    Gross, Klein, i : INTEGER;

BEGIN
 Gross := 0;
 Klein := 0;
 FOR i:=1 TO LENGTH (Satz) DO BEGIN
   IF Satz[i] IN ['A'..'Z'] THEN Gross:=Gross+1;
   IF Satz[i] IN ['a'..'z'] THEN Klein:=Klein+1;
 END;
 WRITELN ('Der Satz hat ',Gross:3,' Grossbuchstaben');
 WRITELN ('           und ',Klein:3,' Kleinbuchstaben')
END.
```

Dieses Programm wird mit der Compileroption H als ZAEHLEN.CHN übersetzt.

Nun kann das Programm HAUPT.COM aufgerufen und abgearbeitet werden. Beide Programme „teilen" sich die Variable Satz. Sie stellt sozusagen eine globale Variable dar.

Hinweis: Ein CHN-Programm braucht wesentlich weniger Speicherplatz als ein COM-Programm, weil wesentliche Teile des Betriebssystems nicht mitübersetzt wurden. Daher ist es selbst allerdings auch nicht lauffähig, sondern muß von einem anderen Turbo-Programm aufgerufen werden.

EXECUTE

Mit der EXECUTE-Anweisung können beliebige Programme, die als COM-File auf der Diskette zugreifbar sind, aufgerufen werden. Hier könnte man sich vorstellen, daß compilierte BASIC-Programme oder andere Fremdprogramme benutzt werden.

EXECUTE wird genauso verwendet wie CHAIN. Zuerst muß mit ASSIGN einem Dateinamen eine physische Datei auf der Diskette zugewiesen werden. Dann wird mit

EXECUTE (Dateiname);

das Programm aufgerufen.

Als Beispiel wollen wir ein Programm das Turbo-System aufrufen lassen.

```
PROGRAM Executetest;
VAR Datei : FILE;

BEGIN
 WRITELN ('Nach Return wird Turbo gestartet.');
 WRITELN ('Druecken Sie RETURN...');
 READLN;
 ASSIGN (Datei,'TURBO.COM');
 EXECUTE (Datei)
END.
```

Ähnlich könnten Dienstleistungsprogramme gestartet werden oder nach dem obigen Konzept eines „Hauptprogramms" mehrere Programme menügesteuert abgearbeitet werden.

Ein „Hauptprogramm" ruft ein anderes Programm nach Benutzerwahl auf, das an seinem Ende wiederum das „Hauptprogramm" aufruft.

9.4 Include

Ein sehr nützliches Programmierwerkzeug stellt die Compileranweisung

$\{\$I \dots \}$ oder $(*\$I \dots *)$

dar. Mit ihr kann der Programmierer bestehende Programmtexte aus anderen Textdateien in den gerade zu bearbeitenden Text einfügen. Das kann aus zwei verschiedenen Gründen notwendig sein:

1. Der Programmtext wird zu lang und kann daher nicht als ganzer im Rechner verarbeitet werden.

2. Es existieren schon Programmteile, wie z. B. Typdeklarationen für eine Grafik, fertige Prozeduren aus einer Art Prozedurbibliothek usw., die in einem anderen Programmtext wiederverwendet werden sollen, ohne sie direkt in den Text aufzunehmen.

Um einen Text in einen Programmtext zur Zeit des Übersetzens einfügen zu lassen, muß folgende Programmzeile benutzt werden:

$\{\$I <\text{Textdatei}>\}$ oder $(*\$I <\text{Textdatei}> *)$

Dann wird die so spezifizierte Textdatei vom Compiler während des Übersetzens eingefügt.

Achtung: Die Compileranweisungen sehen zwar aus wie Kommentar, stellen aber keinen Kommentar dar.

Beispiele:

```
PROGRAM Test;

(*$I 'B:DEKLARATIO.PAS'*)

(*$I 'A:PROC1.PAS'*)
(*$I 'B:PROC2.PAS'*)

BEGIN
  Eingabe; (* steht in PROC1 *)
  Rechne; (* steht in PROC2 *)
  Ausgabe (* steht in PROC1 *)
END.
```

Nach diesem Beispiel muß es die Textdatei PROC1.PAS auf der Diskette im Laufwerk A und die Textdateien DEKLARATIO.PAS und PROC2.PAS auf der Diskette im Laufwerk B geben. In DEKLARATIO.PAS stehen sehr wahrscheinlich Deklarationen, während in PROC1.PAS die Texte der Prozeduren Eingabe und Ausgabe und in PROC2.PAS der Text der Prozedur Rechne stehen.

9.5 Overlays

Dem fortgeschrittenen Programmierer kann es schon einmal passieren, daß sein Programm zu groß wird. Handelt es sich nur um ein zu großes Textfile, so schafft die Include-Anweisung des Compilers Abhilfe (siehe Kap. 9.4).

Paßt aber das Codefile, d. h. das übersetzte Programm, nicht mehr in den Speicher, so ist auf eine andere Technik zurückzugreifen: Overlays.

Hierbei handelt es sich um eine recht raffinierte Art von Prozeduren, die sich gemeinsam ein und denselben Speicherplatz teilen. Dazu müssen sie allerdings auf der Diskette „parken" und werden nur für den Fall ihres Aufrufs von der Diskette in den Rechner geholt. Das kostet natürlich mehr Zeit, als speicherresidente Prozeduren zu verwenden. Daher sind einige Regeln zu beachten, die nach der Erklärung dieser Struktur folgen.

Im Prozedur- oder Funktionskopf steht das reservierte Wort OVERLAY vor dem Wort PROCEDURE oder FUNCTION. Dann handelt es sich um eine entsprechende Overlay-Prozedur oder -Funktion.

OVERLAY PROCEDURE <Titel> <Parameterliste>;

OVERLAY FUNCTION <Titel> < Parameterliste>:

<Ergebnistyp>;

Trifft der Compiler während des Übersetzens auf einen entsprechenden Prozedur-/Funktionskopf, so wird der übersetzte Maschinencode nicht mehr in das Programm, sondern in eine Overlay-Datei übersetzt, die den Namen des Programm-Codefiles hat, jedoch mit dem Suffix .000 bis .099. Als Einschränkung muß erwähnt werden, daß Programme, die Overlays enthalten, nur mit den Compileroptionen C und H übersetzt werden dürfen.

Beispiel:

```
PROGRAM Overtest1;
...

OVERLAY PROCEDURE eins;
  BEGIN
  ...
  END;

OVERLAY PROCEDURE zwei;
  BEGIN
  ...
  END;

OVERLAY PROCEDURE drei;
  BEGIN
  ...
  END;

OVERLAY PROCEDURE vier;
  BEGIN
  ...
  END;

BEGIN (* Hauptprogramm *)
...
END.
```

In diesem Beispielprogramm teilen sich die vier Prozeduren ein und denselben Speicherplatz im Programmcode, und zwar sinnvollerweise so, daß Platz für die größte der vier Prozeduren freigehalten wird. Nehmen wir an, das Programm wird als BEISPIEL.COM übersetzt; dann befinden sich alle vier Prozeduren in dem File BEISPIEL.000.

Während des Programmlaufs wird jeweils die Prozedur von der Diskette in den Speicher geladen, die gerade gebraucht wird, weil sie aufgerufen wurde. Diese Prozedur bleibt im Speicher verfügbar, bis eine andere Overlay-Prozedur dieser Overlay-Datei aufgerufen wird.

In einer Grafik stellt sich das wie folgt dar:

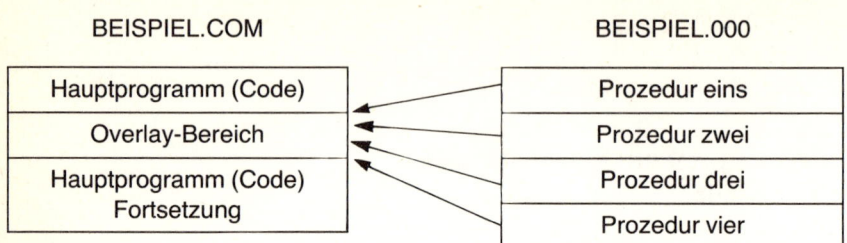

Overlay-Prozeduren und Funktionen, die nacheinander im Text auftreten, werden in dasselbe Overlay-File geschrieben. Liegen zwischen mehreren Overlay-Bereichen normale Prozeduren, so werden Overlay-Files
mit unterschiedlichen Nummern angelegt (Maximum 100).

Beispiel:

```
PROGRAM Overtest2;
...

OVERLAY PROCEDURE eins;
  BEGIN
  ...
  END;

OVERLAY PROCEDURE zwei;
  BEGIN
  ...
  END;

PROCEDURE drei;
  BEGIN
  ...
  END;

OVERLAY PROCEDURE vier;
  BEGIN
  ...
  END;

OVERLAY PROCEDURE fuenf;
  BEGIN
  ...
  END;
```

```
PROCEDURE sechs;
  BEGIN
  ...
  END;

OVERLAY PROCEDURE sieben;
  BEGIN
  ...
  END;

OVERLAY PROCEDURE acht;
  BEGIN
  ...
  END;

BEGIN (* Hauptprogramm *)
  ...
  END.
```

In einer Grafik stellt sich das wie folgt dar:

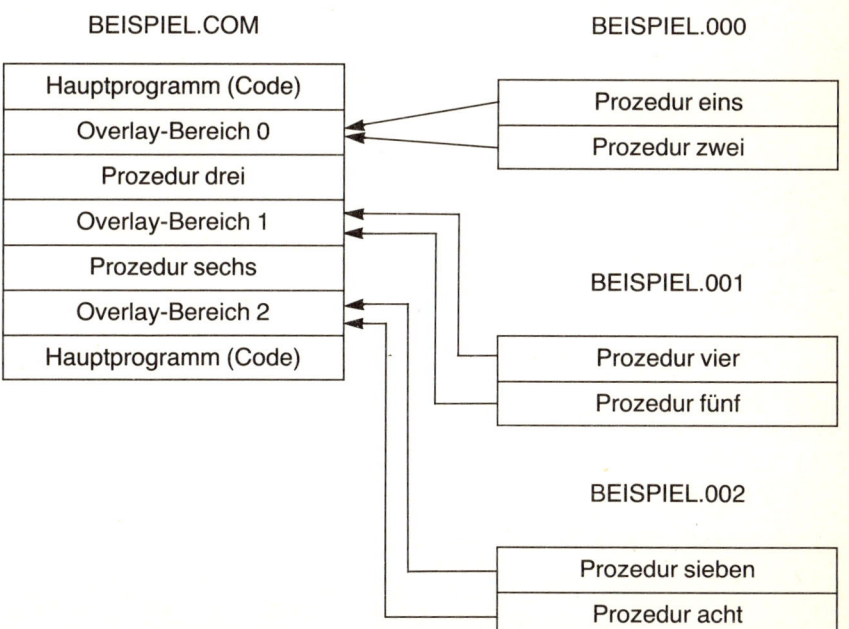

In diesem Beispiel werden also drei Dateien mit den Namen BEI-
SPIEL.000 , BEISPIEL.001 und BEISPIEL.002 angelegt, die den übersetzten Code der jeweiligen Prozeduren enthalten. Im Programm wird für
jeden Overlay-Bereich soviel Platz freigehalten, daß die jeweils größte
Prozedur hineinpaßt.

Eine Erweiterung des Overlay-Konzepts stellen die geschachtelten Overlays dar. Jede Overlay-Prozedur oder Funktion kann selbst wieder wie ein
Hauptprogramm gestaltet werden, d. h. Overlays enthalten. Das bedeutet, daß in dem Programmcode der Overlay-Prozedur wieder Platz gelas-
sen wird für einen weiteren Overlay-Bereich.

Von welcher Diskette liest das Programm die Overlays? – Normalerweise werden sie von dem Laufwerk gelesen, das gerade in Betrieb ist
(aktuelles Laufwerk). Wird ein anderes Laufwerk gewünscht, so kann
dies mit Hilfe einer entsprechenden Compiler-Anweisung geschehen.

Mit

   {$OA} oder (*$OA*)

wird z. B. das Laufwerk A: spezifiziert als das Laufwerk, von dem ab dieser Stelle die Overlays gelesen werden.

Mit

   {$O@} oder (*$O@*)

wird das gerade aktuelle Laufwerk gewählt.

In der Version 3.0 wird statt der Compiler-Anweisung eine Standardprozedur namens OVRDRIVE (bzw. OVRPATH) benutzt. Die Compiler-
Anweisung (*$O...*) wird in dieser Version nicht mehr unterstützt!

Bei 8-Bit-Systemen wird mit

   OVRDRIVE (Laufwerknummer);

ein Laufwerk als das Laufwerk spezifiziert, von dem Overlays zu lesen
sind. Die Nummer 0 bedeutet das aktuelle Laufwerk, 1 bedeutet A:, 2
bedeutet B: usw. Während des Programms kann die Laufwerksnummer
mehrfach geändert werden.

Bei 16-Bit-Systemen wird mit

   OVRPATH (Pfadname);

ein Subdirectory-Pfad als STRING-Parameter spezifiziert.

Wichtige Hinweise zu Overlays:

- Im Programm-Code wird soviel Platz freigehalten, wie die größte Overlay-Prozedur des entsprechenden Overlay-Bereichs benötigt.
- Zusammenhängende Overlay-Bereiche werden in derselben Overlay-Datei abgespeichert. Sind Overlay-Bereiche durch normale Prozeduren voneinander getrennt, so werden verschiedene Overlay-Dateien angelegt (numeriert von 000 bis 099). Dadurch vergrößert sich natürlich der Platzbedarf, die Ladezeiten für Overlay-Prozeduren verringern sich jedoch, da mehr Overlay-Pozeduren gleichzeitig präsent sind.
- Overlay-Prozeduren dürfen *nicht FORWARD* deklariert werden.
- Overlay-Prozeduren dürfen *nicht rekursiv* sein.
- Prozeduren, die oft aufgerufen werden, sollten keine Overlay- Prozeduren sein (insbesondere Prozeduren, die in Schleifen aufgerufen werden), da das Einladen von der Diskette erheblich mehr Zeit benötigt als Zugriffe im Rechnerspeicher.
- Programme, die Overlays enthalten, dürfen nicht mit der M-Option des Compilers übersetzt werden.

9.6   TLIST

Es gibt grundsätzlich zwei verschiedene Möglichkeiten, einen Programmtext (und andere Texte) auf den Drucker zu bringen.

1. Vom CP/M-System aus wird mit CTRL-P der Drucker eingeschaltet und mit

   TYPE <Name der Textdatei mit Suffix>

   die Textdatei gelistet. Anschließend wird mit CTRL-P der Drucker wieder ausgeschaltet.

2. Man verwendet ein Ausdruckprogramm.

Auf der Turbo Pascal-Diskette befindet sich, sozusagen als Zugabe, ein entsprechendes Programm namens TLIST.

Wird TLIST aufgerufen, so meldet es sich mit

   Enter name of file to list (?) for help <Return> to skip:

Hier geben wir ein:

   Name der zu listenden Textdatei oder
   ?, um Hilfen zu bekommen, oder
   <Return>, um das Programm zu verlassen.

Haben wir einen Dateinamen eingegeben (wie BEISPIEL.PAS), so werden wir nach Optionen gefragt. Hier können wir L, M oder LM eingeben.

   L : Der Text wird mit Zeilennummern ausgegeben.
   M : Reservierte Wörter werden markiert (d. h. unterstrichen).
   LM : Beides.
   Keine Eingabe : Weder noch.

Dann wird der Text ausgedruckt.

Druckparameter im Text

In den Text, der ausgedruckt werden soll, können Parameter eingefügt
werden, die das Ausdruckformat steuern. Die Anweisungen werden als
Kommentare in den Text eingebaut, die in der *ersten* Spalte der Zeile
anfangen müssen.

Hier bedeutet:

{.PLn} oder (*.PLn*) :   Die Seitenlänge soll n Zeilen betragen.

{.CPn} oder (*.CPn*) :   Seitenvorschub, wenn auf der aktuellen
                                Seite kein Platz für n Zeilen mehr vor-
                                handen ist.

{.PA} oder (*.PA*) :   Seitenvorschub.

{.POn} oder (*.POn*) :   Einstellen des linken Randes auf n Zei-
                                chen.

{.HEtext} oder (*.HEtext*) :   Text, der in die Kopfzeile jeder Seite ge-
                                druckt werden soll.

{.FOtext} oder (*.FOtext*) :   Dito für Fußzeile.

{.L−} oder (*.L-*) :   Textlisting abschalten.

{.L+} oder (*.L+*) :   Textlisting einschalten.

Include-Files werden ebenfalls mit dem Programmtext gelistet, wenn die
Include-Anweisung in der *ersten* Spalte der Zeile steht.

Mit / kann der Text der Kopf- und Fußzeile mehrzeilig sein.

Steht im Text der Kopf- oder Fußzeile ein #-Zeichen, so stellt dies die
Stelle dar, an der die Seitennummer gedruckt wird.

9.7   Fehlerbehandlung ab Version 3.0

Ab der Versionsnummer 3.0 des Turbo Pascal-Systems eröffnet sich dem Programmierer eine völlig neue Fehlerbehandlungs- und -erkennungs-möglichkeit.

Bislang wurde das Programm einfach abgebrochen und eine entsprechende Fehlerkennung des Systems an den Benutzer ausgegeben. Die Aussagen zum aufgetretenen Fehler sind englisch und mit Codierungen versehen, so daß ein unkundiger Benutzer damit nichts anfangen kann. Außerdem sind eventuell geöffnete Dateien beim Auftreten eines Fehlers verloren, da sie nicht geschlossen werden. Mit der neuen Möglichkeit kann der Programmierer dafür sorgen, daß dem Benutzer eine Fehlermeldung in Klartext ausgegeben wird und daß alle Dateien abgeschlossen werden, bevor das Programm abbricht.

Dazu wird im Programm eine Prozedur zur Fehlerbehandlung geschrieben, deren Adresse einem Fehler-Pointer des Systems namens ERRORPTR übergeben wird. Die Prozedur muß zwei Werteparameter vom Typ INTEGER besitzen, denen vom System (in dieser Reihenfolge) die Fehlernummer und die Fehleradresse übergeben wird. Die Fehlernummer teilt sich auf in die Codierung für den Fehlertyp (höherwertiges Byte) und die Fehlernummer selbst (niederwertiges Byte). Beim Fehlertyp kann es sich handeln um:

0: Benutzer-Unterbrechung mit CTRL-C
1: Ein-/Ausgabefehler
2: Laufzeitfehler

Im folgenden sehen wir ein kleines Demonstrationsprogramm, das auf eine Fehlermeldung im Klartext verzichtet, da dazu eine aufwendige Fallunterscheidung nötig wäre. Hier soll nur das Prinzip der Fehlererkennung deutlich gemacht werden.

In dem Programm werden zwei vom Benutzer einzugebende ganze Zahlen durcheinander geteilt. Fehler können dadurch simuliert werden, daß beim Programmlauf die zweite Zahl gleich Null ist (Laufzeitfehler: Teilen durch Null), der Benutzer das Programm durch CTRL-C unterbricht oder ein Buchstabe anstelle einer Zahl eingegeben wird (Ein-/Ausgabefehler).

```
PROGRAM Errortest;

VAR i,j : INTEGER;

PROCEDURE Error (ErrNo, ErrAdr : INTEGER);
BEGIN
 WRITELN ('Fehler!');
```

```
  WRITELN ('Typ: ',HI(ErrNo));
  WRITELN ('Nummer: ',LO(ErrNo));
  WRITELN ('Adresse: ',ErrAdr);
  HALT
END;

BEGIN
  ERRORPTR := ADDR(Error);
  WRITE ('Zahl: '); READLN (i);
  WRITE ('geteilt durch: '); READLN (j)
  WRITELN ('gleich ',i/j:10:4)
END.
```

Die Namen der Prozedur sowie der beiden Werteparameter sind gleich-
gültig.

Bei 16-Bit-Systemen muß es statt ERRORPTR := ADDR(Error); dann
analog heißen

```
ERRORPTR := OFS (Error);
```

Turbo Toolbox

10

10.1   Sortieren mit Turbo Sort

Zusätzlich zum Turbo Pascal bietet die Herstellerfirma ein Programmpaket namens Turbo Toolbox an, das zwei voneinander unabhängige Programmierhilfen umfaßt: Turbo Sort und Turbo Access.

Bei Turbo Sort handelt es sich um Hilfsprogramme zum komfortablen Sortieren, während Turbo Access Routinen zur Dateiverwaltung mit sogenannten B-Bäumen beinhaltet.

Turbo Sort umfaßt einige Prozeduren, die das Sortieren eines Datensatzes nach dem Quicksort-Algorithmus erlaubt. Der Benutzer ist weitgehend frei in der Wahl der zu sortierenden Daten. Auch braucht er sich nicht um die Verwaltung des Speichers während des Sortierens zu kümmern. Maximal können 32767 Datensätze sortiert werden.

Paßt der ganze Datensatz in den Speicher, so wird im Speicher sortiert, andernfalls dient die Diskette als virtueller Speicher.

Turbo Sort ist eine Textdatei, die die zu verwendenden Prozeduren und Funktionen sowie einen Deklarationsteil enthält. Im eigenen Programm wird es vor dem Aufruf einer Turbo Sort-Prozedur mit

    {$I A:SORT.BOX}

in den Programmtext eingefügt. Dazu muß die Textdatei SORT.BOX während des Übersetzens auf der Diskette im Laufwerk A sein. Andernfalls ist ein anderes Laufwerk anzugeben.

Der Sortiervorgang wird durch den Aufruf einer Funktion begonnen:

    x := TurboSort (ItemSize);

wobei x eine Variable vom Typ INTEGER ist und ItemSize ein ganzzahliger Wert, der die Größe der Datensätze angibt. Um ItemSize zu berechnen, benutzen wir einfach die Standardfunktion SIZEOF. Nehmen wir an, unsere Daten seien vom Typ

    TYPE Datentyp = RECORD
                    Name, Vorname : STRING[20];
                    Alter   : INTEGER
                    END;

und

    VAR Feld : ARRAY [1..1000] OF Datentyp;
        x : INTEGER;

Dann läßt sich Turbo Sort aufrufen mit

    x := TurboSort (SIZEOF(Datentyp));

Allerdings funktioniert das Sortieren so noch nicht. Zuerst müssen die Daten an die Sortierprozedur übergeben werden. Das geschieht mit der Prozedur Inp, die im Include-Text FORWARD deklariert ist, so daß eine Parameterliste entfällt.

```
PROCEDURE Inp;
BEGIN
  {Hier die Eingabe der Daten. Z.B.:}
  FOR x:=1 TO 1000 DO BEGIN
   WITH Feld[x] DO BEGIN
    WRITE ('Name: '); READLN (Name);
    WRITE ('Vorname: '); READLN (Vorname);
    WRITE ('Alter: '); READLN (Alter)
   END;
  {Ende der Eingabe eines Datenelements}
   SortRelease (Feld[x]);
  END;
END;
```

Mit dem Aufruf der Prozedur SortRelease wird ein Datenelement des deklarierten Datentyps an den Sortierteil übergeben.

Natürlich hätten wir auch die Datenelemente aus einer Datei lesen können.

Weiterhin ist anzugeben, nach welchem Kriterium sortiert werden soll.
Nehmen wir an, es sei nach dem Namen zu sortieren, so erklären wir
durch die FORWARD deklarierte Funktion Less:

```
FUNCTION Less;
VAR erst :Datentyp ABSOLUTE X;
    zweit:Datentyp ABSOLUTE Y;
BEGIN
 Less:=erst.Name<zweit.Name
END;
```

Die absoluten Adressen X und Y sind von Turbo Sort vordefiniert. Hätten wir eine Sortierung nach dem Alter gewünscht, so müßte es heißen:

Less:=erst.Alter<zweit.Alter

Als letztes ist eine Ausgabeprozedur zu schreiben, die festlegt, wie die
Ausgabe geschehen soll.

Nehmen wir an, die sortierten Daten sollen wieder in das bestehende Feld
eingeordnet werden. Dann könnte es heißen:

```
PROCEDURE OutP;
BEGIN
 x:=1;
 REPEAT
  SortReturn(Feld[x]);
  x:=x+1
 UNTIL SortEOS
END;
```

Auch die Prozedur OutP ist FORWARD deklariert und braucht von uns
nur noch ohne Parameterliste geschrieben zu werden.

Durch den Aufruf der Prozedur SortReturn werden die sortierten Datenelemente in ihrer Reihenfolge an eine vom Benutzer zu spezifizierende
Variable übergeben. Eine logische Funktion SortEOS erhält das Ergebnis TRUE, wenn alle Daten ausgegeben wurden.

Nun folgt ein komplettes Programmbeispiel, das ein Feld von Verbunden
sortieren soll, dessen Elemente je eine zufällige Zahl und ein zufälliges
Zeichen enthalten. Der Benutzer kann angeben, ob er nach der Zahl
(Nummer) oder nach dem Zeichen sortiert haben möchte. Die unsortier-
ten Daten werden in der 10. Spalte, die sortierten in der 20. Spalte des
Bildschirms untereinander ausgegeben.

```
PROGRAM Sortbox_Demo;

CONST Max = 15;

TYPE Datentyp = RECORD
                      Zahl:INTEGER;
                      Zeichen:CHAR;
                  END;

VAR a : ARRAY [1..Max] OF Datentyp;
    ch: CHAR;
    istZahl : BOOLEAN;

{$I B:SORT.BOX}

PROCEDURE Inp;
VAR i:INTEGER;
BEGIN
 FOR i:=1 TO Max DO BEGIN
  a[i].Zahl:=RANDOM(100);
  a[i].Zeichen:=CHR (32+RANDOM(96));
  GOTOXY(10,i);WRITE (a[i].Zahl:5,a[i].Zeichen:3);
  SortRelease(a[i])
 END
END;

PROCEDURE OutP;
VAR i:INTEGER;
BEGIN
 i:=1;
 REPEAT
  SortReturn(a[i]);
  GOTOXY(20,i);
  WRITELN (a[i].Zahl:5,a[i].Zeichen:3);
  i:=i+1;
 UNTIL SortEOS;
 GOTOXY(30,1);
 WRITE ('Return druecken...');
 READLN
END;

FUNCTION Less;
VAR erst:Datentyp ABSOLUTE X;
    zweit:Datentyp ABSOLUTE Y;
BEGIN
 IF istZahl THEN Less:=erst.Zahl<zweit.Zahl
            ELSE Less:=erst.Zeichen<zweit.Zeichen
END;
BEGIN {Hauptprogramm}
 CLRSCR;
 WRITE('Sortieren nach N(ummer oder Z(eichen?');
 REPEAT
  READ (KBD,ch)
 UNTIL ch IN ['n','N','z','Z'];
 istZahl := ch IN ['n','N'];
 CLRSCR;
 WRITELN (TurboSort(SIZEOF(Datentyp)))
END.
```

Als Alternative könnte das Programm dahingehend geändert werden,
daß nach beiden Kriterien (Nummer und Zeichen) geordnet wird. Dazu

wird die Sortierprozedur zweimal mit geänderter Sortieranweisung in der
Funktion Less aufgerufen.

```
PROGRAM Sortbox_Demo;

CONST Max = 20;

TYPE Datentyp = RECORD
                   Zahl:INTEGER;
                   Zeichen:CHAR;
                 END;

VAR a : ARRAY [1..Max] OF Datentyp;
    ch: CHAR;
    Dummy,y : INTEGER;
    istZahl : BOOLEAN;

{$I B:SORT.BOX}

PROCEDURE Erzeuge;
VAR i:INTEGER;
BEGIN
 FOR i:=1 TO Max DO BEGIN
  a[i].Zahl:=RANDOM(100);
  a[i].Zeichen:=CHR (32+RANDOM(96));
  GOTOXY(10,i);WRITE (a[i].Zahl:5,a[i].Zeichen:3);
 END;
END;

PROCEDURE Inp;
VAR i:INTEGER;
BEGIN
 FOR i:=1 TO Max DO
  SortRelease(a[i])
END;
PROCEDURE OutP;
VAR i:INTEGER;
BEGIN
 i:=1;
 REPEAT
  SortReturn(a[i]);
  GOTOXY(y,i);
  WRITELN (a[i].Zahl:5,a[i].Zeichen:3);
  i:=i+1;
 UNTIL SortEOS;
 IF y=30 THEN BEGIN
  GOTOXY(40,1);
  WRITE ('Return druecken...');
  READLN
 END
END;

FUNCTION Less;
VAR erst:Datentyp ABSOLUTE X;
    zweit:Datentyp ABSOLUTE Y;
BEGIN
 IF istZahl THEN Less:=erst.Zahl<zweit.Zahl
            ELSE Less:=erst.Zeichen<zweit.Zeichen
END;
```

```
BEGIN {Hauptprogramm}
  CLRSCR;
  Erzeuge;
  y:=20;istZahl:=TRUE;
  Dummy := TurboSort(SIZEOF(Datentyp));
  y:=30;istZahl:=FALSE;
  Dummy := TurboSort(SIZEOF(Datentyp))
END.
```

Das angegebene Beispiel ist sicher keine sehr nützliche Anwendung des Turbo Sort-Paketes. Es soll nur die Funktion dieser Programmierhilfe erläutern. In der Praxis werden die Datensätze sicher etwas anders aussehen. Jedoch bleibt das Prinzip gleich.

Zur Übung könnten Sie das Adreßprogramm aus Kap. 8.1 mit Hilfe von Turbo Sort überarbeiten.

Hinweis: Die Funktion TurboSort hat ein Ergebnis, das Aufschluß über eventuelle Fehler beim Sortieren gibt. Folgende Ergebnisse sind möglich:

 0 : Sortieren erfolgreich.
 3 : Nicht genug Speicher vorhanden.
 8 : Unzulässige Länge des Datensatzes (muß größer 1 sein).
 9 : Mehr als 32767 Datensätze.
10 : Fehler beim Sortieren (Diskette defekt oder voll).
11 : Fehler beim Lesen von der Diskette.
13 : Fehler beim Erzeugen einer Datei.

10.2   B-Dateien mit Turbo Access

Der zweite große Bereich, den die Turbo Toolbox abdeckt, ist eine effektive Dateiverwaltung. Dazu verwendet man das Turbo Access-System. Es beinhaltet mehrere Textdateien, die als Include-Files in das eigene Programm eingebaut werden und dann eine Reihe sehr effektiver Prozeduren und Funktionen zur Verfügung stellen.

ACCESS.BOX	enthält alle Prozeduren zur Verwaltung der eigentlichen Datei sowie grundlegende Deklarationen.
GETKEY.BOX	enthält Suchroutinen für eine Indexdatei.
ADDKEY.BOX	enthält Routinen zum Einfügen von Schlüsseln in die Indexdatei.
DELKEY.BOX	enthält Routinen zum Löschen von Schlüsseln in der Indexdatei.

Das Softwarepaket unterstützt nicht nur die Verwaltung und Pflege einer Datendatei, sondern zudem noch den Aufbau und die Verwaltung von Indexdateien. Das bedeutet, daß der Benutzer in mehreren Indexdateien Schlüsselwörter verwalten kann, die zum Suchen in der Datei verwendet werden. So kann z. B. mit einem Datensatz Adresse eine Datendatei erstellt und verwaltet werden, und zum Suchen nach bestimmten Kriterien werden Indexdateien eingerichtet, in denen für jeden Dateneintrag z. B. Name, Postleitzahl, Ort und Kundennummer verwaltet werden. So kann dem Benutzer des endgültigen Programms gestattet werden, nach diesen Kriterien im Datensatz zu suchen, ohne daß der ganze Datensatz von Anfang bis Ende durchsucht werden muß. Vielmehr wird nur in der Indexdatei gesucht, die die Form eines B-Baumes hat, und nach dem erfolgreichen Suchen die Nummer des gesuchten Datensatzes ausgegeben, der nun aus der Datei gelesen werden kann.

Eine kurze Darstellung soll verdeutlichen, welche Vorteile B-Bäume in diesem Zusammenhang haben. Im Gegensatz zu Binärbäumen haben die Elemente eines solchen Baums mehr als zwei Verzweigungen. Die Knoten eines solchen Baums heißen Seiten. Sie beinhalten Elemente (namens Schlüssel) und Verknüpfungen zu weiteren Elementen.

Ein Baum der n. Ordnung hat dann folgende Eigenschaften:

1. Jede Seite enthält höchstens 2∗n Elemente (Schlüssel).

2. Jede Seite, außer der Wurzelseite, enthält mindestens n Elemente.

3. Jede Seite ist entweder eine Blattseite, d. h. hat keinen Nachfolger, oder sie hat m+1 Nachfolger, wobei m die Zahl ihrer Schlüssel ist.

4. Alle Blattseiten liegen auf der gleichen Stufe.
   (Nach Wirth: Algorithmen und Datenstrukturen)

Auch in einem B-Baum sind die Elemente durch die Einfügevorschrift bedingt geordnet. Weiterhin besteht der Vorteil, daß in einem B-Baum durch die o.g. Vorschriften die Ebenen des Baums stets ausgeglichen sind. Wird eine Seite aufgefüllt, so muß sie geteilt werden, wenn sie mehr als 2∗n Elemente erhält. Andererseits müssen zwei Seiten wieder zu einer zusammengefügt werden, wenn die Anzahl der Elemente durch Löschen n unterschreitet. Durch die größere Anzahl der Verzweigungen vermindert sich der durchschnittliche Suchweg im Baum. Allerdings vergrößert sich bei zunehmender Ordnung n der Verwaltungsaufwand.

Ein Beispiel für einen B-Baum 2.Ordnung, dessen Schlüssel ganze Zahlen sind, ist:

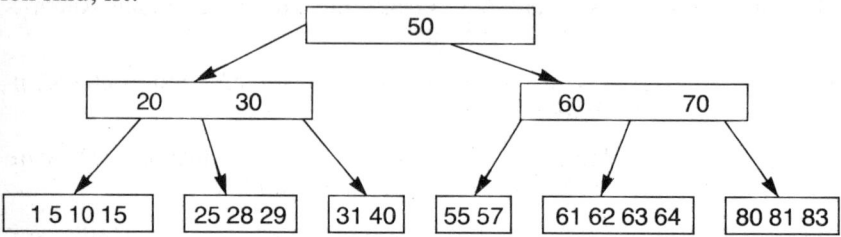

Auf die Entwicklung und Erläuterung der Einfüge- und Löschoperationen soll hier verzichtet werden, da sie für die Benutzung von Turbo Access unerheblich sind.

Vielmehr sollte sich der Benutzer nur im klaren darüber sein, was in welcher Datei verwaltet wird. Die Datendatei ist eine sequentielle Datei von Record. Die Schlüsseldateien (Indexdateien) dagegen werden als B-Bäume verwaltet, deren Seiten als Einträge 1. ein Schlüsselwort, 2. einen Datenquerverweis (d. h. die Datenrecord-Nummer) und 3. einen Schlüsselquerverweis (d. h. die Verknüpfung zur nächsten Seite) beinhaltet. Wird eine Suchoperation nach einem Schlüssel in einer solchen Datei ausgeführt, so geben die entsprechenden Prozeduren die Nummer des gesuchten Records der Datendatei zurück. Die inhaltliche Verwaltung der Datei und der Schlüsseldatei obliegt natürlich weiterhin dem Programmierer. Das Turbo Access-System stellt nur die Prozeduren zur Verwaltung zur Verfügung.

Das Turbo Access-System wird folgendermaßen benutzt:

  PROGRAM ...;

   <eigene Deklarationen>

   <Deklaration der Konstanten für Turbo Access>

   (*$I ACCESS.BOX*)
   (*$I GETKEY.BOX*)
   (*$I ADDKEY.BOX*)
   (*$I DELKEY.BOX*)

   <wobei die ...KEY.BOX-Teile weggelassen werden können,
   wenn keine Indexdatei verwendet wird>

   <eigene Unterprogramme>

   <Hauptprogramm>

Folgende Konstanten müssen für Turbo Access deklariert werden:

MaxDataRecSize	Die maximale Größe der zu verwaltenden Records der Datei in Bytes.
MaxKeyLen	Die maximale Länge der verwendeten Schlüssel in Bytes (1..255).
PageSize	Maximale Anzahl der Schlüsseleinträge pro Seite (normalerweise zwischen 16 und 32).
Order	Ordnung des B-Baums. Hier muß die Hälfte von PageSize deklariert werden.
PageStackSize	Größe des Seitenpuffers. Anzahl der Seiten, die gleichzeitig im Speicher sein können. Ein großer Wert bewirkt, daß das Suchen sehr schnell ist, der Speicherplatzbedarf jedoch zunimmt.
MaxHeight	Die maximale Höhe des B-Baums. Berechnet sich aus $MaxHeight = Log(E)/Log(PageSize*0.5)$, wobei E die Anzahl der Schlüssel einer Indexdatei ist.

Sind diese Konstanten deklariert und die entsprechenden Include-Anweisungen in das Programm eingefügt, so können die im folgenden beschriebenen Prozeduren und Funktionen verwendet werden. Dazu sind die Datentypen

  IndexFile und
  DataFile

zur Deklaration der entsprechenden Dateien zu verwenden, und es existiert eine Boolesche Variable

  OK : BOOLEAN

die von den meisten Prozeduren und Funktionen verändert wird, um anzuzeigen, ob die Operation erfolgreich ausgeführt wurde.

Prozeduren zur Datenverwaltung

PROCEDURE MakeFile (VAR DatF:DataFile;
                         FileN:STRING[14];
                         RecLen:INTEGER);

erstellt eine Datendatei DatF mit Namen FileN und Records der Länge RecLen in Bytes. Ist OK FALSE, so findet sich nicht mehr genug Platz auf der Diskette.

PROCEDURE OpenFile (VAR DatF:DataFile;
                                      FileN:STRING[14];
                                      RecLen:INTEGER);

eröffnet eine bestehende Datendatei (wie MakeFile). Ist OK FALSE, so läßt sich die Datei nicht eröffnen.

PROCEDURE CloseFile (VAR DatF:DataFile);

schließt eine geöffnete Datendatei DatF.

PROCEDURE AddRec (VAR DatF:DatFile;
                                VAR DataRef:INTEGER;
                                VAR Buffer);

fügt einen Datensatz, der der untypisierten Variablen Buffer übergeben wird, in die Datei DatF an der Stelle DataRef (Recordnummer) ein. Die neue Recordnummer steht durch den Variablenparameter DataRef zur Verfügung.

PROCEDURE DeleteRec (VAR DatF:DatFile;
                                   DataRef:INTEGER);

löscht einen Datensatz in der Datei DatF mit der Recordnummer Data-Ref.

PROCEDURE GetRec (VAR DatF:DatFile;
                                     DataRef:INTEGER;
                                VAR Buffer);

liest einen Datensatz aus der Datei DatF mit der angegebenen Record-nummer DataRef in die Puffervariable Buffer.

PROCEDURE PutRec (VAR DatF:DatFile;
                                     DataRef:INTEGER;
                                VAR Buffer);

schreibt einen Datensatz, der mit der Variablen Buffer übergeben wird, in die Datei DatF an der Stelle der Recordnummer DataRef.

FUNCTION FileLen (VAR DatF:DataFile):INTEGER;

gibt die Anzahl der Datensätze der Datei wieder (mit den gelöschten Datensätzen).

FUNCTION UsedRecs (VAR DatF:DataFile):INTEGER;

gibt die Anzahl der benutzten Datensätze der Datei wieder.

Prozeduren zur Verwaltung von Schlüsseln

PROCEDURE InitIndex;

wird zum Programmbeginn aufgerufen.

PROCEDURE MakeIndex (VAR IndexF:IndexFile;
                          FileN:STRING[14];
                          KeyLen,Status:INTEGER);

erstellt eine Indexdatei IndexF mit dem Namen FileN, die Schlüsselwörter der Länge KeyLen enthält. Schlüsselwörter sind vom Typ STRING. Der Statusparameter kann den Wert 0 oder 1 haben, wobei 0 bedeutet, daß keine doppelten Schlüsselwörter erlaubt sind, und 1, daß doppelte Schlüsselwörter benutzt werden können. OK ist FALSE, wenn nicht genügend Platz auf der Diskette zur Verfügung steht.

PROCEDURE OpenIndex (VAR IndexF:IndexFile;
                          FileN:STRING[14];
                          KeyLen,Status:INTEGER);

eröffnet eine bestehende Indexdatei. Sonst wie MakeIndex. OK ist FALSE, wenn die Datei nicht existiert.

PROCEDURE CloseIndex (VAR IndexF:IndexFile);

schließt eine Indexdatei.

PROCEDURE AddKey (VAR IndexF:IndexFile;
                      VAR DataRef:INTEGER;
                      VAR Key);

fügt einen Schlüssel Key in die Indexdatei IndexF, der mit dem Datenelement der Nummer DataRef verbunden ist. OK ist FALSE, wenn der Schlüssel schon existiert (nur bei Status 0).

PROCEDURE DelKey (VAR IndexF:IndexFile;
                      VAR DataRef:INTEGER;
                      VAR Key);

löscht einen Schlüssel. Sonst wie AddKey. OK ist FALSE, wenn der Schlüssel nicht existiert.

PROCEDURE FindKey (VAR IndexF:IndexFile;
                       VAR DataRef:INTEGER;
                       VAR Key);

sucht genau den angegebenen Schlüssel Key in der Indexdatei IndexF und gibt nach erfolgreicher Suche die Recordnummer des entsprechenden Datenelements über DataRef zurück. OK ist FALSE, wenn der Schlüssel nicht gefunden wurde.

```
PROCEDURE SearchKey (VAR IndexF:IndexFile;
                     VAR DataRef:INTEGER;
                     VAR Key);
```

wie FindKey. Allerdings braucht der angegebene Schlüssel nur mit dem Anfang des gesuchten Schlüssels übereinzustimmen.

```
PROCEDURE NextKey (VAR IndexF:IndexFile;
                   VAR DataRef:INTEGER;
                   VAR Key);
```

sucht den nächsten Schlüssel.

```
PROCEDURE PrevKey (VAR IndexF:IndexFile;
                   VAR DataRef:INTEGER;
                   VAR Key);
```

sucht den vorhergehenden Schlüssel.

```
PROCEDURE ClearKey (VAR IndexF:IndexFile);
```

setzt den Indexzeiger (abhängig von einem folgenden NextKey oder PrevKey) auf den ersten oder letzten Eintrag der Indexdatei.

Hinweis: Die Veränderung von Datenelementen bewirkt keine automatische Änderung von Indexeinträgen und umgekehrt. Daher muß der Programmierer selbst dafür sorgen, daß z. B. bei der Änderung eines Datenelements die zugehörigen Schlüsseleinträge zuvor gelöscht und dann mit den neuen Inhalten wieder zugefügt werden.

Im folgenden ein Programmbeispiel zur Verdeutlichung der o. g. Prozeduren und Funktionen. Es soll eine Mitgliederdatei erzeugt und verwaltet werden. Teile des Programms sind an das Adreßprogramm aus Kap. 8.1 angelehnt. Erweiterungen und Verfeinerungen sollten vom Leser als Übung vorgenommen werden. Die Datenelemente bestehen aus einer Mitgliedsnummer (als STRING, der Einfachheit halber, weil Schlüssel auch STRINGs sind) und einer Adresse. Zwei Suchkriterien sollen zugelassen sein: Mitgliedsnummer (genaue Übereinstimmung und keine doppelten) und Name (Anfangsübereinstimmung und doppelte zugelassen).

Die Elemente der Datei können verändert (mit Neueingabe), gelöscht und nach den o. g. Kriterien gesucht werden.

Das Programm sieht nun so aus:

```
PROGRAM Mitgliederdatei;
CONST Reclaenge= 80;
      J : SET OF CHAR = ['J','j'];
      N : SET OF CHAR = ['N','n'];
      JN: SET OF CHAR = ['J','j','N','n'];

      MaxDataRecSize = Reclaenge;
      MaxKeyLen      = 22;
      PageSize       = 16;
      Order          = 8;
      PageStackSize  = 5;
      MaxHeight      = 5;

{$I B:ACCESS.BOX}
{$I B:GETKEY.BOX}
{$I B:ADDKEY.BOX}
{$I B:DELKEY.BOX}

  TYPE Setofchar  = SET OF CHAR;
       Kurzstring = STRING [20];
       Adresse    = RECORD
                       Nummer: Kurzstring;
                       Name, Vorname, Ort : Kurzstring;
                       END; { Adresse }
           Filetyp =    FILE OF Adresse;

  VAR Person     : Adresse;
      DatF       : DataFile;
      NumF,NamF  : IndexFile;
      Num        : Kurzstring;
      Nam        : Kurzstring;
      Dateiname  : STRING [15];
      ch         : CHAR;
      Anzahl, Nr : INTEGER;

  FUNCTION Lieszeichen (m : Setofchar) : CHAR;
  VAR ch : CHAR;
      OK : BOOLEAN;
  BEGIN
   REPEAT
    READ (KBD, ch);                       { Lies Zeichen ohne Echo }
    IF EOLN (KBD) THEN ch:=CHR(13);   { <Return>-Taste }
     OK := ch IN m;
    IF NOT OK THEN WRITE (CHR(7))          { Bell }
              ELSE IF ch IN [' '..CHR(126)] { druckbare Zeichen }
                    THEN WRITE (ch)
    UNTIL OK;
   Lieszeichen := ch
  END; { von Lieszeichen }

  PROCEDURE Lesen (VAR Satz : Adresse);
  PROCEDURE Maske;
   BEGIN   { von Maske }
    GOTOXY(1,2 );  WRITE ('Nummer:     ');
    GOTOXY(1,4 );  WRITE ('Name:       ');
    GOTOXY(1,6);   WRITE ('Vorname:    ');
    GOTOXY(1,8);   WRITE ('Wohnort:    ');
   END; { von Maske }
```

```
PROCEDURE Fuellen;
 BEGIN  { von Fuellen }
  WITH Satz DO BEGIN
   GOTOXY(13,2 );  WRITE (Nummer);
   GOTOXY(13,4 );  WRITE (Name);
   GOTOXY(13,6);  WRITE (Vorname);
   GOTOXY(13,8);  WRITE (Ort);
  END { von with }
END; { von Fuellen }

BEGIN { von Lesen }
 CLRSCR;
 GetRec (DatF,Nr,Satz);
 Maske;
 Fuellen
END; { von Lesen }

PROCEDURE Schreibe (Satz : Adresse);
BEGIN
 PutRec (DatF,Nr,Satz);
 DeleteKey (NumF,Nr,Num);
 AddKey (NumF,Nr,Satz.Nummer);
 Deletekey (NamF,Nr,Nam);
 AddKey (NamF,Nr,Satz.Name);
END; { von Schreibe }

PROCEDURE Suchen;
 BEGIN
  CLRSCR;
  WRITELN ('Suchen eines Datensatzes nach ');
  WRITELN;
  WRITELN ('M(itgliedsnummer');
  WRITELN ('N(ame');
  ch:=Lieszeichen(['m','M','n','N']);
  CASE ch OF
    'M','m' : BEGIN
                WRITE ('Gesuchte Nummer:');
                READLN (Num);
                FindKey (NumF,Nr,Num);
              END;
    'N','n' : BEGIN
                WRITE ('Gesuchter Name: ');
                READLN (Nam);
                SearchKey (NamF,Nr,Nam);
              END;
  END;
  REPEAT
   IF OK THEN BEGIN
    Lesen (Person);
    Nam:=Person.Name;
    Num:=Person.Nummer
   END
   ELSE WRITELN (^G^G^G'Element existiert nicht!');
   GOTOXY (1,20);
   WRITELN ('W(eiter - N(aechster, V(orheriger Name');
   ch:=Lieszeichen (['W','w','N','n','V','v']);
   CASE ch OF
     'N','n' : NextKey (NamF,Nr,Nam);
     'V','v' : PrevKey (NamF,Nr,Nam)
   END;
  UNTIL ch IN ['W','w']
END;
```

```
PROCEDURE Veraendern;
VAR Frage : CHAR;

PROCEDURE Aendern;
 VAR Satz : Adresse;
     Hilf : Kurzstring;

 PROCEDURE Tasten (x,y : INTEGER; VAR Wort : Kurzstring);
  VAR Wort2 : Kurzstring;
  BEGIN { von Tasten }
   GOTOXY (x,y); READLN (Wort2);
   IF Wort2 <> '' THEN Wort := Wort2;
   { nur Aenderung, wenn nicht <Return>}
   GOTOXY (x,y); WRITE (Wort)
  END; { von Tasten }

 BEGIN { von Aendern }
  Lesen (Satz);
  WITH Satz DO BEGIN
   Tasten (13,2,Nummer);
   Tasten (13,4,Name); Tasten (13,6,Vorname);
   Tasten (13,8,Ort);
  END; { von WITH }
  Schreibe (Satz);
 END; { von Aendern }

BEGIN { von Veraendern }
 REPEAT
  CLRSCR;
  WRITELN; WRITELN;
  WRITELN ('  N (eueingabe');
  WRITELN ('  U (maendern ');
  WRITELN ('  M (enue     ');
  WRITELN; WRITELN ('Bitte waehlen Sie');
  Frage := Lieszeichen (['N','n','U','u','M','m']);
  IF Frage IN ['N','n'] THEN BEGIN
   WITH Person DO BEGIN
    Nummer:=' ';
    Name:=' ';
    Vorname:=' ';
    Ort:=' '
   END;
   AddRec (DatF,Nr,Person);
   AddKey (NumF,Nr,Person.Nummer);
   AddKey (NamF,Nr,Person.Name);
   Aendern
  END; { von IF }
  IF Frage IN ['U','u'] THEN BEGIN
   WRITELN;
   Suchen;
   IF OK THEN Aendern
  END { von IF }
 UNTIL Frage IN ['M','m']
END; { von Veraendern }

PROCEDURE Loeschen;
 BEGIN
  Suchen;
  IF OK THEN BEGIN
   WRITELN ('Soll das Element geloescht werden (J/N)? ');
   REPEAT
    READ (KBD,ch)
```

```
    UNTIL ch IN JN;
    IF ch IN J THEN BEGIN
     DeleteRec (DatF,Nr);
     DeleteKey (NumF,Nr,Num);
     DeleteKey (NamF,Nr,Nam);
    END;
  END;
END;


PROCEDURE Menu;
VAR Frage : CHAR;
BEGIN
 REPEAT
  CLRSCR;
  Anzahl:=UsedRecs (DatF);
  WRITELN; WRITELN;
  WRITELN ('Die Datei hat ', Anzahl:3);
  WRITELN ('tatsaechliche Elemente.');
  WRITELN; WRITELN ('Waehlen Sie:');
  WRITELN; WRITELN;
  WRITELN ('   V (eraendern von Daten   ');
  WRITELN ('   L (oeschen von Daten     ');
  WRITELN ('   S (uchen nach Kriterien ');
  WRITELN;
  WRITELN ('   Z (um Schluss            ');
  Frage:=Lieszeichen(['V','v','L','l','S','s','Z','z']);
  CASE Frage OF
   'V','v' : Veraendern;
   'L','l' : Loeschen;
   'S','s' : Suchen
  END { CASE }
 UNTIL Frage IN ['Z','z']
END; { von Menu }

PROCEDURE Start;
LABEL Exit1;
VAR Satz : Adresse;

PROCEDURE Neu;
 LABEL Exit2;
 BEGIN { von Neu }
  MakeFile (DatF,Dateiname+'.DAT',SIZEOF(Person));
  IF NOT OK THEN BEGIN
   WRITELN ('Kein Platz auf der Diskette!');
   GOTO Exit2;
  END
  ELSE BEGIN
   MakeIndex (NumF,Dateiname+'.NUM',SIZEOF(Num),0);
   MakeIndex (NamF,Dateiname+'.NAM',SIZEOF(Nam),1);
  END;
 Exit2:
 END; { von Neu }
 BEGIN { von Start }
  WRITELN; WRITELN;
  WRITE ('Eingabe des Dateinamens: '); READLN (Dateiname);
  OpenFile (DatF,Dateiname+'.DAT',SIZEOF(Person));
  IF NOT OK THEN BEGIN
   WRITELN ('Datei existiert nicht! ');
   WRITE ('Wollen Sie eine neue Datei (J/N)?');
   ch := Lieszeichen (JN);
   IF ch IN J THEN BEGIN
```

```
     Neu;
      IF NOT OK THEN GOTO Exit1
    END ELSE GOTO Exit1
  END { von if }
  ELSE BEGIN
    OpenIndex (NumF,Dateiname+'.NUM',SIZEOF(Num),0);
    OpenIndex (NamF,Dateiname+'.NAM',SIZEOF(Nam),1);
  END;
  Menu;
  CloseFile (DatF);
  CloseIndex (NumF);
  CloseIndex (NamF);
  Exit1:
  END; { von Start }

BEGIN { Hauptprogramm }
  Nr:=0;
  CLRSCR;
  InitIndex;
  Start;
  CLRSCR;
  WRITELN ('Das war es!')
END.
```

Wird als Dateiname z.B. DATEI angegeben, so werden Dateien mit den Namen DATEI.DAT, DATEI.NUM und DATEI.NAM angelegt.

Als Übung sollten Sie das Programm dahingehend erweitern und ändern, daß Namen als Schlüsselwörter nur in Großbuchstaben gespeichert werden und vor dem Suchen das Suchwort entsprechend geändert wird. Außerdem sollte eine Ausgabeprozedur für die ganze Datei eingefügt werden, die dafür sorgt, daß die Datei in alphabetischer Reihenfolge der Namen ausgegeben wird. Eine Verbesserung liegt sicher auch darin, nicht nur nach Nachnamen, sondern nach diesen in Verbindung mit dem Vornamen zu suchen.

IBM-PC und Kompatible

11

Dieses Kapitel soll all denjenigen, die einen IBM-PC oder dazu kompatiblen Rechner verwenden, einen kurzen Überblick über die zusätzlichen Möglichkeiten unter Turbo Pascal bieten. Es soll und kann nicht das entsprechende Kapitel im Handbuch ersetzen, das zu lesen dringend empfohlen wird. Hier soll nur ein Überblick über die wichtigsten Möglichkeiten gegeben werden. Auch der Benutzer anderer Rechner könnte von dem Kapitel profitieren, indem er angeregt werden soll, eventuell auf der Basis vielfältiger Programmierhilfen, die von Softwarehäusern oder Fachzeitschriften angeboten werden, Grafiktools zu entwickeln, die der IBM-Grafik ähnlich, wenn nicht gar zu ihr kompatibel sind. Dies würde zu besseren Möglichkeiten des Softwareaustausches führen.

Ohne besondere Softwarezusätze sind die folgenden Möglichkeiten bei der Verwendung der Turbo Pascal-Version für den IBM-PC vorhanden.

Bildschirm
Mit einigen Befehlen können die Bildschirmdarstellungen verändert werden:

TextMode;
schaltet den Bildschirm auf die zuvor eingestellte Textdarstellung.

TextMode (BW40);
schaltet auf schwarz-weiße Darstellung mit 40 Zeichen pro Zeile.

TextMode (BW80);
schaltet auf schwarz-weiße Darstellung mit 80 Zeichen pro Zeile.

TextMode (C40);
schaltet auf farbige Darstellung mit 40 Zeichen pro Zeile.

TextMode (C80);
schaltet auf farbige Darstellung mit 80 Zeichen pro Zeile.

Für die folgende Farbdarstellung können die Farben

> Black, Blue, Green, Cyan, Red, Magenta, Brown, LightGray, Dark-Gray, LightBlue, LightGreen, LightCyan, LightRed, LightMagenta, Yellow, White

oder Zahlenwerte zwischen 0 und 15 (die den o. g. Farben zugeordnet sind) benutzt werden (d. h. die Farbnamen sind nichts anderes als vordefinierte INTEGER-Konstanten).

TextColor (Farbe);
wählt für die farbige Textdarstellung eine Farbe (siehe oben) aus. Durch Addition der Zahl 16 kann die Farbe zum Blinken gebracht werden.

TextBackGround (Farbe);
wählt eine Farbe (0 bis 8 oder Black bis LightGray) als Hintergrundfarbe für die Textdarstellung aus.

GraphColorMode;
wählt die Farbgrafikdarstellung mit 320 x 200 Punkten aus. Die Zeichenfarbe wird mit Palette ausgewählt. Auf diesem Grafikbildschirm können auch Texte im 40-Zeichen-Modus dargestellt werden. Allerdings sind keine Textfenster (siehe unten) möglich.

GraphMode;
wählt die Schwarz-Weiß-Grafikdarstellung mit 320 x 200 Punkten aus. Auf diesem Grafikbildschirm können auch Texte im 40-Zeichen-Modus dargestellt werden. Allerdings sind keine Textfenster (siehe unten) möglich.

HiRes;
wählt die Farbgrafikdarstellung mit 640 x 200 Punkten aus. Auf diesem Grafikbildschirm können auch Texte im 80-Zeichen-Modus dargestellt werden. Allerdings sind keine Textfenster (siehe unten) möglich. Die Zeichenfarbe wird mit

HiResColor (Farbe);
ausgewählt. Dabei ist Farbe einer der o. g. INTEGER-Werte zwischen 0 und 15.

GraphBackground (Farbe);
wählt mit einer Farbe zwischen 0 und 15 (oder Black und White) die Hintergrundfarbe für den gesamten Grafikbildschirm.

Einige der später folgenden Grafikbefehle benutzen eine Farbzahl (zwischen 0 und 3), mit der die Zeichenfarbe festgelegt ist. Diese Farbe wird durch die Auswahl einer Farbpalette beeinflußt (siehe auch Handbücher für Turbo Pascal und für Ihren Rechner).

Palette (Farbnummer);
wählt eine entsprechende Farbpalette aus. Farbnummer ist ein ganzzahliger Wert zwischen 0 und 3. Mit der Farbnummer 0 wird in jeder Palette die jeweilige Hintergrundfarbe benutzt. Die Farbnummern 1, 2 oder 3 ergeben in den jeweiligen Paletten:

    Palette (0): Grün, Rot, Braun.
    Palette (1): Türkis, Violett, Hellgrau.
    Palette (2): Hellgrün, Hellrot, Gelb.
    Palette (3): Helltürkis, Pink, Weiß.

Hinweis: Wird ein Grafikmodus aktiviert, so wird gleichzeitig der gesamte Grafikbildschirm gelöscht. Sollen ganze Grafiken oder Teile daraus in späteren Grafiken weiterverwendet werden, so bieten sich die u. g. Prozeduren PutPic und GetPic an.

Fenster und Koordinaten

Die folgenden Befehle beziehen sich auf die Programmierung von Fenstern zur Eingrenzung der Bildschirmdarstellung und auf die möglichen Bildschirmkoordinaten.

WhereX;
WhereY;
sind zwei Funktionen mit Ergebnissen vom Typ INTEGER, die die aktuelle Cursorposition auf dem Textbildschirm wiedergeben.

Die Koordinaten des Textbildschirms (X_oben, Y_oben, X_unten, Y_unten) sind ohne Änderung des Fensters; (1,1,40,25) bei TextMode(BW40) und TextMode(C40) und (1,1,80,25) bei TextMode(BW80) und TextMode(C80).

Window (X_oben, Y_oben, X_unten Y_unten);
ändert die Größe des aktiven Textbildschirms. Der Bildschirm muß mindestens 2 Zeilen und 2 Spalten haben. Alle folgenden Befehle (außer
Window) beziehen sich dann auf das neue Fenster. D. h. die obere linke
Ecke des neueingestellten Fensters hat nun die Koordinate 1,1. Der Win-
dow-Befehl selber bezieht sich jedoch stets auf die Koordinaten des ganzen Bildschirms.

Die Koordinaten des Grafikbildschirms (X_oben, Y_oben, X_unten,
Y_unten) sind (0,0,319,199) im 320 x 200-Punkte-Modus und
(0,0,639,199) im 640 x 200-Punkte-Modus).
Achtung: Die obere linke Ecke hat die Koordinaten 0,0.

GraphWindow (X_oben, Y_oben, X_unten, Y_unten);
ändert die Größe des aktiven Grafikbildschirms. Alle folgenden Befehle
(außer GraphWindow) beziehen sich dann auf das neue Fenster. D. h. die
obere linke Ecke des neueingestellten Fensters hat nun die Koordinate
0,0. Der GraphWindow-Befehl selber bezieht sich jedoch stets auf die
Koordinaten des ganzen Bildschirms. Grafiken, die das Fenster überschreiten, werden am Rand des Fensters einfach abgeschnitten.

Grafikbefehle

Die folgenden zwei Grafikbefehle stehen dem Benutzer ohne zusätzliche
Software zur Verfügung:

Plot (X,Y,Farbnummer);
zeichnet an der Koordinate X,Y einen Punkt mit der entsprechenden
Farbnummer. Die Farbe ergibt sich durch die entsprechende Palette.

Draw (X1,Y1,X2,Y2,Farbnummer);
zeichnet von der Koordinate X1,Y1 eine gerade Linie zur Koordinate
X2,Y2 mit einer Farbe, die sich aus der Farbnummer und der Palette ergibt.

Hinweis: Alle Koordinaten sind Ausdrücke vom Typ INTEGER.

Erweiterte Grafik

Für die Benutzung der Befehle der erweiterten Grafik muß eine Include-
Datei eingeladen werden. Dazu wird in den Text eingefügt

   {$I Graph.P}

Der Benutzer hat dann zu gewährleisten, daß auf dem angeschlossenen Laufwerk die Dateien GRAPH.P und GRAPH.BIN vorhanden sind (diese gehören zum Lieferumfang der IBM-Version von Turbo Pascal).

Arc (X,Y,Winkel,Radius,Farbnummer);
zeichnet einen Kreisbogen mit Mittelpunkt X,Y und angegebenem Winkel und Radius. Die Farbe wird durch Farbnummer und Palette bestimmt.

Circle (X,Y,Radius,Farbnummer);
zeichnet einen Kreis mit Mittelpunkt X,Y und angegebenem Radius. Die Farbe wird durch Farbnummer und Palette bestimmt.

GetDotColor (X,Y);
ist eine Funktion mit Ergebnis vom Typ INTEGER, die den Farbwert (siehe Palette) an einer bestimmten Koordinate X,Y ergibt.

ColorTable (C1,C2,C3,C4);
stellt die verwendete Palette abhängig von der aktuellen Farbe des Hintergrundes ein.
Farbe 0 wird zu Farbe C1, Farbe 1 wird zu Farbe C2 usw. C1 bis C4 können die Werte 0 bis 3 annehmen.
ColorTable (3,2,1,0); wählt z. B. die zum Hintergrund inverse Farbe aus.

Hinweis: Um die Farben der ColorTable zu verwenden, wird die Farbnummer −1 benutzt.

FillScreen (Farbnummer);
füllt das aktive Bildschirmfenster mit einer Farbe, die sich aus Farbnummer und Palette ergibt.

FillShape (X,Y,Fuellfarbe,Randfarbe);
füllt eine Figur, die die Koordinate X,Y enthält, mit der angegebenen Füllfarbe. Die Figur wird innerhalb einer geschlossenen Linie der Randfarbe gefüllt. Ist die Linie nicht geschlossen, so wird das ganze Fenster gefüllt. Die Werte für Füllfarbe und Randfarbe liegen zwischen 0 und 3, und die Farben ergeben sich aus der Palette.

FillPattern (X1,Y1,X2,Y2,Farbnummer);
füllt ein Rechteck mit den angegebenen Koordinaten mit einem Muster, das mit Pattern (s. u.) definiert wird. Die Farbe ergibt sich aus der Farbnummer und der Farbtafel.

Pattern (P);
wird aufgerufen, um ein Muster für die FillPattern-Prozedur zu definieren. Dazu muß der Parameter P vom Typ ARRAY [0..7] OF BYTE sein.

Das Muster besteht aus 8 Zeilen mit je 8 Punkten. Jedes Byte stellt eine Zeile dar (angefangen mit der unteren Zeile). Innerhalb jedes Bytes stellt eine binäre 1 einen Punkt dar.

Das folgende Beispielprogramm stellt ein Omega auf dem Bildschirm dar.

```
PROGRAM Patterntest;
{$I Graph.p}

CONST lines:ARRAY [0..7] OF
BYTE=(231,36,66,129,129,129,66,60);

BEGIN
 HiRes;
 Pattern (lines);
 FillPattern(100,100,107,107,1);
 {mit FillPattern(100,100,123,123,1) wird
  ein Muster aus 9 Omegas erzeugt}
 READLN;
 TextMode
END.
```

GetPic (Puffer,X1,Y1,X2,Y2);
wird benutzt, um den Inhalt eines Rechtecks mit den angegebenen Koordinaten in einen Speicherbereich namens Puffer zu kopieren. Ist der Puffer vom Typ ARRAY OF BYTE, so berechnet sich die benötigte Puffergröße wie folgt:

((ABS (X1 − X2) +4) DIV 4) ∗ (ABS (Y1−Y2) +1) + 6 im 320 x 200-Punkte-Modus und
((ABS (X1 − X2) +8) DIV 8) ∗ (ABS (Y1−Y2) +1) + 6 im 640 x 200-Punkte-Modus.

Die ersten 6 Bytes sind belegt durch 3 ganze Zahlen, deren erste eine 1 oder 2 (für 640 x 200 Punkte oder 320 x 200 Punkte), die zweite die Breite und die dritte die Höhe des Bildes enthält.

PutPic (Puffer,X,Y);
bringt den Inhalt des angegebenen Puffers (s. o.) auf den Grafikbildschirm, wobei X,Y die Koordinate der linken unteren Ecke des Ausschnitts angeben.

Turtle-Grafik

Bei der Turtlegrafik stellt man sich auf dem Bildschirm eine Schildkröte (Turtle) vor, die bei jeder Bewegung auf dem Bildschirm eine Linie hinterlassen kann. Die Schildkröte hat also einen Farbstift, kann sich bewegen und ihre Richtung ändern. Tatsächlich ist auf dem Bildschirm keine Schildkröte, sondern ggf. ein kleines Dreieck zu sehen.

Für die Benutzung der Turtlegrafik, deren Befehle den Grafikbefehlen der Programmiersprache LOGO recht ähnlich sind, muß ebenfalls die Include-Datei Graph.P mit folgender Programmzeile

{$I Graph.p}

aufgerufen werden. Dazu müssen die Dateien GRAPH.P und GRAPH. BIN auf der angeschlossenen Diskette zur Verfügung stehen.

Hinweis: Die Turtlegrafik benutzt den Bildschirm mit anderen Koordinaten! Die Mitte des Bildschirms hat die Koordinate 0,0. Im 320 x 200-Punkte-Modus liegen die x-Werte zwischen -159 und $+160$. Im 640 x 200-Punkte-Modus liegen die x-Werte zwischen -319 und $+320$. In beiden Modi liegen die y-Werte zwischen -99 und 100. Positive Werte erstrecken sich nach rechts, bzw. nach oben.

Back (Strecke);
bewegt Turtle um eine bestimmte Strecke (INTEGER) rückwärts zur aktuellen Richtung und hinterläßt einen Strich in der aktuellen Farbe.

Forward (Strecke);
bewegt Turtle um eine bestimmte Strecke (INTEGER) vorwärts in der aktuellen Richtung und hinterläßt einen Strich in der aktuellen Farbe.

SetPenColor (Farbnummer);
wählt eine Stiftfarbe zum Zeichnen aus. Die Farbnummer kann zwischen -1 und 3 liegen (siehe oben).

PenDown;
senkt den Stift zum Zeichnen ab.

PenUp;
hebt den Stift an (d. h. kein Zeichnen bei Bewegung).

TurnLeft (Winkel);
dreht die Turtlerichtung aus der aktuellen Richtung nach links weiter. Winkel ist vom Typ INTEGER und gibt den Winkel in Grad an.

TurnRight (Winkel);
dreht die Turtlerichtung aus der aktuellen Richtung nach rechts weiter. Winkel ist vom Typ INTEGER und gibt den Winkel in Grad an.

SetPosition (X,Y);
bewegt Turtle ohne Änderung der aktuell eingestellten Richtung an die Position mit der Koordinate X,Y.

SetHeading (Winkel);
gibt Turtle eine Richtung bezogen auf das Koordinatensystem. Dabei bedeutet Winkel=0 die Richtung nach oben. Die Winkelwerte (in Grad) sind vom Typ INTEGER. Vier Konstanten North, East, South, West mit den entsprechenden Winkelwerten (0,90,180,270) sind vordefiniert. Der Winkel wird mit MOD 360 behandelt.

ClearScreen;
löscht den Grafikbildschirm und setzt Turtle auf Ausgangsposition.

Home;
setzt Turtle auf die Koordinate 0,0 und setzt den Winkel auf 0 Grad.

ShowTurtle;
macht Turtle als kleines Dreieck auf dem Bildschirm sichtbar.

HideTurtle;
läßt Turtle unsichtbar.

Wrap;
sorgt dafür, daß Turtle bei Überschreiten der Fenstergrenzen auf der entgegengesetzten Seite des Bildschirms wieder auftaucht.

NoWrap;
hebt Wrap auf, d. h. beim Überschreiten der Fenstergrenzen ist nichts zu sehen.

TurtleWindow (X,Y,Breite,Hoehe);
stellt ein neues Bildschirmfenster ein. Ausgehend von der absoluten Koordinate X,Y (Mitte des neuen Fensters) wird mit den Werten Breite und Hoehe die Größe des Fensters festgelegt.

TurtleDelay (Zeit);
sorgt für eine Verzögerung in Millisekunden bei jeder Aktion der Turtle. Zeit ist vom Typ INTEGER.

TurtleThere;
ist eine Funktion mit Ergebnistyp BOOLEAN und gibt an, ob die Turtle sich im aktuellen Fenster befindet.

XCor;
YCor;
sind Funktionen mit Ergebnistyp INTEGER und geben die aktuellen x- und y-Werte der Turtleposition an.

Heading;
ist eine Funktion mit Ergebnistyp INTEGER und gibt die aktuelle Richtung der Turtle aus.

Ein kleines Beispielprogramm:

```
PROGRAM Whileplot;

{$I GRAPH.P}

VAR n,l,w,z : INTEGER;
    buf:ARRAY [0..3] OF ARRAY [1..4006] OF BYTE;
    invers:BOOLEAN;
    ch : CHAR;

PROCEDURE speichere;
BEGIN
 GETPIC(buf[0],   0,   0,319, 99);
 GETPIC(buf[1],320,   0,639, 99);
 GETPIC(buf[2],   0,100,319,199);
 GETPIC(buf[3],320,100,639,199);
END;

PROCEDURE rotiere(n:INTEGER);
BEGIN
 PUTPIC(buf[n MOD 4],      0, 99);
 PUTPIC(buf[(n+1) MOD 4],320, 99);
 PUTPIC(buf[(n+2) MOD 4],320,199);
 PUTPIC(buf[(n+3) MOD 4],  0,199);
END;

PROCEDURE frame;
BEGIN
 SETHEADING(east);PENUP;
 FORWD(159);TURNLEFT(90);
 PENDOWN;FORWD(49);TURNLEFT(90);
 FORWD(318);TURNLEFT(90);
 FORWD( 98);TURNLEFT(90);
 FORWD(318);TURNLEFT(90);
 FORWD(49);PENUP;TURNLEFT(90);
 FORWD(159);SETHEADING(EAST);PENDOWN;
END;

PROCEDURE Seite (laenge, winkel, zuwachs :INTEGER);
 BEGIN
  IF laenge < 200 THEN BEGIN
   FORWD(laenge);
   TURNLEFT (winkel);
   laenge:=laenge + zuwachs;
   Seite (laenge,winkel,zuwachs)
  END
 END;

PROCEDURE loeschetext;
BEGIN
 TURTLEWINDOW(160,50,320,100);
 CLEARSCREEN;
 frame;
END;

PROCEDURE eingabe;
BEGIN
 loeschetext;
 GOTOXY(2,2); WRITE (' Eingabe der Anfangsseite: ');
 READLN (1);
```

```
 GOTOXY(2,4); WRITE (' Eingabe der Winkelaenderung: ');
 READLN (w);
 GOTOXY(2,6); WRITE (' Eingabe des Seitenzuwachses: ');
 READLN (z);
END;

BEGIN
 HIRES;
 HIRESCOLOR(WHITE);

 eingabe;
 TURTLEWINDOW(160,150,320,100);
 frame;
 Seite (1,w,z);

 eingabe;
 TURTLEWINDOW(480,50,320,100);
 frame;
 Seite (1,w,z);

 eingabe;
 TURTLEWINDOW(480,150,320,100);
 frame;
 Seite (1,w,z);

 eingabe;
 TURTLEWINDOW(160,50,320,100);
 CLEARSCREEN;
 frame;
 Seite (1,w,z);

 GRAPHWINDOW(0,0,639,199);
 speichere;
 n:=1;invers:=TRUE;
 REPEAT
  IF invers THEN COLORTABLE(3,2,1,0) ELSE COLORTABLE (0,1,2,3);
  IF n=0 THEN invers:=NOT invers;
  n:=(n+1) MOD 4;
  rotiere(n);
  DELAY(1000);
 UNTIL KEYPRESSED;
END.
```

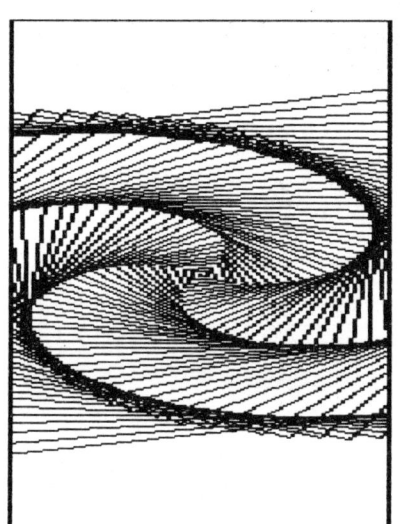

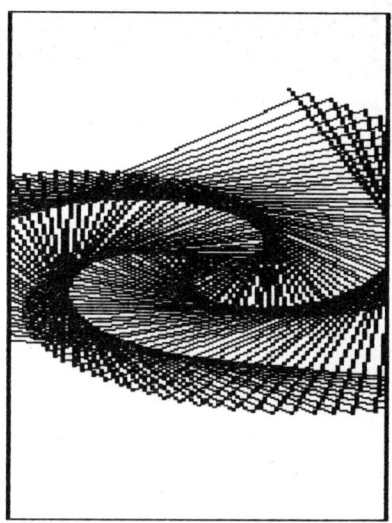

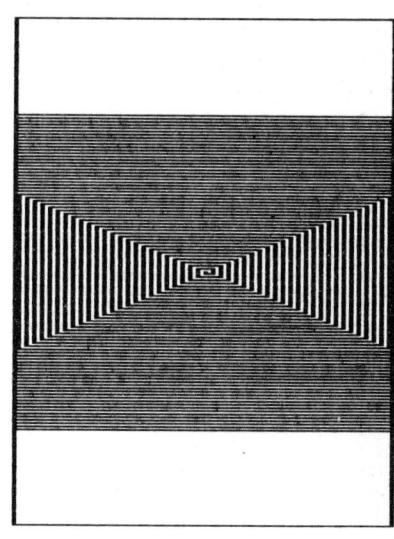

Tonerzeugung

Zur Unterstützung der Tonerzeugung mit Hilfe des eingebauten Lautsprechers werden zwei Prozeduren bereitgestellt.

Sound (Frequenz);
erzeugt einen Ton mit der angegebenen Frequenz (vom Typ INTEGER).

NoSound;
schaltet den Lautsprecher wieder aus.

Hinweis: Mit einer Sequenz aus den Befehlen

    Sound (Frequenz);
    Delay (Zeit);
    NoSound;

läßt sich ein Ton mit angegebener Frequenz eine bestimmte Zeit lang erzeugen.

Wichtige CP/M-Befehle

Anhang **A**

- DIR *Return*: listet das Inhaltsverzeichnis der Diskette (Directory) auf.

- A: *Return* oder B: *Return*: schaltet auf ein anderes Laufwerk um. Die Laufwerke haben die Namen A:, B:, C: usw.

- ERA <Filename>: löscht eine Datei (File) mit angegebenem Namen auf der Diskette.

- REN <Filename neu>=<Filename alt>: benennt ein File um.

- FORMAT A: *Return*: formatiert eine neue Diskette, d.h. die Diskette wird zum Arbeiten unter CP/M bereit gemacht.

- COPY B:=A: *Return*: kopiert eine Diskette im Laufwerk A: (Original) auf eine Diskette im Laufwerk B: (Kopie). COPY B:=A:/S *Return*: kopiert nur das Betriebssystem von der Diskette in A: auf die Diskette in B:.

- PIP *Return*: bringt uns in das File-Kopierprogramm. Ein anderes Promptzeichen (∗) erscheint auf dem Bildschirm. Mit folgender Zeile können wir nun ein File von einem Laufwerk auf ein anderes kopieren: B:<File neu>=A:<File alt> *Return*.

- TYPE <Dateiname> *Return*: listet eine Textdatei auf dem Ausgabegerät.

– CTRL-P: schaltet zwischen Bildschirm und Drucker das Ausgabegerät
   um.

Die wichtigsten Dateitypen auf einer Diskette sind:

– .COM oder .CMD   : Lauffähiges Programm in Maschinencode.
– .PAS   : Pascal-Programmtext (Textfile).
– .BAK   : Sicherheitskopie des Workfiles.
– .OVR   : Overlay.
– .DTA   : Daten.

Befehle des Turbo-Systems

Anhang B

Das Menü:

```
Logged drive: A

Work file:
Main file:

Edit      Compile  Run   Save
eXecute   Dir      Quit  compiler Options

Text:      0 bytes
Free: 62903 bytes
```

Die einzelnen Zeilen des Menüs haben folgende Bedeutung:

– Logged drive: A
  Aktuelles Laufwerk, auf das standardmäßig zugegriffen werden soll.
  Durch Drücken der L-Taste kann ein anderes Laufwerk gewählt werden.

– Work file:
  Aktuelles Workfile. Durch W kann ein anderes Workfile definiert werden. Ist das Workfile nicht auf der Diskette, so wird ein neues File erzeugt.

– Main file:
  Programm, auf das sich die Befehle C und R beziehen.

– Edit
 Mit E wird der Editor aufgerufen.

– Compile
 Mit C wird das Mainfile (oder das Workfile, wenn kein Mainfile existiert) übersetzt.

– compiler Options
 Mit O lassen sich Compileroptionen wählen.

– Memory
 Durch Drücken der M-Taste (das ist auch die Standardeinstellung) wird der Compiler veranlaßt, den Text so zu übersetzen, daß das lauffähige Programm im Rechnerspeicher steht.

– Com-file
 Mit der C-Taste können wir den Compiler veranlassen, das lauffähige Programm als .COM-File (z.B. TEST.COM) auf die Diskette zu schreiben.

– cHn-file
 Mit der H-Taste sorgen wir dafür, daß das Programm so übersetzt wird, daß es nur von einem anderen Pascal-Programm aufgerufen werden kann (weil Teile des Pascal-Systems fehlen). Der Name wird durch .CHN kenntlich gemacht (z.B. TEST.CHN).

– Run
 Mit der R-Taste lassen wir den Rechner ein Programm abarbeiten. Entweder wird das Programm im Speicher oder (wenn die Compileroption C gewählt wurde) das entsprechende .COM-File abgearbeitet. Ist das Programm noch nicht übersetzt, so wird dies erst getan.

– Save
 Durch Drücken der S-Taste können wir das Workfile unter dem angegebenen Namen abspeichern. Es bleibt eine Kopie der letzten Version des Workfiles auf der Diskette mit dem Kürzel .BAK (z.B. TEST .BAK).

– eXecute
 Mit der X-Taste können wir ein anderes Programm aufrufen.

– Dir
 Mit D wird das Inhaltsverzeichnis der angewählten Diskette ausgegeben.

– Quit
Mit Q wird das Turbo-System verlassen (d.h. zurück zum CP/M-Betriebssystem).

Folgende Files gehören zum Turbo-System:

– TURBO.COM   : Das Turbo Pascal.
– TURBO.OVR   : Overlays, die nötig sind, wenn von Turbo aus ein
                   .COM-File gestartet werden soll.
– TURBO.MSG   : Das Textfile, das die Fehlermeldungen enthält.
– TLIST.COM   : Ein Programm zum eleganten Ausdrucken von
                   Turbo-Programmtexten.
– TINST.COM   : Ein Installationsprogramm, um Turbo an den
                   jeweiligen Rechner anzupassen (siehe Handbuch).

– TINST.DTA   : Daten zu TINST.COM.
– READ.ME   : Hinweise zum System.
– <Name>.PAS   : eventuell vorhandene Pascal-Programme.

Editor

Anhang C

1. Kontrollbefehle

– Beenden des Editors   – | Ctrl-K | Ctrl-D |

– Einfügen/Überschreiben   – | Ctrl-V |

– Automatischer Tabulator   – | Ctrl-Q | Ctrl-I |

2. Cursorbefehle:

– Ein Zeichen nach links   – | Ctrl-S |

– Ein Zeichen nach rechts   – | Ctrl-D |

– Ein Zeichen nach oben   – | Ctrl-E |

– Ein Zeichen nach unten   – | Ctrl-X |

Hinweis: Die Cursortasten sind wie folgt angeordnet:

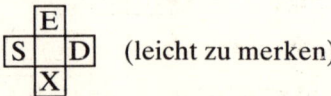 (leicht zu merken)

Neben diesen Zeichen sitzen die Zeichen zur worteweisen Rechts-/ Links-
bewegung und seitenweisen Auf-/Abbewegung.

– Ein Wort nach links   –   Ctrl-A
– Ein Wort nach rechts   –   Ctrl-F
– Eine Seite nach oben   –   Ctrl-R
– Eine Seite nach unten   –   Ctrl-C

Der ganze Bildschirm kann verschoben werden, ohne die Cursorposition
zu ändern:

– Bildschirm eine Zeile nach oben   –   Ctrl-W
– Bildschirm eine Zeile nach unten   –   Ctrl-Z

Finden bestimmter Positionen im Text:

– Cursor in die oberste Bildschirmzeile   –   Ctrl-Q Ctrl-E
– Cursor in die unterste Bildschirmzeile   –   Ctrl-Q Ctrl-X
– Cursor an Textanfang   –   Ctrl-Q Ctrl-R
– Cursor an Textende   –   Ctrl-Q Ctrl-C
– Cursor an letzte Cursorposition   –   Ctrl-Q Ctrl-P

3. Befehle zum Einfügen und Löschen

– Löschen eines Zeichens links vom Cursor   –   DEL   - Taste
– Löschen eines Zeichens unter dem Cursor   –   Ctrl-G
– Löschen eines Wortes rechts vom Cursor   –   Ctrl-T
– Löschen einer Zeile   –   Ctrl-Y
– Löschen bis Zeilenende –   Ctrl-Q Ctrl-Y
– Einfügen einer Zeile –   Ctrl-N

4. Blockbefehle

– Anfangsmarkierung   –   Ctrl-K Ctrl-B
– Endmarkierung   –   Ctrl-K Ctrl-K
– Ein einzelnes Wort markieren –   Ctrl-K Ctrl-T
– Umschalten Blockanzeigen –   Ctrl-K Ctrl-H

– Vorher markierter Block soll an Cursorposition kopiert werden –
$\boxed{\text{Ctrl-K}}\boxed{\text{Ctrl-C}}$

– Vorher markierter Block soll zu Cursorposition bewegt werden –
$\boxed{\text{Ctrl-K}}\boxed{\text{Ctrl-V}}$

– Löschen eines Blocks – $\boxed{\text{Ctrl-K}}\boxed{\text{Ctrl-Y}}$

– Block von Diskette lesen – $\boxed{\text{Ctrl-K}}\boxed{\text{Ctrl-R}}$

– Block auf Diskette schreiben – $\boxed{\text{Ctrl-K}}\boxed{\text{Ctrl-W}}$

5. Verschiedenes

– Tabulator an die Spalte des letzten Zeilenanfangs – $\boxed{\text{Ctrl-I}}$

– Ursprünglicher Inhalt der aktuellen Zeile – $\boxed{\text{Ctrl-Q}}\boxed{\text{Ctrl-L}}$

– Abbruch eines Kommandos – $\boxed{\text{Ctrl-U}}$

– Eingabe eines Ctrl-Zeichens in den Text durch Voranstellen von $\boxed{\text{Ctrl-P}}$

– Finden eines Strings bis 30 Zeichen Länge   – $\boxed{\text{Ctrl-Q}}\boxed{\text{Ctrl-F}}$
Der zu findende String wird eingegeben und mit <Return> abge-
schlossen. (Ctrl-Zeichen mit Ctrl-P einfügen).
Dann wird nach Optionen gefragt:
 – B : Rückwärts suchen ab Cursorposition (sonst vorwärts)
 – G : Global suchen (d.h. im ganzen Text)
 – <Zahl> : Gibt an, das wievielte Auftreten des Textes gefunden
         werden soll.
 – U : Groß-/Kleinschreibung ignorieren.
 – W : Nur ganze Worte finden (sonst auch Auftreten des Textteils in
         anderen Texten).

– Finden und Ersetzen   – $\boxed{\text{Ctrl-Q}}\boxed{\text{Ctrl-A}}$
Wie Finden. Mit zusätzlicher Angabe des Ersatztextes. Optionen wie
bei Finden. Zusätzlich:
 – <Zahl> : Anzahl der zu ersetzenden Textmuster.
 – N : Ersetzen ohne Nachfrage (Y/N).

– Letztes Finden wiederholen   – $\boxed{\text{Ctrl-L}}$

Compiler-Direktiven

Anhang D

Compiler-Direktiven haben die Form eines Kommentars, werden jedoch nach der Kommentarklammer mit einem $-Zeichen begonnen.

Sie veranlassen den Compiler ab der Stelle des Auftretens der Direktive, bestimmte Merkmale zu berücksichtigen.

{$B+} (Normalwert) bestimmt, daß INPUT und OUTPUT mit dem Gerät CON: verknüpft werden.

{$B−} INPUT und OUTPUT werden mit TRM: verknüpft.

{$C+} (Normalwert) bestimmt, daß bei der Eingabe über CON: CTRL-Zeichen interpretiert werden. Z.B. unterbricht CTRL-C bei einer Eingabe das Programm und CTRL-S hält das Programm an.

{$C−} bestimmt, daß CTRL-Zeichen nicht interpretiert werden.

{$I+} (Normalwert) bewirkt, daß Ein- und Ausgabefehler zu Programmunterbrechungen führen.

{$I−} schaltet die Programmunterbrechung bei E/A-Fehlern aus. IORESULT bekommt den Wert des aufgetretenen Fehlers. Die Nummern sind in Anhang J zu finden.

{$I Filename} fügt an dieser Stelle eine Textdatei des angegebenen File-
namens ein.

{$R−} (Normalwert) bewirkt keinen range-check, d.h. eine Überprü-
fung der Bereichsgrenzen von Feldern und Unterbereichen.

{$R+} bewirkt range-check.

{$V+} (Normalwert) bestimmt, daß die Übereinstimmung der Über-
gabeparameter vom Typ STRING bezüglich gleicher Länge
überprüft wird.

{$V−} Übereinstimmung der STRING-Parameter wird nicht geprüft.

{$U−} (Normalwert) bewirkt, daß der Benutzer das Programm nicht
mit CTRL-C abbrechen kann.

{$U+} Programm kann mit CTRL-C unterbrochen werden.

{$O Laufwerk} bestimmt das Laufwerk, von dem die Overlays gelesen
werden. Wird @ als Laufwerk angegeben, so handelt es sich um
das aktuelle Laufwerk.

Nur CP/M 80

{$A+} (Normalwert) bestimmt, daß kein rekursiver Code erzeugt wird.

{$A-} Rekursionen sind erlaubt.

{$Wn} (Normalwert W2) bestimmt die maximale Schachtelungstiefe bei
WITH-Anweisungen. n liegt im Bereich 0..9.

{$X+} (Normalwert) bewirkt bei der Verarbeitung von Feldern mehr
Speicherplatz und Geschwindigkeit.

{$X−} bewirkt bei der Verarbeitung von Feldern weniger Speicherplatz
und Geschwindigkeit.

Nur CP/M-86 und MS-DOS

{$K+} (Normalwert) bewirkt, daß bei jedem Prozeduraufruf der Stack
dahingehend überprüft wird, ob genügend Speicherplatz für die
lokalen Variablen vorhanden ist.

{$K−} keine Überprüfung des Stacks.

Reservierte Wörter

Anhang E

Erlaubte Zeichen

ABCDEFGHIJKLMNOPQRSTUVWXYZ
abcdefghijklmnopqrstuvwxyz
0123456789
_ (Unterstreichungszeichen)

( )
[ ] Ersatzsymbol: (. .)
{ } Ersatzsymbol: (* *)
' ' . , ; :
+ − * /
=   <>   <   <=   >   >=
:=
^
$ #

Reservierte Wörter:
(Es ist unerheblich, ob die Wörter groß oder klein geschrieben werden)

ABSOLUTE	CASE	DOWNTO	FILE
AND	CONST	ELSE	FOR
ARRAY	DIV	END	FORWARD
BEGIN	DO	EXTERNAL	FUNCTION

GOTO	NOT	REPEAT	TYPE
IF	OF	SET	UNTIL
IN	OR	SHL	VAR
INLINE	PACKED	SHR	WHILE
LABEL	PROCEDURE	STRING	WITH
MOD	PROGRAMM	THEN	XOR
NIL	RECORD	To	

Standardbezeichner:

ARCTAN	EOF	LOWVIDEO	RENAME
ASSIGN	EOLN	LST	RESET
AUX	ERASE	LSTOUTPTR	REWRITE
AUXINPTR	ERRORPTR	MARK	ROUND
AUXOUTPTR	EXECUTE	MAXINT	SEEK
BLOCKREAD	EXIT	MEM	SEEKEOF
BLOCKWRITE	EXP	MEMAVAIL	SEEKEOLN
BOOLEAN	FALSE	MOVE	SIN
BUFLEN	FILEPOS	NEW	SIZEOF
BYTE	FILESIZE	NORMVIDEO	SQR
CHAIN	FILLCHAR	ODD	SQRT
CHAR	FLUSH	ORD	STR
CHR	FRAC	OUTPUT	SUCC
CLOSE	GETMEM	OVRDRIVE	SWAP
CLREOL	GOTOXY	OVRPATH	TEXT
CLRSCR	HEAPPTR	PARAMCOUNT	TRM
CON	HI	PARAMSTR	TRUE
CONINPTR	IORESULT	PI	TRUNC
CONOUTPTR	INPUT	PORT	UPCASE
CONCAT	INSLINE	POS	USR
CONSTPTR	INSERT	PRED	USRINPTR
COPY	INT	PTR	USROUTPTR
COS	INTEGER	RANDOM	VAL
CRTEXIT	KBD	RANDOMIZE	WRITE
CRTINIT	KEYPRESSED	READ	WRITELN
DELLINE	LENGTH	READLN	
DELAY	LN	REAL	
DELETE	LO	RELEASE	

Standardfunktionen und -prozeduren in Turbo Pascal

Anhang F

(Typenabkürzungen: i : INTEGER, r : REAL, c : CHAR, s : STRING,
b : BOOLEAN, a : Aufzählungstyp, p : Zeiger,
f : Datei, A : Array, x : beliebig,
/ : nichts)

Bezeichner	Argumenttyp	bei Funktionen Ergebnistyp	Beschreibung
ABS	r oder i	wie Argument	Betrag des Arguments
ARCTAN	i oder r	r	Arcustangens
ASSIGN	(f,s)	/	Weist Dateinamen zu
BLOCKREAD	(s,A,i,i)	i	Lesen eines Diskettenblocks
BLOCKWRITE	(s,A,i,i)	i	Schreiben eines Diskettenblocks
CHAIN	f	/	Ruft CHN-File auf
CHR	i	c	Zeichen aus ASCII mit Nummer i
CLOSE	f	/	Schließen einer Datei
CLREOL	/	/	Löschen bis Ende der Zeile
CLRSCR	/	/	Bildschirm löschen
CONCAT	s	s	Verbindet Strings zu neuem String
COPY	(s,i,i)	s	Kopiert Teilstring aus String
COS	i oder r	r	Cosinus
CRTINIT	/	/	Terminal initialisieren
CRTEXIT	/	/	Terminal reset
DELAY	i	/	Warte Zeit i

DELETE	(s,i,i)	/	Löscht Teil aus String
DELLINE	/	/	Lösche Zeile
DISPOSE	p	/	Löscht unbenutzte Zeiger
EOF	f	b	Ende einer Datei
EOLN	f	b	Ende einer Zeile
EXECUTE	f	/	Ruft COM-File auf
EXIT	/	/	Ausstieg aus Block
EXP	i oder r	r	e-Funktion
FILLCHAR	(x,i,c)	/	Füllt Variable x mit Zeichen
FRAC	r oder i	r	Nachkommawert einer Zahl
GOTOXY	(i,i)	/	Setzt Cursor an best. Stelle
HI	i	i	Höherwertiges Byte des Arguments
INLINE	Codierungen	/	Fügt Maschinencode ein
INSERT	(s,s,i)	/	Fügt String in anderen String ein
INSLINE	/	/	Fügt Zeile ein
INT	i oder r	r	Vorkommawert einer Zahl
IORESULT	/	i	Fehlercode
KEYPRESSED	/	b	Abfrage auf Tastendruck
LENGTH	s	i	Gibt Länge des Strings an
LN	i oder r	r	Logarithmus Naturalis
LO	i	i	Niederwertiges Byte des Arguments
LOG	i oder r	r	Dekadischer Logarithmus
LOWVIDEO	/	/	Low-Video Attribut
MARK	i	/	Markieren des Variablenstapels
MEMAVAIL	/	i	Freier Speicher
MOVE	(x,x,i)	/	Bewegt Anzahl von Bytes
NEW	p	/	Erzeugen einer Zeigervariablen
NORMVIDEO	/	/	Norm-Video Attribut
ODD	i	b	Wahr, wenn i ungerade ist
ORD	c	i	Nummer des Zeichens c in ASCII
OVRDRIVE	i	/	Drive-Nr. für Overlay
OVRPATH	s	/	Pfadname für Overlay
PARAMCOUNT	/	i	Anzahl der Parameter
PARAMSTR	i	s	n-ter Parameter
POS	(s,s)	i	Position eines Strings in anderem
PRED	c,i,b oder a	wie Argument	Vorgänger
PWROFTEN	r oder i	r	Zehnerpotenz
RANDOM	/	r	Zufallszahl 0.0 bis 1.0
RANDOM	i	i	Zufallszahl von 0 bis i
RANDOMIZE	/	/	Erzeugt neue Zufallszahlen
READ	i,r,c,s oder /	/	Lesen ohne Zeilenvorschub
READ	(f,x)	/	Lesen aus Datei f
READLN	i,r,c,s oder /	/	Lesen mit Zeilenvorschub
RELEASE	i	/	Rücksetzen des Variablenstapels
RESET	(f)	/	Eröffnen einer alten Datei
REWRITE	(f)	/	Eröffnen einer neuen Datei
ROUND	r	i	Rundet zu ganzer Zahl

SEEK	(f,i)	/	Element einer Datei anwählen
SEEKEOF	f	b	Ähnlich EOF
SEEKEOLN	f	b	Ähnlich EOLN
SIN	i oder r	r	Sinus
SIZEOF	x	i	Speicherplatz der Variablen x
SQR	i oder r	wie Argument	Quadrat
SQRT	i oder r	r	Quadratwurzel
STR	long-i	s	Macht aus Zahl einen String
SUCC	c,i,b oder a	wie Argument	Nachfolger
SWAP	i	i	Tauscht LSB und MSB von i
TRUNC	long-i oder r	i	Ganzzahliger Teil des Arguments
UPCASE	c	c	Wandelt in Großbuchstaben
WRITE	i,r,c,s oder /	/	Schreiben ohne Zeilenvorschub
WRITE	(f,x)	/	Schreiben in Datei f
WRITELN	i,r,c,s oder /	/	Schreiben mit Zeilenvorschub

Vordefinierte Typen und Konstanten

Anhang G

Vordefinierte Typen:

INTEGER
BYTE   (Unterbereich 0..255)
REAL
CHAR
STRING   (mit Angabe der max. Zeichenzahl)
BOOLEAN

Vordefinierte Konstanten:

PI = 3.1415926536
FALSE
TRUE
MAXINT = 32767
NIL

Vordefinierte Felder:

MEM
PORT

ASCII-Zeichensatz Tabelle

Anhang H

Dezimale, oktale und hexadezimale Codewerte der ASCII-Zeichen

DEZ	OKTAL	HEX	Zei-chen	DEZ	OKTAL	HEX	Zei-chen	DEZ	OKTAL	HEX	Zei-chen	DEZ	OKTAL	HEX	Zei-chen
0	000	00	NUL	17	021	11	DC1	34	042	22	"	51	063	33	3
1	001	01	SOH	18	022	12	DC2	35	043	23	#	52	064	34	4
2	002	02	STX	19	023	13	DC3	36	044	24	$	53	065	35	5
3	003	03	ETX	20	024	14	DC4	37	045	25	%	54	066	36	6
4	004	04	EOT	21	025	15	NAK	38	046	26	&	55	067	37	7
5	005	05	ENQ	22	026	16	SYN	39	047	27	'	56	070	38	8
6	006	06	ACK	23	027	17	ETB	40	050	28	(	57	071	39	9
7	007	07	BEL	24	030	18	CAN	41	051	29	)	58	072	3A	:
8	010	08	BS	25	031	19	EM	42	052	2A	*	59	073	3B	;
9	011	09	HT	26	032	1A	SUB	43	053	2B	+	60	074	3C	<
10	012	0A	LF	27	033	1B	ESC	44	054	2C	,	61	075	3D	=
11	013	0B	VT	28	034	1C	FS	45	055	2D	-	62	076	3E	>
12	014	0C	FF	29	035	1D	GS	46	056	2E	.	63	077	3F	?
13	015	0D	CR	30	036	1E	RS	47	057	2F	/	64	100	40	@
14	016	0E	SO	31	037	1F	US	48	060	30	0	65	101	41	A
15	017	0F	SI	32	040	20	SP	49	061	31	1	66	102	42	B
16	020	10	DLE	33	041	21	!	50	062	32	2	67	103	43	C

DEZ	OKTAL	HEX	Zei-chen	DEZ	OKTAL	HEX	Zei-chen	DEZ	OKTAL	HEX	Zei-chen	DEZ	OKTAL	HEX	Zei-chen
68	104	44	D	83	123	53	S	98	142	62	b	113	161	71	q
69	105	45	E	84	124	54	T	99	143	63	c	114	162	72	r
70	106	46	F	85	125	55	U	100	144	64	d	115	163	73	s
71	107	47	G	86	126	56	V	101	145	65	e	116	164	74	t
72	110	48	H	87	127	57	W	102	146	66	f	117	165	75	u
73	111	49	I	88	130	58	X	103	147	67	g	118	166	76	v
74	112	4A	J	89	131	59	Y	104	150	68	h	119	167	77	w
75	113	4B	K	90	132	5A	Z	105	151	69	i	120	170	78	x
76	114	4C	L	91	133	5B	[	106	152	6A	j	121	171	79	y
77	115	4D	M	92	134	5C	\	107	153	6B	k	122	172	7A	z
78	116	3E	N	93	135	5D	]	108	154	6C	l	123	173	7B	{
79	117	4F	O	94	136	5E	↑	109	155	6D	m	124	174	7C	I
80	120	50	P	95	137	5F	_	110	156	6E	n	125	175	7D	}
81	121	51	Q	96	140	60	'	111	157	6F	o	126	176	7E	~
82	122	52	R	97	141	61	a	112	160	70	p	127	177	7F	DEL

(Anmerkung: Der ASCII-Code verwendet nur 7 Bits eines Bytes. Das höchstwertige Bit (Bit 7) ist in dieser Tabelle auf Null gesetzt. Es kann in anderen Fällen auch den Wert 1 haben. Dann ist zum dezimalen Codewert 128, zum oktalen 200 und zum hexadezimalen 80 zu addieren.)

Syntaxdiagramme

Anhang I

bezeichner

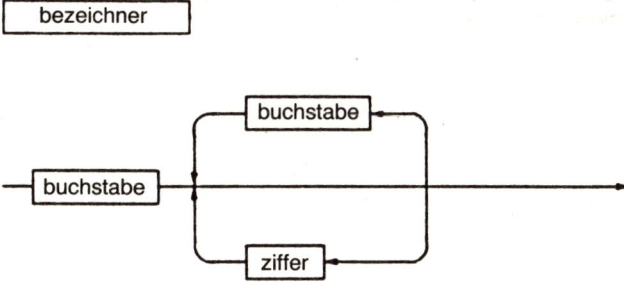

marke

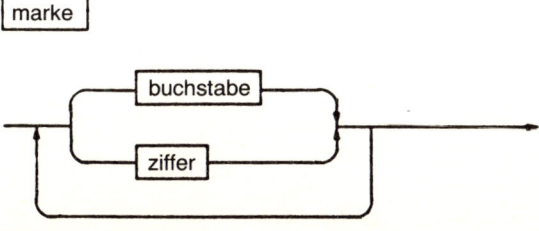

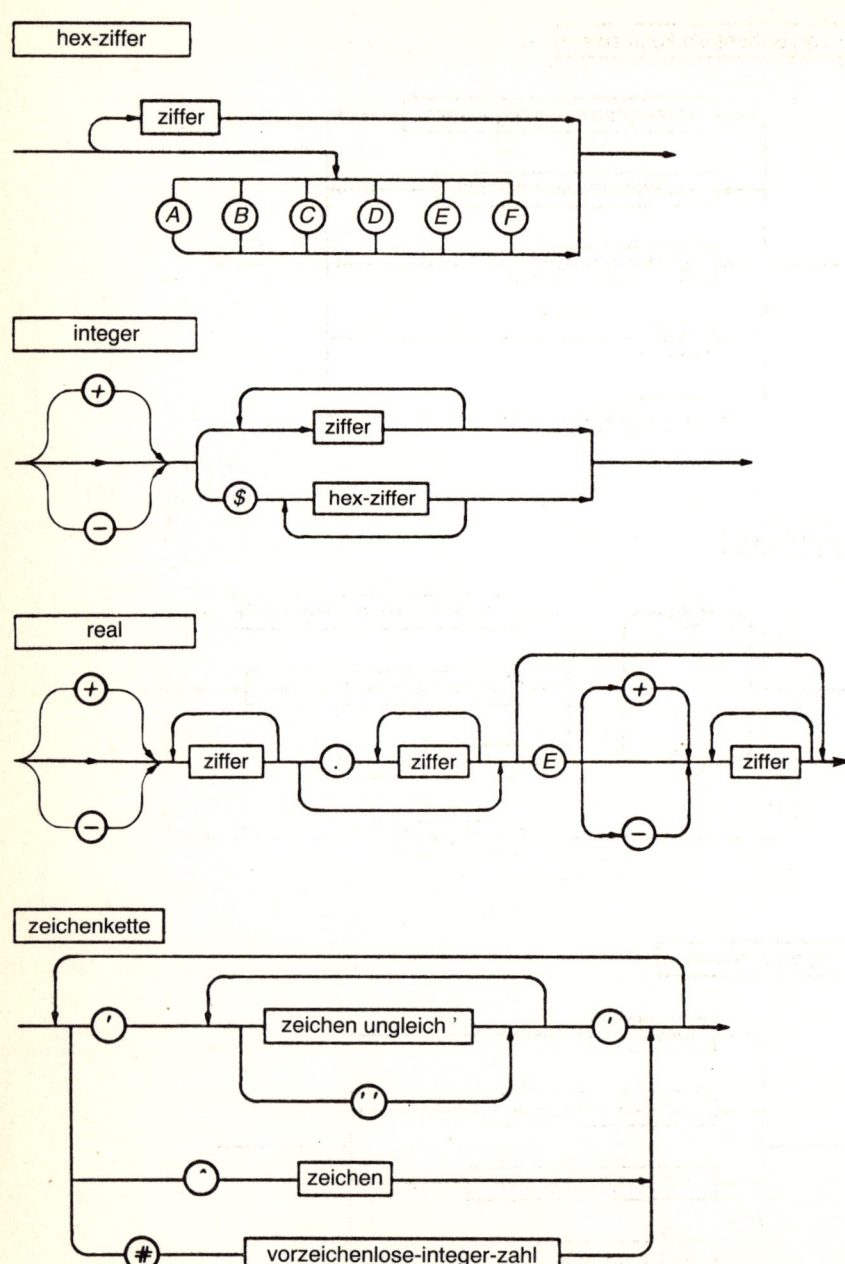

vorzeichenlose-konstante

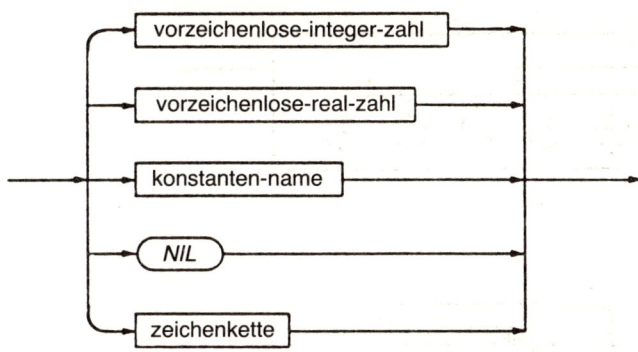

konstante

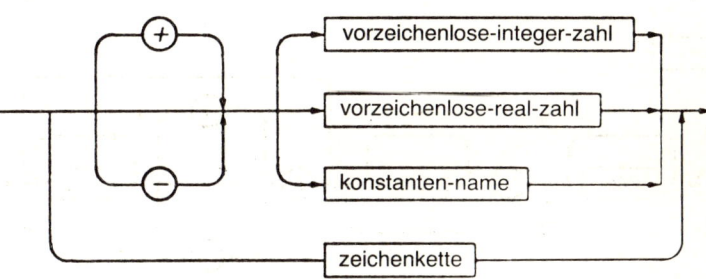

typen-konstante

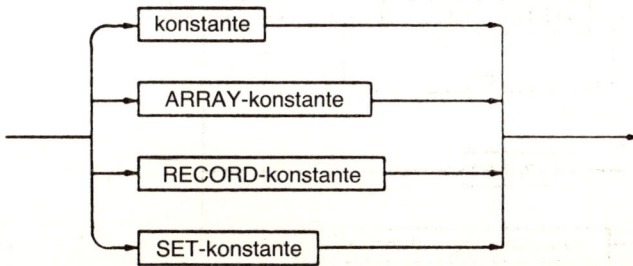

ARRAY-konstante

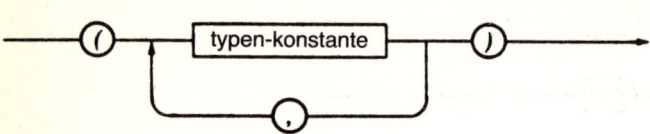

RECORD-konstante

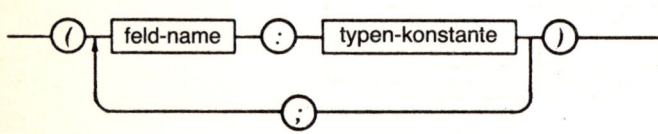

SET-konstante

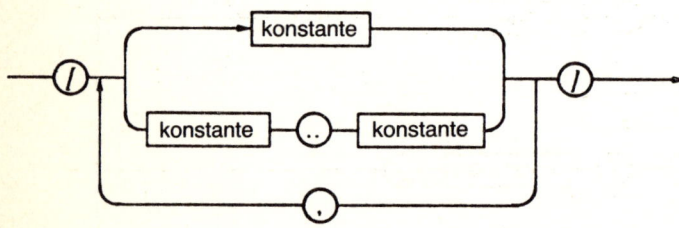

einfacher-typ

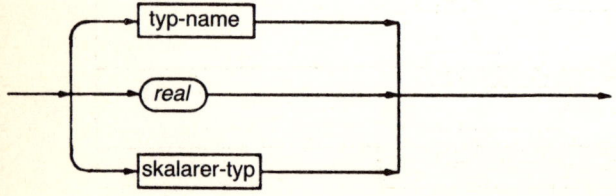

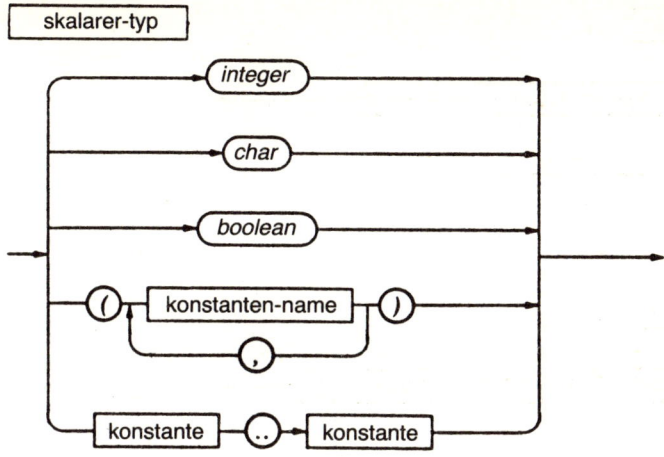

skalarer-typ

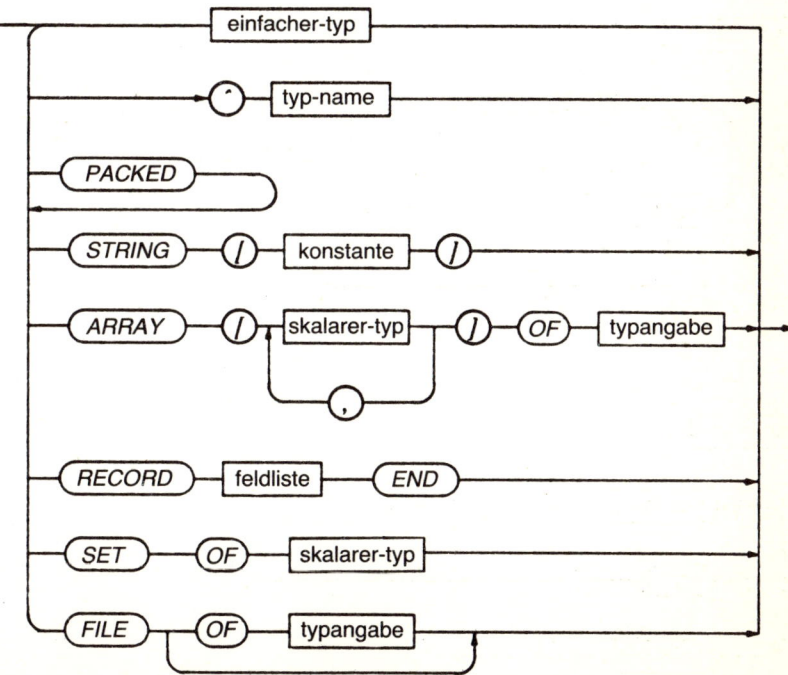

typangabe

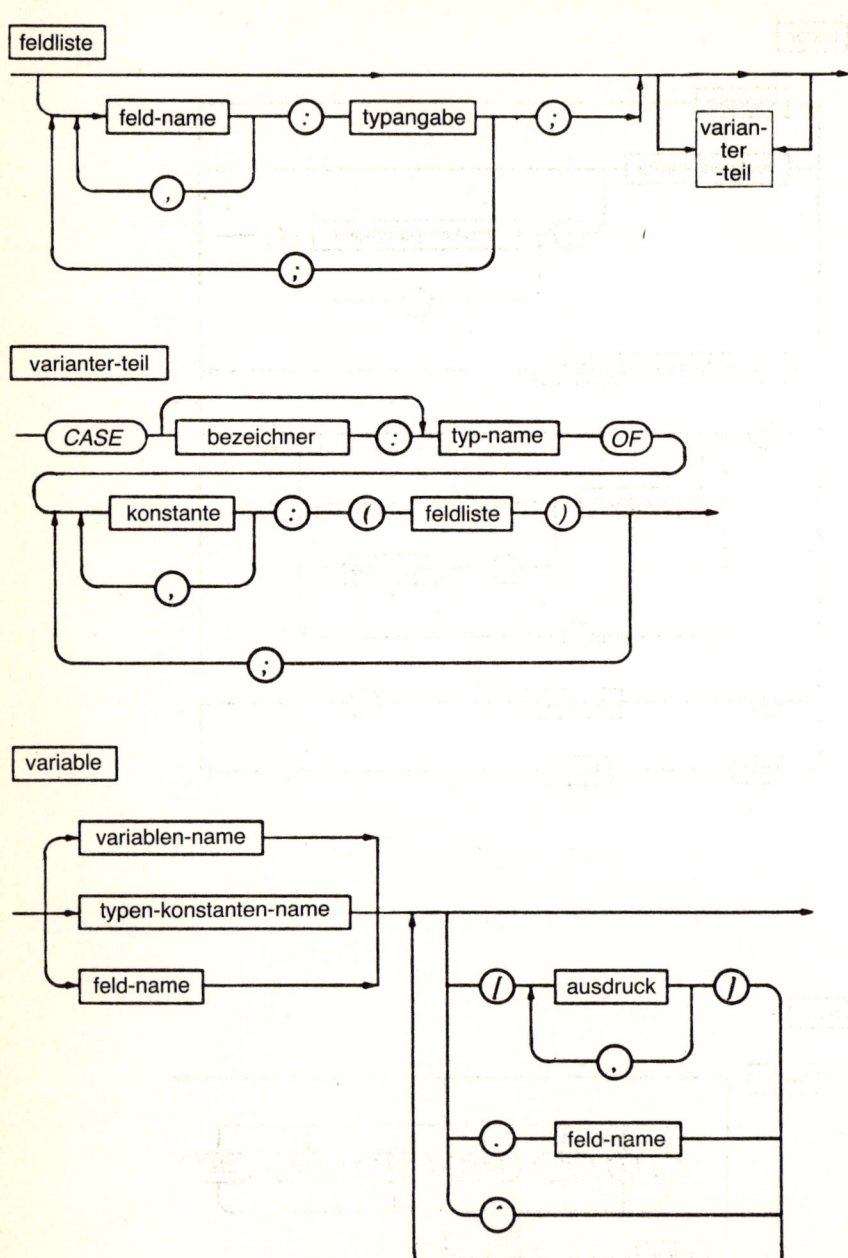

faktor

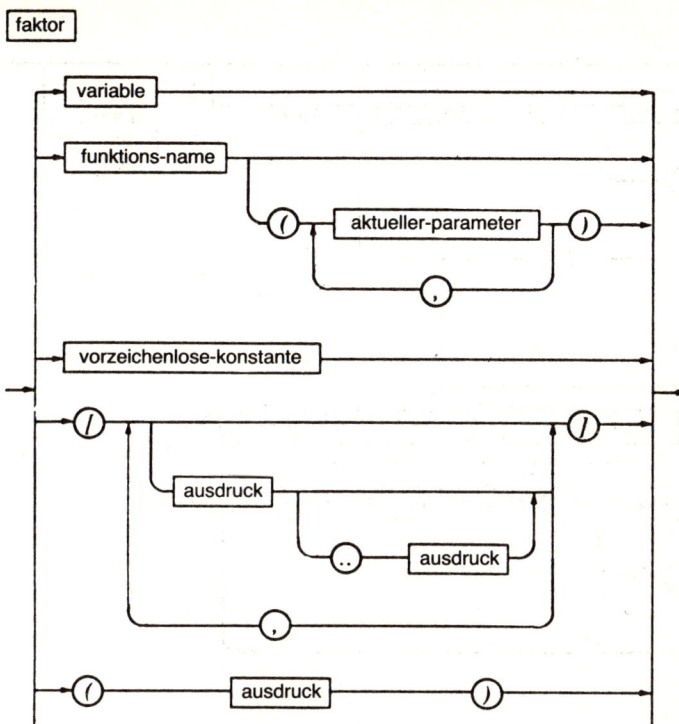

term

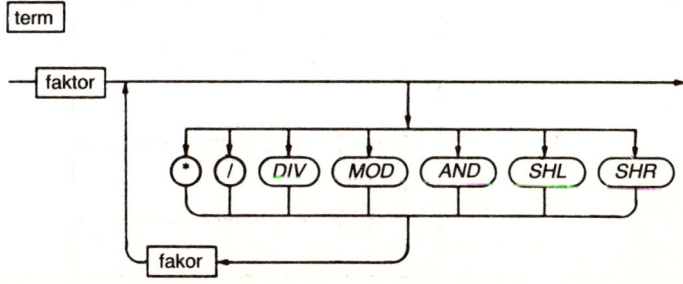

einfacher-ausdruck

ausdruck

prozedurvereinbarung

formal-parameter-liste

aktueller-parameter

funktionsvereinbarung

anweisung

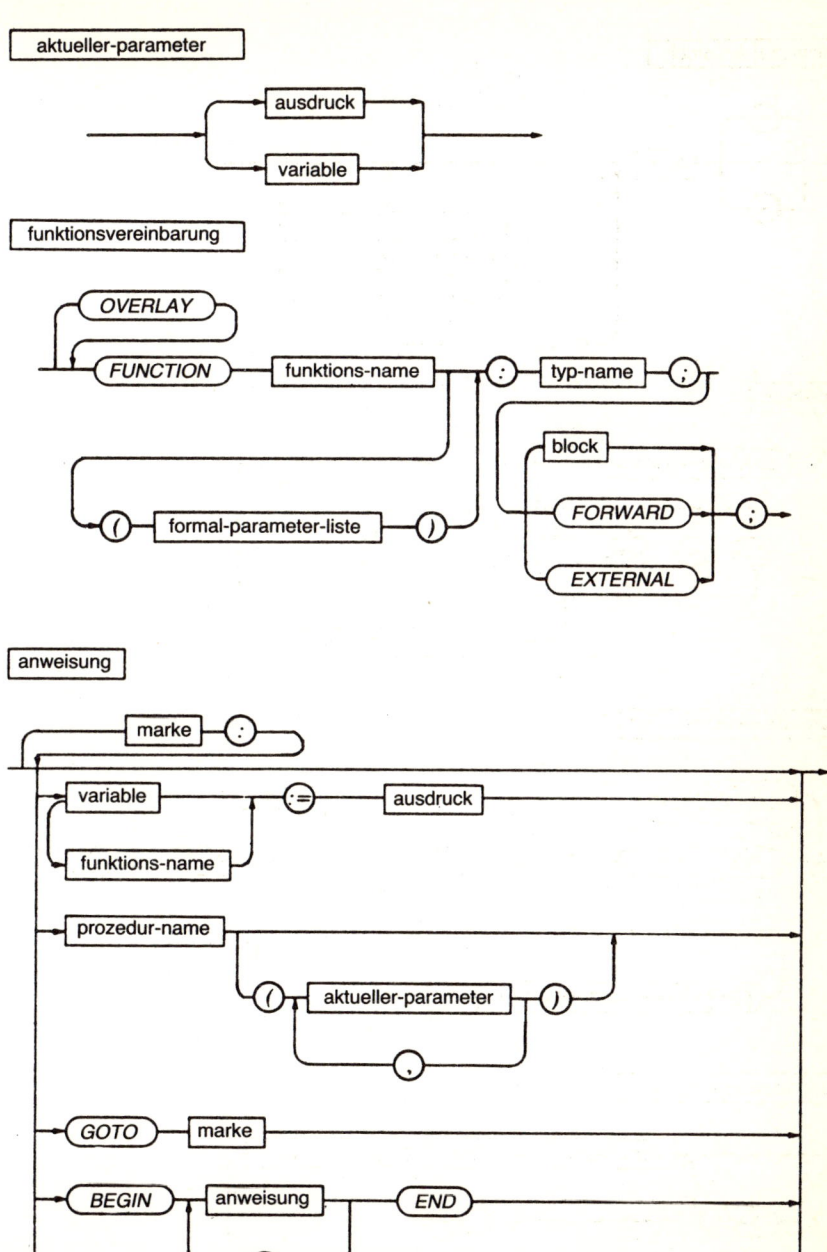

(Fortsetzung nächste Seite)

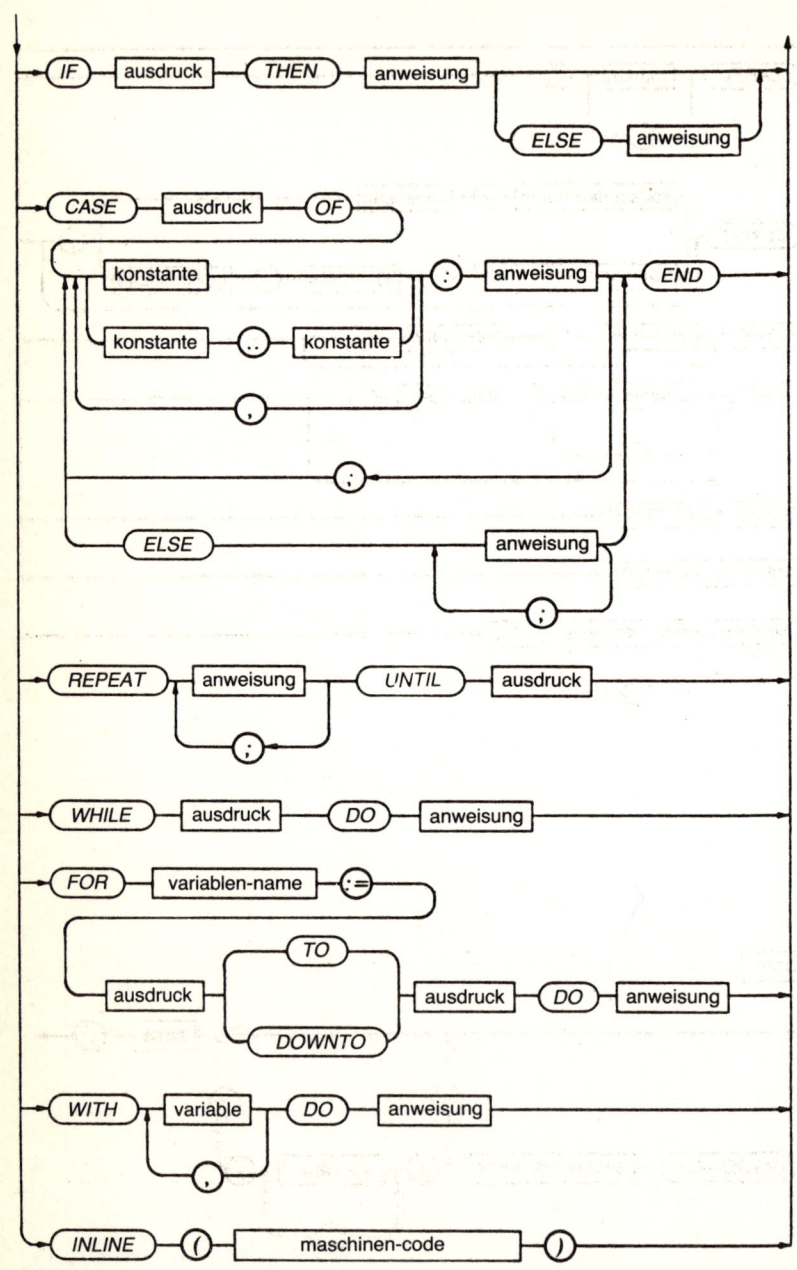

block

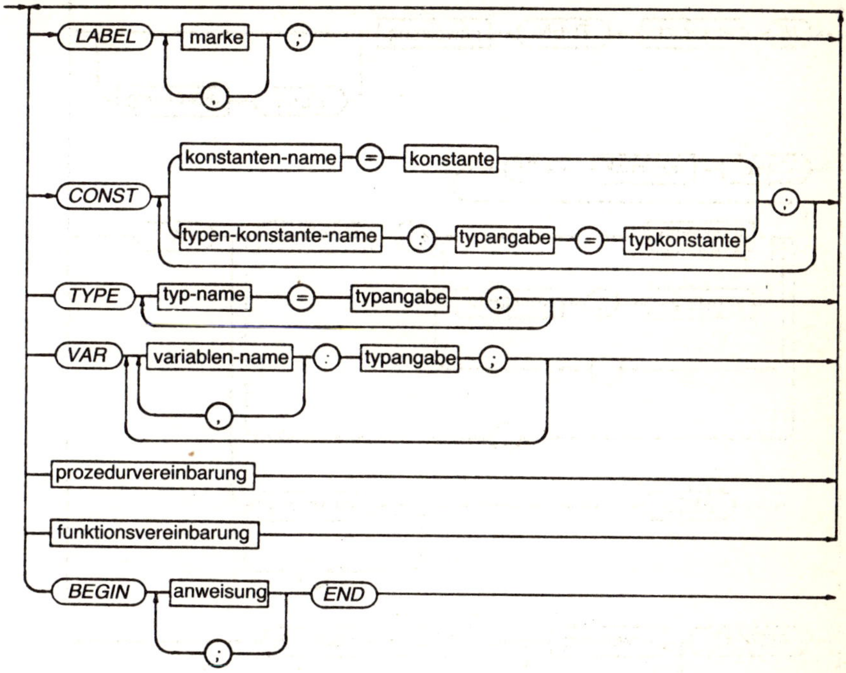

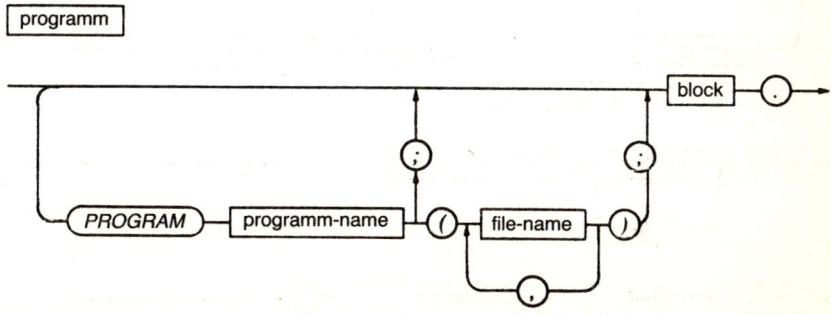

programm

Fehlermeldungen

Anhang J

1. Compiler-Fehlermeldungen

01   ';' erwartet
02   ':' erwartet
03   ',' erwartet
04   '(' erwartet
05   ')' erwartet
06   '=' erwartet
07   ':=' erwartet
08   '[' erwartet
09   ']' erwartet
10   '.' erwartet
11   '..' erwartet
12   BEGIN erwartet
13   DO erwartet
14   END erwartet
15   OF erwartet
16   PROCEDURE oder FUNCTION erwartet
17   THEN erwartet
18   TO oder DOWNTO erwartet
20   Boolescher Begriff erwartet
21   Datei Variable erwartet

22	Integer Konstante erwartet
23	Integer Ausdruck erwartet
24	Integer Variable erwartet
25	Integer oder reelle Konstante erwartet
26	Integer oder reeller Ausdruck erwartet
27	Integer oder reelle Variable erwartet
28	Zeiger Variable erwartet
29	Record Variable erwartet
30	Einfacher Typ erwartet
31	Einfacher Ausdruck erwartet
32	Stringkonstante erwartet
33	Stringausdruck erwartet
34	Stringvariable erwartet
35	Textdatei erwartet
36	Typenbezeichner erwartet
37	Untypisierte Datei erwartet
40	Undefiniertes Label
41	Unbekannter Bezeichner oder Syntaxfehler
42	Undefinierter Zeigertyp in vorhergehender Typdefinition
43	Doppelter Bezeichner oder doppeltes Label
44	Unpassende Typen
45	Konstante außerhalb der Grenze
46	Konstanten und CASE Selektortyp passen nicht zusammen
47	Typ des Operands paßt nicht zum Operator
48	Ungültiger Ergebnistyp
49	Ungültige Stringlänge
50	Stringkonstantenlänge paßt nicht zum Typ
51	Ungültiger Teilbereichsgrundtyp
52	Untere Grenze > obere Grenze
53	Reserviertes Wort
54	Unerlaubte Zuweisung
55	Stringkonstante geht über die Zeile hinaus
56	Fehler bei einer Integer-Konstanten
57	Fehler bei einer Real-Konstanten
58	Unerlaubtes Zeichen in einem Bezeichner
60	Konstanten sind hier nicht erlaubt
61	Dateien und Zeiger sind hier nicht erlaubt
62	Strukturierte Variablen sind hier nicht erlaubt
63	Textdateien sind hier nicht erlaubt
64	Textdateien und untypisierte Dateien sind hier nicht erlaubt
65	Untypisierte Dateien sind hier nicht erlaubt

66   Eingabe/Ausgabe ist hier nicht erlaubt
67   Dateien müssen VAR-Parameter sein
68   Dateikomponenten dürfen keine Dateien sein
69   Ungültige Ordnung von Feldern
70   Mengengrundtyp außerhalb des zulässigen Bereichs
71   Unerlaubtes GOTO
72   Label nicht innerhalb des gegenwärtigen Blocks
73   Undefinierte FOREWARD-Prozedur(en)
74   INLINE-Fehler
75   Unerlaubter Gebrauch von ABSOLUTE
76   Overlays können nicht FORWARD deklariert werden
77   Im Direkt-Modus sind Overlays nicht erlaubt
90   Datei nicht gefunden
91   Unerwartetes Ende der Source
92   Es kann keine Overlaydatei gebildet werden
97   Zu viele geschachtelte WITHs
98   Speicherüberlauf
99   Compilerüberlauf

2. Laufzeit-Fehlermeldungen

Laufzeit-Fehlermeldungen werden in der Form

```
Run-time error NN, PC=addr
Program aborted
```

angezeigt.

Für NN gilt:

01   Gleitkommaüberlauf
02   Sie haben versucht, durch Null zu dividieren
03   Sqrt Argumentfehler
04   Ln Argumentfehler
10   String-Längenfehler
11   Ungültiger Stringindex
90   Index außerhalb des zulässigen Bereichs
91   Skalar oder Teilbereich außerhalb des zulässigen Bereichs
92   Außerhalb des integer Bereichs
FF   Heap/Stackkollision

3. I/O-Fehlermeldungen

I/O-Fehlermeldungen werden in der Form

```
I/O  error NN, PC=addr
Programm aborted
```

angezeigt.

Für NN gilt:

01	Datei ist nicht vorhanden
02	Lesen der Datei nicht möglich
03	Ausgabe in der Datei nicht möglich
04	Datei nicht offen
10	Fehler im numerischen Format
20	Operation auf einem logischen Gerät nicht zugelassen
21	In Direktmodus nicht zugelassen
22	Zuordnung als Standard-Datei nicht zulässig
90	Unpassende Recordlänge
91	Suchen Sie nach end-of-file
99	Unerwartetes end-of-file
F0	Diskettenschreibfehler
F1	Directory ist voll
F2	Dateigrößenüberschreitung
FF	Datei verschwunden

Literaturverzeichnis

Turbo Pascal, Version 2.0, Reference Manual, Borland International, Scotts Valley, USA. In Deutschland: Heimsoeth Software, München

Turbo Toolkit, Version 1.0, Reference Manual, Borland International, Scotts Valley, USA. In Deutschland: Heimsoeth Software, München

Baumann, R.: Informatik mit Pascal. Klett, Stuttgart 1981

Baumann, R.: Programmieren in Pascal. Vogel, Würzburg 1980

Bowles, K.L.: Problem Solving Using Pascal. Heidelberg, New York, Berlin, Springer 1977

Grogono, P.: Programming in Pascal. Addison-Wesley, Reading 1980

Hergert, Hergert: Doing Business with Pascal. SYBEX, Berkeley, Paris, Düsseldorf 1983

Herschel, R.: Turbo Pascal, Oldenburg, München, Wien 1985

Hosseus, Sprengler, Gruner: Pascal in Beispielen. Oldenburg, München, Wien 1980

Jensen, K. u. Wirth, N.: Pascal User Manual and Report. Springer, New York, Berlin, Heidelberg 1978

Klingen, L. H.: Elementare Algorithmen. Herder, Freiburg, Basel, Wien 1981

Miller, A. R.: Pascal Programme für Wissenschaftler und Ingenieure. SYBEX, Berkeley, Paris, Düsseldorf 1982

Miller, A. R.: Programmieren mit CP/M. SYBEX, Berkeley, Paris, Düsseldorf 1985

Rollke, K.-H.: Grundkurs in Pascal, Bd.1 und 2. SYBEX, Berkeley, Paris, Düsseldorf 1984

Schauer, H.: Pascal-Übungen. München, Wien (Oldenbourg) 1978

Tiberghien, J.: Das Pascal Handbuch. SYBEX, Berkeley, Paris, Düsseldorf 1983

Wilson, Addyman: Pascal. Hanser, München, Wien 1981

Wirth, N.: Algorithmen und Datenstrukturen. Teubner, Stuttgart 1979

Wirth, N.: Systematisches Programmieren. Teubner, Stuttgart 1979

Zaks, R.: Das CP/M Handbuch. SYBEX, Berkeley, Paris, Düsseldorf 1981

Zaks, R.: Einführung in Pascal. SYBEX, Berkeley, Paris, Düsseldorf 1982

Zaks, R.: Programmierung des Z80. SYBEX, Berkeley, Paris, Düsseldorf 1980 und 1985

Stichwortverzeichnis

536 Seiten / 130 Abb., Best.-Nr. **3004** (1982)

Das Buch ist seit Jahren ein gefragtes Standardwerk; denn es enthält eine
Fülle von didaktisch gut strukturierten Informationen für jeden, der die Programmiersprache PASCAL lernen möchte. Vorkenntnisse in Computerprogrammierung werden nicht vorausgesetzt. Das Werk ist eine einfache und
doch umfassende Einführung, die Ihnen schrittweise alles Wichtige über
Standard-Pascal beibringt und die Unterschiede zu UCSD/Pascal ganz klar
herausarbeitet. Abgestufte Übungen vertiefen das Erlernte und lassen Sie
sehr schnell bis zur Erstellung eigener Programme fortschreiten.

520 Seiten / 270 Abb., Best.-Nr.: **3614** (1986)

Ein Pascal-Standardwerk, das in Ihrer Bibliothek nicht fehlen sollte: Dieses Buch enthält sämtliche Symbole, reservierte Wörter, Bezeichner und Konzepte für alle wichtigen Pascal-Versionen – von Standard- über UCSD- bis hin zu Turbo-Pascal. Es ist außerdem eine Sammlung von über 150 Programmbeispielen für die meisten der alphabetisch aufgeführten Pascal-Funktionen. Definitionen, Syntax-Diagramme und Beschreibungen der implementationsabhängigen Unterschiede ermöglichen einen leichten Zugang und eine direkte Anwendung. Das Buch mit den Lösungen für die meisten Ihrer Probleme beim Programmieren in Pascal!

von Karl Udo Bromm u. a.

Der Autor, ein erfahrener Pädagoge, vermittelt dem mit Turbo Pascal ar-
beitenden Leser eine Fülle wertvoller Routinen zu den unterschiedlich-
sten Themenbereichen für Schule, Hobby und Beruf.

440 Seiten, ca. 60 Abb., Best.-Nr. **3629** (1987)

Die SYBEX Bibliothek

Sprachen
Pascal

EINFÜHRUNG IN PASCAL UND UCSD/PASCAL
von Rodnay Zaks − das Buch für jeden, der die Programmiersprache PASCAL lernen möchte. Vorkenntnisse in Computerprogrammierung werden nicht vorausgesetzt. Eine schrittweise Einführung mit vielen Übungen und Beispielen. 535 Seiten, 130 Abbildungen, Best.-Nr.: **3004** (1982)

DAS PASCAL HANDBUCH
von Jacques Tiberghien − ein Wörterbuch mit jeder Pascal-Anweisung und jedem Symbol, reservierten Wort, Bezeichner und Operator, für beinahe alle bekannten Pascal-Versionen. 480 Seiten, 270 Abbildungen, Format 23 x 18 cm, Best.-Nr.: **3005** (1982)

PASCAL PROGRAMME − MATHEMATIK, STATISTIK, INFORMATIK
von Alan Miller − eine Sammlung von 60 der wichtigsten wissenschaftlichen Algorithmen samt Programmauflistung und Musterdurchlauf. Ein wichtiges Hilfsmittel für Pascal-Benutzer mit technischen Anwendungen. 398 Seiten, 120 Abbildungen, Format 23 x 18 cm, Best.-Nr.: **3007** (1982)

50 PASCAL-PROGRAMME
von B. Hunter − eine kommentierte Sammlung nützlicher Programme für Anwendungen im Geschäft und Privatbereich, für mathematische Anwendungen oder Spiele. 320 S., 112 Abb., Best.-Nr. **3065** (1985)

GRUNDKURS IN PASCAL Bd. 1
von K.-H. Rollke − der sichere Einstieg in Pascal, speziell für Schule und Fortbildung (Reihe SYBEX Informatik). 224 Seiten, mit Abb., Format 17,5x25 cm, Best.-Nr. **3046** (1984), Lehrerbegleitheft Best.-Nr. **3059**

GRUNDKURS IN PASCAL BAND 2
von K.H. Rollke − Mit diesem Buch wird der Pascal-Grundkurs aus der Reihe SYBEX Informatik abgerundet. Für Lehrer, Schüler, Teilnehmer an Pascal-Kursen, Studenten und Autodidakten. 224 Seiten, mit Abb., Best.-Nr. **3061** (1985), Lehrerbegleitheft Best.-Nr. **3090**

Assembler

PROGRAMMIERUNG DES Z80
von Rodnay Zaks − ein umfassendes Nachschlagewerk zum Z80-Mikroprozessor − jetzt in einer durch Lösungen ergänzten Ausgabe. 2., erweiterte Ausgabe. 640 Seiten, 176 Abbildungen, Best.-Nr.: **3099** (1985)

Z80 ANWENDUNGEN
von J. W. Coffron − vermittelt alle nötigen Anweisungen, um Peripherie-Bausteine mit dem Z80 zu steuern und individuelle Hardware-Lösungen zu realisieren. 296 Seiten, 204 Abbildungen, Best.-Nr.: **3037** (1984)

PROGRAMMIERUNG DES 6502 mit 6510/65C02/65SC02

von Rodnay Zaks – Programmierung in Maschinensprache mit dem Mikroprozessor 6502 und anderen Mitgliedern der 65xx Familie, von den Grundkonzepten bis hin zu fortgeschrittenen Informationsstrukturen. 3. überarbeitete und erweiterte Ausgabe. 440 Seiten, 170 Abbildungen, Best.-Nr.: **3600** (1985)

FORTGESCHRITTENE 6502-PROGRAMMIERUNG

von Rodnay Zaks – hilft Ihnen, schwierige Probleme mit dem 6502 zu lösen, stellt Ihnen Maschinenroutinen zum Arbeiten mit einem Hobbyboard vor. 288 Seiten, 140 Abbildungen, Best.-Nr.: **3047** (1984)

6502 ANWENDUNGEN

von Rodnay Zaks – das Eingabe-/Ausgabe-Buch für Ihren 6502-Microprozessor. Stellt die meistgenutzten Programme und die dafür notwendigen Hardware-Komponenten vor. 288 Seiten, 213 Abbildungen, Best.-Nr.: **3014** (1983)

PROGRAMMIERUNG DES 8086/8088

von J. W. Coffron – lehrt Sie Programmierung, Kontrolle und Anwendung dieses 16-Bit-Mikroprozessors; vermittelt Ihnen das notwendige Wissen zu optimaler Nutzung Ihrer Maschine, von der internen Architektur bis hin zu fortgeschrittenen Adressierungstechniken. 312 Seiten, 107 Abbildungen, Best.-Nr.: **3050** (1984)

PROGRAMMIERUNG DES 68000

von C. Vieillefond – macht Sie mit dem 32-bit-Prozessor von leistungsstarken Rechnern wie Macintosh und Sinclair QL vertraut; erläutert die Struktur des 68000, den Aufbau des Speichers, die Adressierungsarten und den Befehlssatz. Ca. 460 Seiten, 150 Abb., Best.-Nr. **3060** (erscheint 1985)

Andere Programmierungssprachen

ERFOLGREICH PROGRAMMIEREN MIT C

von J. A. Illik – ein unentbehrliches Handbuch für jeden, der mit der universellen Sprache C erfolgreich programmieren will. Aussagekräftige Beispiele, auf verschiedenen Mini- und Mikrocomputern getestet. 408 Seiten, Best.-Nr.: **3055** (1984)

Spezielle Geräte
IBM PC

PROGRAMMSAMMLUNG ZUM IBM PERSONAL COMPUTER

von S. R. Trost – mehr als 65 getestete, direkt einzugebende Anwenderprogramme, die eine weite Palette von kaufmännischen, persönlichen und schulischen Anwendungen abdecken. 192 Seiten, 158 Abbildungen, Best.-Nr.: **3024** (1983)

IBM PC – GRAFIK FÜR DEN KAUFMANN

von N. Ford – komplette Beispielprogramme zeigen Ihnen, wie Sie Ihre eigenen Programme für kommerzielle Grafiken auf dem IBM PC erstellen. 280 Seiten, 74 Abb., Best.-Nr. **3076** (1985)

IBM PC-DOS HANDBUCH

von R. A. King – eine umfassende Einführung in das Disketten-Betriebssystem Ihres IBM PC, seine grundsätzlichen Möglichkeiten und Funktionen sowie auch fortgeschrittene Funktionen (einschließlich der Version 2.0). 320 Seiten, 50 Abbildungen, Best.-Nr.: **3034** (1984)

Schneider

ARBEITEN MIT DEM SCHNEIDER CPC
von Hans Lorenz Schneider − eine umfassende und didaktisch aufbereitete Arbeits-
hilfe für Anfänger, aber auch Fortgeschrittene finden ein Bündel von Tips und Tricks.
288 Seiten, 113 Abbildungen, Best.-Nr.: **3603** (1985)

SCHNEIDER CPC 464 ASSEMBLER KURS
− Das Buch führt Sie schrittweise in die Programmierung des Z80 ein und vermittelt
Ihnen Befehlssatz des Prozessors wie Adressierungsarten. 232 Seiten, mit Abbildungen, Buch und Kassette, Best.-Nr.: **3412** (1985), Buch und Diskette, Best.-Nr.: **3418**
(1986)

DAS SCHNEIDER CPC GRAFIKBUCH
von H. L. Schneider − führt Sie schrittweise in die vielfältigen Grafikmöglichkeiten
Ihres CPC 464 oder 664 ein; vom Grundlagenwissen bis zur Hardcopy. Ca. 300 Seiten,
zahlr. Abbildungen, Best.-Nr. **3611** (1985)

Systemsoftware

MS-DOS HANDBUCH
von Richard Allen King − Das unentbehrliche Standardwerk für Anwender des
Betriebssystems MS-DOS, abgerundet durch Tabellen, Zeichnungen und viele prak-
tische Beispiele, hilft Ihnen, das Beste aus Ihrem System herauszuholen. 384 Seiten,
44 Abb., Best.-Nr. **3097** (erscheint 1985)

CP/M-HANDBUCH
on Rodnay Zaks − das Standardwerk über CP/M, das meistgebrauchte Betriebssystem für Mikrocomputer. Für Anfänger eine verständliche Einführung, für Fortgeschrittene ein umfassendes Nachschlagewerk über die CP/M-Versionen 2.2, 3.0 und
CCP/M-86 sowie MP/M., 2. überarbeitete Ausgabe. 356 Seiten, 56 Abbildungen,
Best.-Nr.: **3053** (1984)

PROGRAMMIEREN MIT CP/M
von A. R. Miller − vermittelt die Feinheiten von CP/M und hilft, die Möglichkeiten
dieses populären Betriebssystems zu erweitern. 424 Seiten, 97 Abb., Best.-Nr. **3077**
(1985)

**Fordern Sie ein Gesamtverzeichnis
unserer Verlagsproduktion an:**

SYBEX-VERLAG GmbH
Vogelsanger Weg 111
4000 Düsseldorf 30
Tel.: (02 11) 61 80 2-0
Telex: 8 588 163

SYBEX INC.
2021 Challenger drive, NBR 100
Alameda, CA 94501, USA
Tel.: (4 15) 523-8233
Telex: 287 639 SYBEX UR

SYBEX
6−8, Impasse du Curé
75018 Paris
Tel.: 1/203-95-95
Telex: 211.801 f